예비유아교사의 상담역량 강화를 위한 PBL 적용

아동상담

하연희 · 김초롱

KNOWLEDGE COMMUNITY 공동체

급변하는 사회는 우리에게 물질적 풍요를 가져다주었지만, 치열한 경쟁과 극개인주의 현상을 만들어 냈다. 이러한 사회에서 자라는 우리 아이들은 정서적 결핍에 시달리고, 문제행동을 보이는 등의 어려움을 겪고 있다. 그 어느 때보다 풍요로운 세상에서 왜 점점 아이들의 정서는 메말라 가고, 고통받는 것일까? 경쟁과 개인주의 때문인가? 그것보다 더 근본적인 원인은 '사랑'과 '관심'에서 찾을 수 있다. 정서결핍과 문제행동은 사랑과 관심의 부재에서 오는 경우가 많기 때문이다. 아동중심을 외치고 있지만, 정작 아이들에게 제대로 된 사랑과 보호를 제공하고 있는 것인지 돌아보아야 할 시점이다. 부모의 눈길 대신에 스마트폰을, 부모의 지도 대신에 학원 선생님들의 지도를 받는 아이들을 생각해 보자. 물질적인 것을 채워주면 사랑을 충분히 준 것이라 생각하거나, 눈길 한번 주지 않더라도 함께 있는 시간이 사랑의 크기와 정비례한다고 생각하는 경우가 있다. 교육현장 곳곳의 관심이 고픈 아이들은 우리를 향해 도와달라고 마음의 손을 뻗고 있을지 모른다.

아이들이 가진 상처는 공동체 안에서 충분히 사랑받고 관심받는 경험을 통해 회복될 수 있다. 사랑을 받아본 사람이 사랑을 할 줄 안다는 말이 있듯이 충분히 사랑받은 아이는 자신감을 가지게 되고, 스스로를 사랑할 수 있는 힘을 가지게 된다. 그러나 사랑을 주고받는 것도, 사랑하는 힘을 길러주는 것도 결코 쉬운 일이 아니다. '아동상담'은 이 어려운 과정을 돕는 것이다. 즉, 아동의 회복과 치유, 건강한 발달을 지원할 뿐만 아니라 아동과 주양육자의 관계 회복을 돕는 것이다. 아동의 문제행동, 아이를 둘러싼 모든 환경들에 적절히 반응하며 아이가 건강하게 성장할 수 있도록 도움을 주는 응용학문이다. 유아교육의 관점에서 아동상담은 매우 필수적인 영역이라고 할 수 있으며, 상담에서도 초기접근의 중요성은 아무리 강조해도 지나침이 없다.

그러므로 아동상담에서 교육현장의 전문가, 교사의 역할은 특별히 더 중요하다. 가정에서만큼 오랜 시간 아이들과 함께하는 교사는 아이들의 문제를 조기에 발견하고 지원해 줄 수 있기 때문이다. 이러한 교사 역할의 중요성에 따라 이 책은 아동과 부모를 지원하는 예비유아교사들의 상담 역량을 강화하는 데 목표를 두고자 한다. 특히 학습자가 능동적으로 학습하고 탐구할 수 있는 PBL(Problem-Based Learning)을 기반으로 한 활동을 통해 교사의 상담실천 역량을 지원하고자 한다. 실제 교육현장에서 마주하게 되는 아이들의 모습과 배경은 매우 다양하기 때문에 다양한 관점으로 바라보고 신중하게 접근해야 하지만, 기존의 이론식, 강의식 아동상담 수업방법으로는 역량 개발의 한계가 있기 때문이다. 따라서 교육현장에서 아이의 문제행동이나 상황 등에 유능하게 대처할 수 있는 실천 역량을 기를 수 있도록 구성해 보고자 하였다.

Part 01은 교과목에 대한 전반적인 이해를 돕는 내용으로 PBL 교수학습법 및 적용과 아동상담의 기초, 아동상담 이론, 심리검사 및 심리평가, 대표적인 치료유형 등으로 구성하였다. Part 02에서는 아동상담의 과정에서 나타나는 문제행동 유형과 다양한 상담사례뿐만 아니라 상담전문가와 유아교사의 상담과정에 대해 각각 나누어 살펴봄으로써 예비유아교사가 상담에서의 역할을 명확하게 이해할 수 있도록 구성하였다. Part 03에서는 학습자들이 PBL을 활용하여 문제에 따른 상담 시나리오를 만들어 볼 수 있도록 구성하였다. 총 3단계에 걸친 상담 시나리오 활동지는 정해진 답을 찾아 나가는 과정이라기보다는 팀원과 함께 아동의 문제에 대한 다양한 의견을 공유하고, 협업하며, 다각적인 관점에서 해석 및 분석해 보도록 하였다.

이 책이 아동의 건강한 삶을 효과적으로 지원하고, 잠재된 역량을 개발하도록 돕는 교사를 꿈꾸는 대학 학부생들과 대학원생들에게 좋은 안내서가 되길 진심으로 바란다. 또한 영·유아교사가 현장에서 만나는 아이들을 바라보며, 어떻게 아이들의 심리를 이해하고 아이들이 표현하는 행동들에 적절하게 대응하며 교사로서 건강한 방향으로 이끌어 갈 수 있을까를 고민하고 훈련해 나가는 데 지침이 되길 바란다. 무엇보다 이 책을 통해 아동상담의 기술만 익히는 것이 아니라, 교사 한 사람 한 사람이 사랑과 관심 전도사가 되어 이 땅의 가정과 아이를 살리는 일을 해나갈 수 있길 소망한다. 끝으로 모든 일에 협력하여 선을 이루시는 하나님의 뜻을 믿으며 순조로운 작업을 하게 하심에 감사드린다.

출간을 제안해 주신 공동체 출판사 공동체 가족 여러분께도 진심으로 감사의 말씀 올린다.

2024년 뜨거운 여름 햇살 같은 사랑을 품으며

저자 일동

Contents

Contents

PART 1

교과목 및 아동상담의 이해

CHAPTER 01

PBL(Problem-Based Learning) 교수학습법 및 적용

아동에게서 나타나는 내적 · 외적 문제는 아동을 둘러싼 배경에서 원인을 파악하고 상담하여 적절한 개입이 이루어질 수 있어야 한다. 특히 교육현장의 교사들에게 아동상담가로서의 전문적 자질과 역할이 중요하게 요구됨에도 불구하고 기존의 대학교육 방식으로는 현장중심, 경험중심의 충분한 모의 훈련이 어려운 실정이다. 이에 이 책에서는 기존 교육방법의 한계를 극복하고 예비유아교사의 상담 역량을 강화하기 위해 PBL(Problem-Based Learning) 교수학습법을 활용하고자 한다. 이 장에서는 아동상담 교과목과 PBL 교수학습법에 대한 이해를 돕고, PBL 기반 아동상담 수업의 필요성 및 이 책의 활용방법에 대해 소개해 보고자 한다.

1. 아동상담 교과목의 이해

인간 생애 전체에 영향을 미치는 아동기의 중요성에 대해서는 수많은 연구와 매체를 통해 알려져 왔다. 아동기에 보이는 문제행동을 방치할 경우 발달과정 내내,

심지어는 성인이 되어서도 지속될 수 있다. 아동기에 나타나는 문제에 대해 적절한 개입이 이루어지지 않으면 전 생애 동안 더 심각한 형태로의 문제행동이 유발될 수 있는 것이다.

그러나 아이러니하게도 최근 아동기의 문제는 더욱 다양해지고, 심각해지는 양상을 띤다. 문제의 심각성에 주목한 여러 방송 매체에서도 관련 내용을 많이 다루고 있다. 아동기의 중요성에 대해 이전보다 많은 관심을 보이지만 실제 현대사회에서의 아동문제가 계속해서 증가하는 추세는 어떻게 설명될 수 있는가? 다양한 원인이 있겠지만, 그중 특히 정서적 교류의 감소를 주요 원인으로 꼽을 수 있겠다. 이미 많은 연구를 통해 아동기 주양육자와의 충분한 정서적 교류와 건강한 애착 형성이 이후 자기조절력, 회복탄력성 등 삶을 영위해 나가는 데 필요한 능력을 갖추는 데 긍정적 영향을 미친다는 사실이 밝혀졌다. 그 어떤 시기보다 발전하여 물질적 풍요를 누리고 있는 현대사회는 도리어 아동에게 주양육자와의 충분한 정서적 교류의 기회를 앗아가고 있다.

우리나라의 경우, 분명 이전 세대보다 의·식·주의 풍족함을 누릴 수 있게 되었지만 아동에게 정신적 풍요를 주어야 할 주양육자들은 오히려 경제활동을 위해 가정 밖으로 떠밀리고 있다. 그로 인해 아동기 자녀는 주로 장시간 돌봄이 가능한 기관에 맡겨지고, 부모의 양육은 더 편리한 방법을 추구하는 형태로 나타났다. 예를 들어, 스마트폰 등 전자매체는 어떤 면에서의 양육의 어려움을 잠시 덜어줄 수 있으나, 결국 아동기 전자매체 과의존과 중독 등으로 더 큰 문제 상황에 직면하기도 한다. 뿐만 아니라, 과열된 경쟁사회에서 상대를 이길 수 있는 실력을 갖추는 것이 매우 중요한 과제로 여겨지고 있다. 이로 인해 어린 시기부터 과한 학원교육 시스템 속에서 학습경쟁의 압박을 견뎌내는 아동들이 많아지고 있다. 아동기에 주양육자와의 정서적 교류가 충분하지 않은 아이들은 불행히도 심각한 문제행동을 보이기도 한다.

이것은 결국 사회문제로까지 연결된다. 아동기의 문제행동이 방치되는 경우, 개인의 문제에서 그치는 것이 아니라 범죄 등의 사회적 문제로 연결되기도 하므로 조기개입과 이를 위한 아동상담의 필요성은 점차 강조되고 있다. 이에 따라 아동상담학 분야가 매우 급속하게 성장해 왔으며, 관련 연구뿐만 아니라 관련 전문가를 배출하는 제도와 양성기관이 늘어나게 되었다. 아동상담의 필요에 따라 양성된 아동상담 전문가들은 놀이치료, 미술치료, 음악치료 등등 전문적인 접근을 통하여 아동의 건강한 성장과 발달을 돕고 있다. 아동상담 교과목은 예비 아동상담 전문가 또는 아동에 대한 이해에 도움을 주고자 하는 이들에게 아동상담 이론에 대한 이해를 돕고, 아동상담 실제를 경험케 하여 관련 전문성을 획득할 수 있도록 하는 것이다. 즉, 아동상담을 위한 기초과정으로 볼 수 있으며, 이 과정을 통해 현대사회의 아동상담 필요성에 대해 더욱 주목하도록 하는 데 목표가 있다.

특히 이 책은 예비유아교사를 위한 아동상담 전문서적으로서 영유아교육현장에서 필요로 하는 교사의 상담역량을 갖추는 데 집중하고자 한다. 이는 영유아교육현장에서의 상담의 중요성과 전문기관과의 협업, 조기발견을 위한 교사의 역할 등이 더욱 강조되고 있기 때문이다. 아동상담은 그 특성상 부모상담과 가족상담 등이 동시에 이루어져야 하는 경우가 많고, 가정과 교육기관과 상담전문기관이 협업하여 치료를 해야 한다. 따라서 교육현장에서 근무하는 교사도 준전문가 정도의 사전지식과 관찰능력, 문제해결능력을 두루 갖추고 있어야 기관에서 보이는 아동의 문제행동을 조기에 발견하여 신속한 조치가 가능하다.

2. PBL(Problem-Based Learning)의 이해

문제기반학습(PBL : Problem-Based Learning)은 학습자가 이미 가지고 있는 지식을 활성화시켜 문제를 해결하는 데 필요한 지식과 선수지식 간의 차이를 분명하게 하고 비판적 사고를 통해 문제해결을 시도하는 소집단 단위의 협동학습 중 하나로 해당 영역의 지식과 사고전략을 배우는 학습자 중심의 학습방법을 말한다(Barrows, 1996). PBL에서 제시되는 문제는 주로 해당 교과의 전문 분야에서 실제로 일어나는 복잡한 성격이어야 하며, 학습자는 이러한 상황을 해결하는 과정에서 새로운 지식과 기술 등을 배우게 된다(Carvalho, 2016). PBL 수업은 교실에서의 주도권이 학습자들에게 있는 '학습자 중심 환경'을 구현한 학습 모형이며, 문제를 중심으로 학습하는 방법이다(강인애, 2003). 학습자는 실제적인 문제에 대해 자신의 생각을 분명히 제시하고, 다른 사람들의 아이디어와 관점에 대해 생각해 보고, 학습자 간의 토론과 자료 수집을 통해 자신의 아이디어를 수정해 가면서 문제에 대한 해결책을 만들어 가는 과정을 거치게 된다(Baroows, 1996).

전통적인 수업 방법과 PBL을 기반으로 한 수업 방법을 비교하면 다음과 같다. 전통적 수업 방법은 처방으로서의 교육과정으로 교사의 입장에서 결정하는 것이다. 부분으로부터 전체로의 조직, 전달 수업, 수용 학습을 구조화된 환경 속에서 하게 된다. 주로 정보는 교수자에 의해 제시되는 특징을 가진다. 그에 반해, PBL을 기반으로 한 수업 방법은 경험으로서의 교육과정으로 학습자의 입장에서 결정된다. 전체로부터 부분으로의 조직, 촉진 수업, 구성 학습이 이루어진다. 융통성 있는 환경에서 학습정보는 교수자에 의해 제시되기도 하지만, 대부분의 경우에는 학습자 스스로 수집하고 분석하게 된다. 전통적인 수업 방법에서는 구조화된 문제, 정형화된 상황을 제시하는 반면에 PBL 수업은 비구조화된 문제, 실제 상황을 제시한다. 전통적 수업 방법에서 교수자의 역할은 전문가로서 전문적인 지식을 보유하고 사고 활동을 지도하며, 학생을 평가하는 역할을 한다. 학습자는 수용자이자 수동적인 역할을 하게 된다. 한편 PBL 수업 방법에서 교수자는 코치로서 문제 상황을 제시하며, 문제해결과정에서 탐구자로서 함께 참여하게 된다. 그리고 학습을 평가하는 역할을 하게 된다. 학습자는 참여자로서 상황의 복잡성에 적극적으로 참여하고 도출된 문제를 탐구하고 해결하는 역할을 한다.

PBL은 비고츠키(Vygotsky, 1978)의 근접발달영역 개념을 지지한다. 즉, 학습자는 실제 세계에서 경험하게 되는 문제를 혼자서 해결하기보다 학습자와 다양한 시각과 문제 해결에 필요한 사례들을 공유하고 토론하며 자신의 학습과정을 성찰하고 고등정신기능을 발달시킨다고 보는 것이다(권성연 외, 2018). 학습자들의 문제 탐구 자유가 주어지는 PBL의 특성 때문에 야기되는 문제점들은 교수자의 개입으로 해결될 수 있으며, 질문이나 문제의 특정 부분에 대한 주의 환기를 통하여 학생들이 잘못된 지식의 배경에서 문제에 대한 오류를 범하는 경우 문제의 다른 측면을 볼 수 있도록 도움을 주어야 한다(Barrows & MacRae, 1992). PBL 수업에서 학습의 대부분이 학습자에게 맡겨져 있기 때문에 의도된 교과 내용을 다룰 때 교수자는 학습자가 실제 사회적 · 문화적 맥락을 고려한 학습 활동에 참여할 수 있도록 학습자들에게 질문이나 토론을 유도함으로써 문제의 다양한 측면을 볼 수 있게 해야 한다.

즉, PBL 수업 내 학습자들이 활발하게 상호작용을 하기 위해서는 교수자의 역할이 매우 중요하기에 교수자는 실질적 문제를 해결해 나가는 수업 과정에서 학습자에게 질문을 하고, 그에 따른 피드백을 제공하며 학습자 스스로 학습할 수 있도록 여러 접근법을 유도하여야 한다. 그리고 학습자와 상황 맥락적 지식과 학습자들 간의 상호작용을 통해 학습할 수 있는 환경을 조성해 주어야 한다. PBL 수업은 학생들에게 자기주도적 학습을 위하여 비구조화된 문제를 사용하는 능동적 학습

방법으로, 구조화되지 않은 문제는 간단한 형식으로 해결할 수 없는 복잡한 문제이다. 이러한 문제가 반드시 하나의 정답을 가지고 있지 않기에 학생들은 대안을 고려하고 생성한 답안을 뒷받침하는 합리적 주장을 제공하도록 요구된다(Barrows, 1996). 따라서 교수자는 학습자에게 실생활과 관련되며, 학습 동기를 유발하고 다양한 해결방안을 탐색하도록 학습자의 사고를 촉진시킬 수 있는 문제를 제시해 주어야 한다(Jonassen, 2011). 즉, 교수자는 학습 과정에서 학생들을 안내하고, 특정 내용에 대한 전문지식을 제공하기보다는 학습 및 사고를 위한 좋은 전략 문제를 만들어 낼 수 있도록 해야 한다.

최근 대학교육에서도 PBL 교수법을 언급하고 있다. 21세기 지식기반 사회의 변화와 정보통신기술의 발달은 교육학 분야에도 다양한 변화를 가져오고 있기 때문에(오장근, 2021) PBL은 혁신교수법으로서 주목받는 것이다. 교육학 분야에서도 4차 산업혁명의 사회 변화에 대응하여 교육내용, 방식, 체계 등의 전면적인 교육혁신을 맞이하고 있다(남희은 · 백정원 · 임유진, 2020). 4차 산업혁명 시대에 필요한 인재를 양성하기 위하여 교육부는 교육과 수업의 개선 노력 비중을 높이며, 대학교육의 경쟁력 향상을 지원하기 위한 방안을 발표하였으며, 이에 각 대학들도 교육의 질을 개선하고자 교수역량과 학습역량 강화를 목적으로 대학교육의 혁신을 통해 융 · 복합형 인재를 양성하고자 노력하고 있다(최금진 · 황순희, 2021).

이러한 요구에 부합하여 교육방법의 대안으로 교수자와 학습자 간의 상호작용을 중요시하고, 실제적이고 비구조화된 문제가 포함된 상황을 다루는 문제기반학습 교육방법이 주목받고 있다(김진아 · 이심열, 2019). PBL 수업은 교수자의 일방적인 지식 전달에서 벗어나 학습자의 학습 동기를 유발하고 학습에 몰입할 수 있도록 학습자들에게 실제와 유사한 문제 상황을 제시하고 이를 통하여 학습자가 스스로 문제를 해결해 나가는 과정을 통해 학습할 수 있도록 하는 교수–학습 방법이기 때문이다. PBL을 적용한 수업은 전통적인 수업에 비해 학습자의 학습 동기를 유발하며, 학습 성취도 및 문제해결력, 자기주도적 학습능력, 사고력, 창의력 등을 촉진하는 데 효과적인 것으로 보고되고 있으며(Scott, 2014), 학습자들 간의 협력학습, 학습동기, 학습 몰입 등의 정의적 측면에서도 효과적이라고 제시되고 있다(강인애, 2003). 이처럼 대학교육에 있어 PBL 교수-학습 방법을 수업에 적용하는 것은 21세기 새로운 교육환경에서 필요로 하는 인재에 부합한 핵심 역량 강화 교육 및 자율적인 학습 환경과 전문성을 강조하는 대학교육에 있어 필수적이다.

이에 따라 교수자의 역할도 지식전달자에서 안내자, 학습 촉진자로 변화를 시도하고 있다. 대학교육 환경들이 다양해지고 변화됨에 따라 새롭게 요구되고 있는 교수자의 역량도 기존의 전통적인 교육방법에서 요구하는 바와는 차이가 있다. 대학 PBL 수업 현장은 다양한 상황에서 교수자의 경험과 역량이 고려되는 교수-학습 방법이기에 PBL 수업에서 가장 중요한 것도 역시 교수자의 역할이다. PBL 수업은 학습자들이 실생활에서 나타날 수 있는 상황의 맥락적인 문제와 주제를 시작으로 학습자들의 학습이 시작되므로, 교수자는 지식을 전달하는 강의를 최소화하고 (Savery & Duffy, 1995) 학습자가 능동적으로 학습에 참여할 수 있도록 촉진자 역할 및 안내자의 역할을 수행하여야 한다.

3. 아동상담 교과목에 대한 PBL 적용 필요성

실제 교육현장에서 유아교사에게 요구되는 자질은 실무능력, 대처능력 등의 실천적 역량이라고 할 수 있다. 예비유아교사 양성기관 평가도 현장연계 강화를 요구하는데, 이는 앞으로 예비유아교사 양성과정 교과목에서도 실천적 역량을 강화시킬 수 있는 교수-학습 방법이 더욱 필요하다는 것을 의미한다. 교육현장에서의 문제상황에 주어진 환경과 지식을 잘 활용하여 유연하고 능동적으로 대처하는 능력이 누구보다 필요한 직업군이 바로 유아교사라고 할 수 있으므로, 유아교육과야말로 PBL 적용 전공 교과 수업이 필수적으로 이루어져야 한다. 대학교육이 추구해 나가는 미래 방향으로 보나, 유아교육현장에서 요구되는 교사 역량 유형으로 보나, 앞으로 예비유아교사 양성과정 교과목에 대한 PBL 교수법 적용은 선택이 아니라 필수로 보인다.

2017년 발표된 '유아교육 혁신방안'에서는 유아가 중심이 되는 놀이 위주의 교육과정 개편을 명시하였다. 학습 위주의 교육보다는 유아의 자유놀이를 권장하고 관찰과 기록 등 유아와의 상호작용을 강조하면서 2019년 누리과정으로 다시 개편되었고, 아울러 유치원 평가도 컨설팅과 연계하여 교육 개선을 위한 지원 계획을 수립하였다. 이는 유아교육현장의 자율성이 강조되어 다양한 교육방식이 발현될 수 있으며 교사와 유아가 함께 만들어 가는 좋은 수업 운영을 위한 바람직한 교육여건이 조성되었음을 의미한다.

2019년 개정 누리과정이 제정되고 놀이중심, 유아중심 교육이 강조됨에 따라 교사의 수업은 어떻게 개선되어야 하는지 고민해야 하는 시점이다. 놀이중심 교육과정을 운영해 나가기 위한 교사의 창의성 및 융통성, 문제해결능력을 기본으로 하는 교사 역량 강화의 필요성이 더욱 요구된다. 특히 예비유아교사 시기는 경험이 적어 수업에 대한 전문성이 부족하고 유아중심, 놀이중심 교육의 2019 개정 누리과정의 개정 방향에 대한 이해가 부족할 수 있다. 따라서 교사의 수업개선을 지원해 줄 수 있는 수업컨설팅을 통해 좋은 수업에 대한 바람직한 인식을 형성할 수 있도록 도와야 한다. 그러므로 유아교사 양성과정에서의 PBL 적용 교과 운영은 중요한 교사 역량인 융통성과 창의성, 문제해결능력을 갖출 수 있도록 돕는 교수-학습 방법 중에 하나임을 알 수 있다.

한편 상담에 대한 인식이 많은 부분 변화하면서 영유아교육현장에서도 상담의 중요성과 전문기관과의 협업, 조기발견을 위한 교사의 역할 등이 더욱 강조되고 있다. 이때 중요하게 여겨지는 교사의 필수 역량 중 하나는 유아를 면밀히 관찰하여 정서적 · 심리적 문제를 조기에 발견하고 돕는 것이다. 그러나 아동이 가지는 문제는 언제 어디서 어떤 형태의 상황으로 마주할지 예상할 수 없다. 그러므로 교사는 문제를 발견하고, 아동을 둘러싼 배경에서 원인을 파악하며, 적절한 상담 및 개입을 할 수 있어야 한다. 따라서 예비유아교사 양성과정 교과목 중에서도 더욱 문제해결능력을 요하는 교과목이 바로 아동상담이라고 할 수 있다(김춘경 · 배선윤 · 성다겸 · 유지영 · 장효은, 2021). 영유아교육기관에서 교사는 전문적인 아동상담가의 역할도 수행해야 한다. 그러나 아동상담가로서의 전문적 자질과 역할이 교사에게 매우 중요하게 요구됨에도 불구하고 기존의 대학교육 방식으로는 예비교사를 대상으로 하는 현장중심, 경험중심의 충분한 모의훈련이 어려운 실정이다. 따라서 유아교사가 갖추어야 할 중요한 역량이라고 평가받고 있는 유아관찰, 정서 및 심리지원, 상담역량 등의 능력을 향상시키기 위해 '아동상담' 교과목에 PBL 교수법 적용이 필요하다.

4. PBL 기반 아동상담 수업을 위한 이 책의 활용

이 책은 예비유아교사의 상담 역량을 강화하기 위해 아동상담 교과목에 PBL (Problem-Based Learning) 교수학습법을 적용하여 구성하였다. Part 01, Part 02를 통해 아동상담에 관한 전반적인 이해를 돕고, Part 03를 통해 PBL 적용 활동을 안내한다.

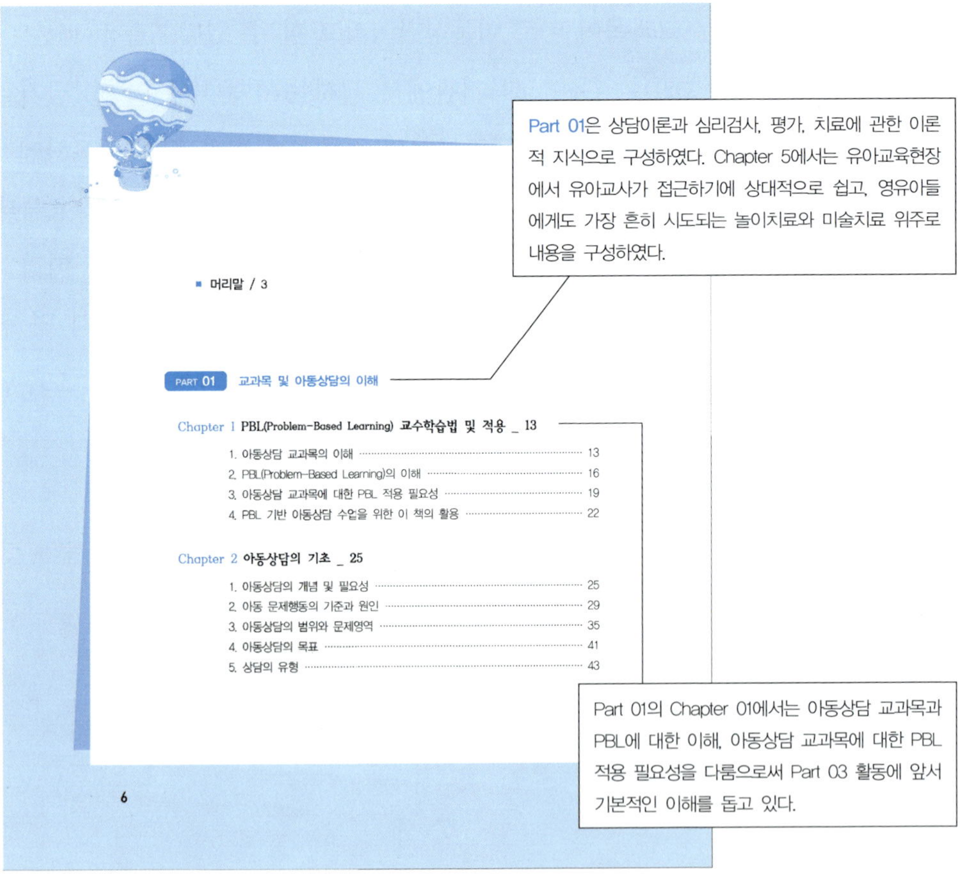

Part 01은 상담이론과 심리검사, 평가, 치료에 관한 이론적 지식으로 구성하였다. Chapter 5에서는 유아교육현장에서 유아교사가 접근하기에 상대적으로 쉽고, 영유아들에게도 가장 흔히 시도되는 놀이치료와 미술치료 위주로 내용을 구성하였다.

Part 01의 Chapter 01에서는 아동상담 교과목과 PBL에 대한 이해, 아동상담 교과목에 대한 PBL 적용 필요성을 다룸으로써 Part 03 활동에 앞서 기본적인 이해를 돕고 있다.

6

Part 02에서는 아동상담의 과정에서 나타나는 문제행동 유형과 다양한 상담사례뿐만 아니라 상담전문가와 유아교사의 상담과정에 대해 각각 나누어 살펴봄으로써 예비유아교사가 상담에서의 자신의 역할을 명확하게 이해할 수 있도록 돕는다.

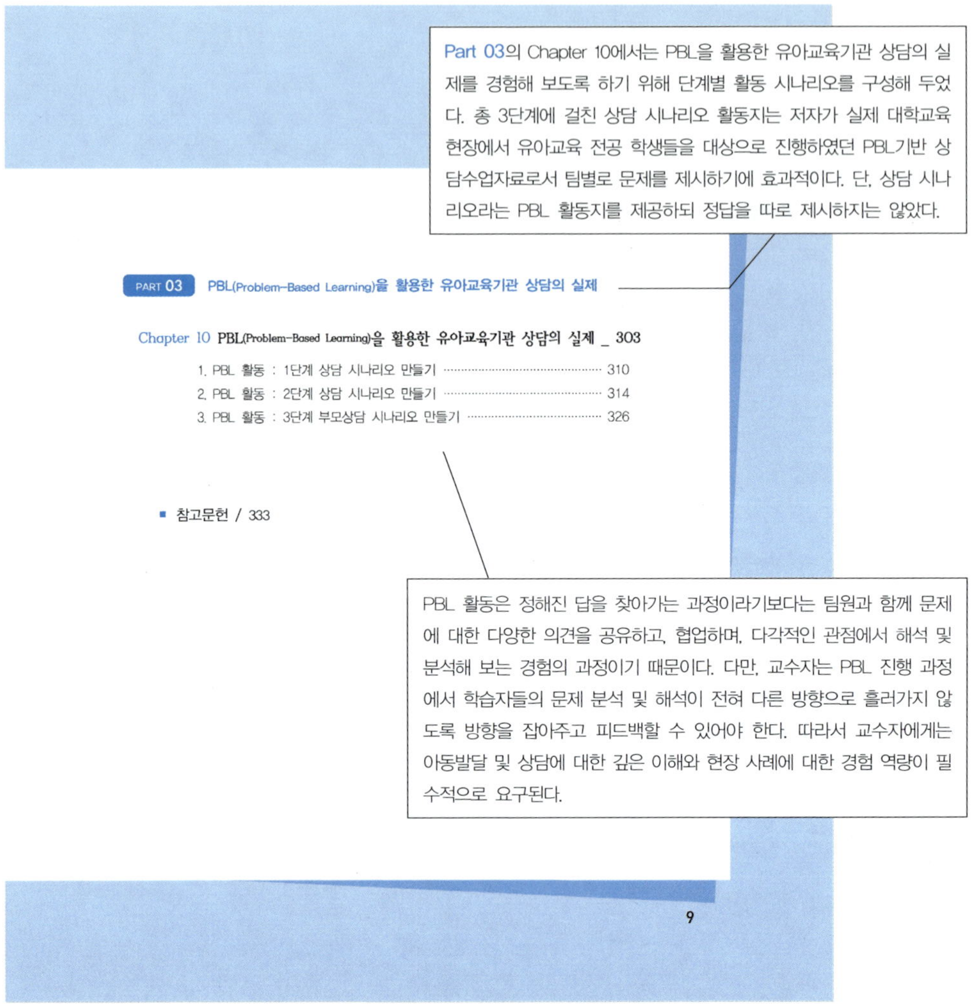

Part 03의 Chapter 10에서는 PBL을 활용한 유아교육기관 상담의 실제를 경험해 보도록 하기 위해 단계별 활동 시나리오를 구성해 두었다. 총 3단계에 걸친 상담 시나리오 활동지는 저자가 실제 대학교육 현장에서 유아교육 전공 학생들을 대상으로 진행하였던 PBL기반 상담수업자료로서 팀별로 문제를 제시하기에 효과적이다. 단, 상담 시나리오라는 PBL 활동지를 제공하되 정답을 따로 제시하지는 않았다.

PART 03 PBL(Problem-Based Learning)을 활용한 유아교육기관 상담의 실제

PBL 활동은 정해진 답을 찾아가는 과정이라기보다는 팀원과 함께 문제에 대한 다양한 의견을 공유하고, 협업하며, 다각적인 관점에서 해석 및 분석해 보는 경험의 과정이기 때문이다. 다만, 교수자는 PBL 진행 과정에서 학습자들의 문제 분석 및 해석이 전혀 다른 방향으로 흘러가지 않도록 방향을 잡아주고 피드백할 수 있어야 한다. 따라서 교수자에게는 아동발달 및 상담에 대한 깊은 이해와 현장 사례에 대한 경험 역량이 필수적으로 요구된다.

9

이 책을 효과적으로 활용하기 위해서는 Part 01과 Part 02를 꼼꼼히 학습하고, Part 03의 활용방법을 미리 숙지해야 한다. Part 03에서 제시하는 Tip이나 활동 예시를 살펴보고 PBL 활동을 진행하여 성공적인 열린 학습과정을 경험해 보기를 바란다.

CHAPTER 02

아동상담의 기초

아동은 영아기, 유아기, 아동기, 청소년기를 지나, 성인이 되어가는 과정에 있다. 이러한 발달과정에서 어떠한 원인이나 이유로 부적응 등의 어려움을 겪는 아동이 있다면 상담을 통해 건강하고 행복하고 안전한 생활을 영위해 나가도록 도울 수 있다. 이 장에서는 아동상담에 대한 이해를 돕는 기초적 내용을 다루어 보고자 한다.

1. 아동상담의 개념 및 필요성

상담(相談 : counseling)이란 "문제를 해결하거나 궁금증을 풀기 위하여 서로 의논"(표준국어대사전)하는 일이다. 상담의 사전적 의미는 '권하다(recommend)', 전문적인 입장에서 '충고하다(advise)', '상의하다'이다. 상담은 학자마다 다양하게 정의하기도 한다. 로저스(C. Rogers)는 "훈련받은 상담자와 도움을 받고자 하는 내담자의 관계를 토대로 한 상호작용의 과정"이라고 하였고, 김계현 등(2001)은 "인간으로 하여금 자신의 잠재력을 최대한으로 발휘하도록 돕고 일상생활에서 보다 건강하고 행복한 삶을 누릴 수 있도록 도와주는 것"이라고 했다. 핸더슨과 톰슨(Handerson &

Thompson, 2011)은 "상담은 한 사람이 다른 사람의 문제를 해결할 수 있도록 만나는 두 사람 사이의 관계를 포함한다. 이 사람들 중 한 명은 훈련을 받은 상담자이고 도움을 받는 사람은 고객이다. 고객이라는 용어는 어린이, 청소년, 성인 또는 사람과 같은 단어로 대체될 수 있다"고 정의한다.

미국심리학회(APA : American Psychiatric Association)의 상담심리학분과의 '정의' 분과(1956)에서는 상담을 "개인이 개인 성장의 장애물을 극복하고, 개인 자원의 최적 개발을 달성할 수 있도록 도와주는 과정"이라고 정의하였으며, ACA(American Counseling Association)와 NBCC(National Board for Certified Counselors)는 상담을 "정신건강, 심리적 또는 인간 발달 원칙의 적용으로서 인지적, 정서적, 행동적 또는 체계적인 개입 전략을 통해 건강한 개인적 성장 또는 직업 개발 및 병리학을 다루는 전문상담의 실천과정이다. 전문상담 분야에 좁게 초점을 맞추고 있으며 모든 전문상담자가 먼저 전문상담의 일반적인 관행에 대한 요구 사항을 충족해야 한다는 전제하에 전문 분야의 고급 지식을 필요로 한다"고 정의했다.

아동상담(child counseling)은 상담의 대상이 아동이다. 일반적으로 아동이 신체적, 언어적, 사회적, 정서적 혹은 인지적인 발달에 부적응상태를 보일 때 상담자와의 전문적 상담 상호작용을 통하여 아동의 부적응상태를 적응상태로 변화시키는 것이다. 아동상담은 성인을 대상으로 한 일반 상담과는 다른 점이 있다. 발달과정에 있는 아동이기에 성인에 비해 언어 표현이 자유롭지 않고 자신을 드러내는 데 한계가 있다. 성인은 언어적 의사소통을 활용한 상담이 가능하지만, 아동은 아직 언어가 미숙하여 언어 외의 매체를 통해 자신을 표현하도록 지도한다. 따라서 아동상담의 기법에는 아동이 자신을 잘 드러낼 수 있는 다양한 표현 매체가 상담 매체로서 활용되기도 한다.

이러한 상담은 초기의 직업지도, 정신위생, 정신측정의 세 가지 분야가 합쳐진 것이다. 과거에는 특정 개인에게 초점을 두고 있었으나 지금은 가족, 집단, 커뮤니

티로 대상이 확대되었다. 초기에는 치료나 문제해결에 관심이 있었으나, 이후에는 예방, 교육적인 접근에도 관심을 가지게 되었고 이것을 발달상담 혹은 개발적 상담(developmental counseling)이라고 한다. 과거에는 대상자와 직접 접촉을 하는 것이 보편적이었으나 지금은 문서, 슬라이드, 강습, 집단 체험 등 방법도 다양화하고 있다. 이는 상담이 전문가만의 영역이 아니라 자원봉사자나 준 상담자가 참가할 수 있는 영역도 증가하고 있다는 것을 의미한다.

상담과 관련 있는 용어로는 심리치료가 있다. 상담과 심리치료는 비슷한 목표를 가지고 있지만 차이가 있다. 상담에는 문제를 가진 아동을 포함한 일반인이 그 대상이 되고 다루는 문제의 범위가 넓다. 경도의 신경증, 부모-자녀 관계, 결혼 문제, 직업선택, 인생관, 재활(rehabilitation), 비행, 학업부진, 직장 인간관계, 진학 상담 등의 문제를 취급한다. 반면 심리치료(psychotherapy)는 신경증 환자, 경계선 환자, 정신병 환자로 대상이 제한되어 있고 병리적인 성격(personality)이 주 대상이다. 심리치료는 병리적인 성격의 변화를 주목적으로 하고 정신과 의사, 심리 임상가, 임상심리학자가 담당한다. 상담은 문제를 가진 일반인(normal people with problem)을 주된 대상으로 하며, 정신장애인을 제외한다(예 정신분열, 조울, 신경증, 성격이상, 정신박약).

〈표 2-1〉 **상담과 심리치료의 차이점**

상 담	심리치료
• 내담자	• 환자
• 일반적 장애	• 심각한 장애
• 개인적 · 사회적 · 직업적 · 교육적 · 의사소통 문제	• 인격적 · 성격적 문제
• 예방적 · 발달적 관심	• 치료적 관심
• 교육적 · 발달적 장면	• 임상적 · 의학적 장면
• 의식에 관심	• 무의식에 관심
• 교수방법(가르치는 방법)	• 치료방법(치유하는 방법)

출처 : Handerson, D. A., & Thompson, C. L.(2011), p. 16.

현대사회는 급격한 변화 가운데 물질적 풍요로움을 누리고 있다. 그러나 이러한 급격한 사회변화는 물질적 풍요를 가져다주는 한편, 현대를 살아가는 아동들에게는 많은 부분에서 부정적 영향을 미치고 있다. 현대사회의 물질만능주의와 과열경쟁 속에서 아동은 놀이보다는 학습과 경쟁의 압박을 받고 있다. 또래와 충분히 상호작용하며, 천천히 세상을 탐색해 나가는 아동기의 경험은 이후 성장과 발달에 긍정적 영향을 미치는 것이 분명하다. 그러나 남보다 더 잘해야 한다는 경쟁의식은 아이들을 학원가로 내몰고 있다. 또한 현대사회는 전자매체 등의 발전으로 정보가 넘쳐나지만, 오히려 무분별한 정보 속에서 주양육자는 양육 가치관이 흔들린다. 부모와 자녀의 기질과 특성을 정확히 알고 양육 가치관을 확립하여 일관성 있게 지도해야 함에도 불구하고, 어떤 것이 좋더라 하는 정보를 무비판적으로 받아들이는 현상은 경쟁심을 부추긴다. 마지막으로, 현대사회의 개인주의 현상이 가족중심의 돌봄이 아니라 기관중심의 돌봄으로 변화하게 하였다. 과거에는 대가족 단위의 돌봄 구성원이 흔했고, 한 마을이 한 아이를 길러낸다는 말이 있듯이 양육의 부담이 부모에게만 있지 않았다. 그러나 현대사회는 대부분 양육의 책임을 부모가 감당하고 있으며, 이것은 점차 양육에의 부담감을 더하게 되었다. 한편 부모는 경제활동을 하면서 자녀를 양육해야 하는 경우가 많아서 전문기관의 도움을 받게 되지만, 이들 기관과 전문 인력의 질적 우수성을 모두 보장할 수 없는 것이 현실이다. 게다가 주양육자와 아동이 밀도 높은 시간을 보내기 어려울 경우, 대개 아동의 문제행동으로 연결된다.

이러한 사회적 요인뿐만 아니라 다양한 배경적 요인으로 인해 아동에게 문제행동이 나타나며, 이는 지속적으로 아동의 삶에 영향을 주게 된다. 그러므로 상담을 통해 문제행동을 예방하고, 문제 유발요인을 파악하여 적극적 개입이 이루어져야 한다. 아동의 정상적이고 바람직한 발달 및 성장을 돕기 위해 아동상담은 필수적이다.

2. 아동 문제행동의 기준과 원인

1) 아동 이해의 중요성

정상적인 행동의 대부분도 처한 환경과 개인의 기질적 성격 특질, 부모의 양육 태도 등 유아기부터의 개인과 환경과의 관계를 통해서 얻어지는 경험의 발현이라고 할 수 있다. 개인의 현재 행동의 근거가 되는 여러 가지 요인을 밝히기 위해서는 과거의 경험에 관해서 검토하고, 현재의 행동이 어떻게 나타나고 있으며 또한 장래의 행동에 영향을 주는가 하는 문제를 탐구하는 것은 인간 이해에 필요불가결하다.

아동 이해를 위해서는 다음의 질문을 던져보아야 한다.

☑ 그 행동은 왜 발생하는가(why)?

☑ 무엇을 표현하고자 하는가(what)?

☑ 어떤 방법으로 도출되는가(how to)?

☑ 행동을 나타내는 현재 상황은 어떠한가(situation)?

아동이 나타내는 증상 · 문제행동은 다음과 같은 의미가 있다(三宅和夫 編, 1993 : 111-112).

(1) 문제해결의 장소에 등장하기 위한 입장권으로서의 증상

어떠한 종류의 문제행동을 가진 영유아는 경증의 행동문제나 신체 증상을 나타냄으로써 부모나 주변 사람들에게 알리고 문제를 해결하고자 한다. 자녀에게 애정을 가지고 있지 않은 부모는 최저한도로 필요한 보살핌만 극히 사무적으로 행하고, 때로는 아동을 소홀하게 다루며 아동의 기분을 알아차리려고 하지 않고 자신의 기분대로 아동을 양육하려고 한다. 이러한 잘못된 대응에 견딜 수 없는 영유아는 손가락을 빨거나 조용히 울기만 하거나 우유를 마시지 않거나, 때로는 토하거나 설사나 발열 증상을 보이는 경우가 있다.

(2) 계속적인 잘못된 대응이나 방치에 대한 위험신호로서의 증상

신체 증상이나 문제가 되는 행동에만 관심을 두고, 심리적인 문제에 대한 배려가 이루어지지 않은 채로 방치되거나 반대로 이를 심하게 다루면 영유아는 울거나 깨물거나 발작을 하는 등의 심각한 행동을 함으로써 주변인들에게 경고신호를 보낸다. 위험신호를 내는 영유아는 아직 충분한 에너지가 남아 있으므로 당황하지 말고 그 의미를 생각하는 태도가 필요하다.

(3) 적극적인 문제해결 수단으로서의 증상

아동도 어떤 문제가 발생하면 수동적으로 가만히 있지 않고 나름대로의 해결책을 모색한다. 아동을 거부하는 부모, 완벽주의의 부모, 자기 자신의 이루지 못한 욕구 · 원망을 대신하도록 하는 과보호적인 부모에 대해서 탄력성이 있는 아동은 명백히 반항한다. 때로는 그 장소에서 피하고자 환상의 세계인 백일몽에 몰입하기도 한다. 냉정하거나 반대로 폭력적인 부모에게 양육된 영유아는 부모가 아닌 다른 사람에게 친밀감을 나타내기도 한다.

(4) 부모의 관용이나 인내심 부족으로 일어나는 문제로서의 증상

아동에게 거부적인 태도를 가진 부모는 아동의 행동에 대해서 잔소리를 하고 자신에게 좋은 행동만을 하는 아동과 비교해서 비난한다. 이 경우 영유아는 반항적이

되거나 문제행동을 하고 부모에게 앙갚음하려고 한다. 그러나 힘이 없는 영유아는 틱이나 손가락 빨기 등의 증상을 나타내고 내향적이고 소심한 성격으로 변해간다.

2) 아동 문제행동의 기준

아동상담을 위해서는 아동의 문제행동을 진단할 수 있어야 한다. 정상과 이상의 판단 기준에 따라 상담 과정과 절차가 수립될 수 있다. 아동 문제행동의 진단을 위한 기준을 김나영과 이승희(2001), 이태연과 최명구(2006)의 연구를 참고로 하여 제시하면 다음과 같다.

첫째, 통계적 기준으로 판단할 수 있다. 즉, 평균이나 확률을 기준으로 하여 판단하는 것이다. 통계적으로 보아 평균적인 것을 '정상'으로 간주하며 평균으로부터 일정한 기준의 범위를 넘어 일탈된 것을 '문제'라고 하는 입장이다. 어떤 기준 이내에 있는 것은 정상이지만 그것을 일탈하면 문제가 있거나 문제가 있을 가능성이 높다고 생각하는 것이다. 심리학적인 문제로 말한다면 다양한 행동 특성이나 능력에 대해서 평균으로부터의 일탈 정도를 보고 그 일탈이 클수록 이상의 정도가 크다고 생각한다. 그러나 행동 특성이나 능력은 신장이나 체중처럼 명확하게 평균을 내기가 어려우며, 일탈을 판단하기도 어렵다. 또한 아동의 행동은 변화가 많기 때문에 단 한 번의 검사결과로 판단하는 것은 위험하다. 여러 번의 검사나 계속적인 관찰에 의해 비로소 정확하게 파악될 수 있다.

둘째, 사회문화적(가치적) 기준으로 판단할 수 있다. 유아의 성장에 대해 가지고 있는 많은 기대나 이상으로부터 생긴 가치적 기준에 비추어 정상과 이상을 판단하는 것이다. 이 가치적 기준이 만들어지는 배경에는 역사적, 사회적으로 만들어져 온 이상적인 모습이나 바람직한 것에 대한 사회적 통념이 존재한다. 따라서 가치적인 기준은 개인, 사회, 문화, 시대 등에 따라 달라지며 변화한다.

셋째, 의학적 기준으로 판단할 수 있다. 의학적 기준이나 검사 등에 의해 판단하며 정상과 이상 사이는 비연속적이며 질적인 차이가 있다고 가정한다. 심신의 구조 및 기능에 있어서 정상과는 다른 결함이나 장애나 특징을 가진 것을 병적 또는 이상으로 판단하는 객관적인 기준이다. 그러나 증상이 가벼운 경우에는 전문가인 의사들 사이에 판단의 차이가 생길 수 있으며 이 기준에서도 이상과 정상의 경계를 짓는 것이 현실적으로 어렵다.

넷째, 발달적 기준으로 판단할 수 있다. 발달적 기준은 그 연령에 맞는 발달단계에 따라 발달이 이루어졌는가 아닌가에 따라 정상과 이상을 판단하려는 것이다. 이 기준의 기저에도 통계적 기준이 적용되고 있다. 발달적 기준에 따르면 같은 행동이라도 어떤 연령의 유아에게는 정상이지만 다른 연령에서는 이상일 수 있다. 그러나 유아의 발달은 개인차가 크기 때문에 이를 충분히 고려해야 한다.

다섯째, 행동의 적응성 기준으로 판단할 수 있다. 어떤 행동이 그 개인과 집단, 사회의 복지와 안전에 나쁜 영향을 줄 때 그 행동을 비정상적 행동이라고 판단하는 것이다. 예를 들어, 사람과 접촉하는 것을 두려워하여 외출을 못하거나 버스, 전철을 못 타는 경우 그 사람의 생활은 많은 지장을 받는다. 또한 아무 죄가 없는 사람에게 종종 폭력을 가하거나 해를 입히는 사람은 타인의 안전과 복지에 큰 지장을 준다는 점에서 비정상적인 행동으로 본다.

여섯째, 주관적 고통의 기준으로 판단할 수 있다. 개인이 경험하고 있는 심리적 그리고 신체적 고통의 정도가 얼마나 심한가에 따라 정상과 이상을 구분하는 것을 말한다. 불안, 우울, 죄책감 같은 것은 남들이 보기에는 대수롭지 않아 보이지만 그것을 경험하는 사람에게는 매우 고통스러울 수 있다.

3) 아동 문제행동의 원인과 근인

문제행동은 특정한 장면에 있어서 여러 가지 이유에 따라 일어난다. 따라서 문제행동을 이해하기 위해서는 선행하는 요인과 결과 요인을 알아야 할 필요가 있다. 문제행동을 유발하는 조건은 문제행동을 유발하는 원인(遠因, indirect cause : 인과 관계에서 연관성이 상대적으로 먼 간접적인 원인)과 근인(近因, immediate cause : 연관성이 가까운 원인)으로 이분화된다.

(1) 원인

문제행동이 일어난 장면에서 먼 곳에서 일어난 사건을 원인이라고 한다. 예를 들어, 수업시간에 난폭한 행동을 하는 아동이 있다. 조사해 보면 전날 밤에 잠을 잘 못 잤다든지, 전날의 수업에서 대답하지 못하여 부끄러움을 느꼈다든지, 직전 수업이 체육시간이었기에 피곤한 상태였다든지 등의 이유가 있음을 알 수 있다. 이러한 일은 해당 수업 중에 일어난 일은 아니기에 교사는 알기 어렵다.

(2) 근인

문제행동이 일어난 장면 속에 있는 사건을 근인이라고 한다. 예를 들어, 수업 중 지나치게 어려운 과제를 주거나, 심하게 주의를 주거나, 읽고 있었던 만화책을 빼앗거나, 달리고 싶지 않은데 달리게 한다거나 하면 공격적인 행동을 보일 수 있다.

(3) 원인과 근인의 상호작용

원인과 근인이 섞이면 문제행동이 한층 더 일어나기 쉽다. 잠을 적게 잔 날 아침(원인) 어려운 과제가 나오거나(근인), 또는 다리를 다쳤는데(원인) 달리게 하거나(근인) 등의 경우 문제가 생길 수 있다.

아동 문제행동은 부모의 양육태도, 부모와의 상호작용, 주변 아동과의 관계, 환경의 변화, 원만하지 못한 발달, 내적 요구의 미충족, 불만 등 다양한 원인과 근인에 의해 나타난다. 영유아의 정신발달의 과정은 부모를 포함한 환경과 어떻게 상호작용하고 그 상호관계를 어떻게 전개, 변환시켜 가는가 하는 측면에서 다룬다. 영유아의 자발행동에 문제가 있거나, 부모의 대응방법과 반응방법 또는 그 양쪽에 문제가 있는가에 따라서 문제의 주요인을 정리할 수 있다.

첫째, 영유아의 자발행동에 문제가 있는 경우이다. 영유아의 생득적인 자발행동에 이미 장애가 인정되는 것으로서 자폐증, 지적장애, 기질성 행동이상 등이 있다.

둘째, 환경에 문제가 있는 경우이다. 부모의 양육행동에 문제가 있고 영유아에 대한 대응이 부족한 경우 영유아는 다양한 신경증적인 표현을 일으킨다. 부모가 정서적인 반응을 하지 않고 표면적이고 획일적인 양육태도를 보이는 경우, 양육자가 일관되지 않은 경우에는 애정탈취증후군, 시설증 등이 나타난다. 또한 부모가 입원하거나 갑자기 없어지거나 낯선 환경에 놓이게 되면 의존적인 우울증이 나타난다. 또한 부모가 거부적인 양육태도를 보이는 경우 영유아는 기본적인 신뢰감을 획득하지 못하고 다른 이에 대해서 불신감을 가지게 되며 타인에 대해 민감하게 되고 방어적이거나 소극적인 성격이 되어 버린다. 과보호적인 양육환경에서는 자아의 확립에 불가결한 갈등의 극복이나 기본적인 습관이 형성되지 않고 자기중심적인 아동이 되고 분리불안을 나타내게 된다.

셋째, 영유아의 자발행동과 환경으로부터의 작용의 양자에 문제가 있는 경우이다. 영유아기의 정신장애의 대부분이 이 경우에 해당한다. 발달적 언어장애가 그 예이다. 주로 환경으로부터의 작용에 문제가 있는 경우 부모에 대한 정신분석적 개입을 바탕으로 부모의 양육행동을 구체적으로 검토하는 것이 필요하다. 영유아의 행동과 환경으로부터의 작용 양쪽에 문제가 있는 경우는 보다 종합적으로 치료적인 관여가 필요하다.

3. 아동상담의 범위와 문제영역

1) 아동상담의 범위

학자들마다 인간발달 단계에 대한 입장의 차이는 있으나 아동발달은 그 연령범위를 태내기(수정 이후 출생), 신생아기(출생~4주), 영아기(5주~24개월), 유아기(2세~초등학교 입학 전), 아동기(6~12세), 청소년기(13~18세)로 나눈다.

유아교육법에서 유아란 만 3세부터 초등학교 취학 전까지의 어린이이고, 영유아보육법에는 7세 이하의 취학 전 아동이 영유아이며, 아동복지법에는 18세 미만인 사람을 아동으로 본다. 청소년보호법에서는 만 19세 미만인 사람을 청소년이라 하며 청소년기본법에서는 9세 이상 24세 이하인 사람을 청소년이라고 한다. 이러한 아동기의 정의를 참고로 하여 아동상담의 대상연령은 18세 미만의 아동으로 정의한다.

어린 아동, 특히 영아기는 인격발달의 기초단계에 해당되므로 발달지도가 중심이 된다. 발달지도의 목표는 탐색, 애착행동의 형성, 자기자극화 행동의 변화, 분리불안의 관리, 조기발견과 조기지도이다.

(1) 탐색, 애착행동의 형성

놀이실에서 영유아평가를 할 때 공통적으로 보이는 현상은 탐색, 불완전한 애착행동이다. 따라서 탐색행동 시스템의 발달을 자극하는 지도계획과 애착행동을 형성하는 지도계획을 세운다. 탐색행동 시스템의 발달은 아동의 주의의 환기와 지속, 감각운동 기능의 활성화, 보다 복잡한 환경자극과의 접촉과 동화, 과잉자극의 통제 등 아동의 인지구조의 발달수준이나 동화능력의 차이에 의해서 극히 세밀하고 장기간에 걸친 교육과정이 필요하다.

애착은 특정 인물에 의한 일관된 응답성에 의해서 형성되는데, 아동의 부모 중 어느 한편이 애착의 대상으로서 선택된다. 장기간의 지도계획은 애착발달의 병리에 근거하여 세운다. 영아기의 발달지도는 가정을 지도장소로 하여 부모를 치료자나 훈련자로 보는 방법이 가장 현실적이다. 상담자는 부모를 훈련하고 도와주는 역할을 한다.

(2) 자기자극화 행동의 변화

자기자극이란 손가락 빨기 등과 같이 자기 자신에게 직접 자극을 주는 행동이다. 영유아기의 자기자극화 행동은 애착행동의 변환(불안 억제)의 기능을 가지는 경우이거나 타인의 주의를 요구하는 행동(의존행동)인 경우, 혹은 자폐증에 해당하는 경우 등 다양하다.

(3) 분리불안의 관리

과잉애착을 보이는 아동은 애착형성 도중에 분리불안을 경험한 아동이 많다. 과잉 애착형성 상담은 부모를 같은 공간에 두고 분리불안의 공포를 줄여가면서 탐색과 조작의 행동 시스템을 활용하여 자립을 성취시킨다. 분리불안에는 놀이치료가 효과적이다.

(4) 조기발견과 조기지도

유아기의 임상적 문제는 영유아 초기에 처치를 하는 것이 바람직하다. 영유아기 초기의 부모-자녀 관계의 불안은 부모-자녀 관계의 결여와 동시에 영유아의 인격발달에 영향을 주고 유아기의 발달지체나 행동이상을 형성하는 조건이 된다.

아동기는 매일 성장해 나가고 변화하며 오늘 문제가 되는 행동도 내일은 그다지 문제가 되지 않는 일이 비일비재하다. 따라서 아동의 문제행동에 간단하게 '○○증'이라는 병명을 붙이는 일은 피한다.

구음장애, 함묵 등 입학 및 진학 시의 심리적 긴장에 의해 일어나는 것은 일과성으로서 그 후의 인간관계 등 환경의 변화에 의해 좋아지는 경우가 있다. 아동은 인격이 형성되는 도중에 있어서 고정되어 있지 않기 때문이며, 성인과 다르게 심리치료나 환경조정에 따라서 변화할 가능성이 높다.

아동의 경우에는 현재 나타내고 있는 증상에만 초점을 맞추지 말고 내일을 내다보는 판단이 필요하며, 발달이론과 문제발생의 계기를 종합하여 역동적으로 이해해 나간다.

아동기 고학년에서는 가정과 동일한 시간을 학교에서 보내며 학습뿐만 아니라 교사나 친구들과의 인간관계가 생활의 많은 부분을 차지하고 있다. 특히 소위 갱집단(gang age)에서는 지역의 동 연령 집단의 영향이 현저하다. 따라서 아동의 문제이해나 치료를 위해 정보교환이나 학교에 대한 접촉이 필요하다. 학교와 부모와의 의견 혹은 감정대립이 생길 때 상담기관이 상호 이해를 위해서 중개 노력을 할 필요가 있다. 상담가는 어느 정도 학교상황이나 현재의 교육상의 문제를 이해하고 있어야 한다.

정보화 사회에서는 아동문화의 보급과 침투가 신속하며 심리적인 생활권은 확대되고 있다. 예를 들어, 특정 가수나 그룹에 대한 열광적인 경향이나 동일시들은 반드시 '특수'하거나 혹은 '병적'이라고 말할 수 없고 풍습이나 유행과 병리를 구별하기 힘든 상황이라는 것을 고려해야 한다.

아동의 경우는 집단치료를 병용하는 것이 효과적인 경우가 많다. 내성적, 소극적, 친구와 같이 잘 놀지 못한다 등 비사회적인 문제행동은 개인치료를 어느 정도

행한 후에 집단치료를 병행하면 학교 학급 등의 큰 집단에 적응하기 위한 준비단계로서의 의미도 있고 효과가 촉진된다.

2) 아동상담의 문제영역

(1) 발달단계에 따른 문제의 분류(이태연·최명구, 2006)

- 영아기 : 수유, 배변, 언어발달, 신체발달, 수면, 부모와의 애착형성 등
- 유아기 : 유아자폐증, 주의력결핍 및 과잉행동장애, 회피장애, 과잉불안장애, 유아기 우울과 애착, 분리불안장애, 자립, 언어발달, 신체발달, 사회정서발달 영역
- 아동기 : 집단따돌림(왕따), 학교 거부증, 학습장애, 품행장애, 독서장애(난독증), 아동학대
- 학령기 : 학업, 또래관계, 생활습관, 사회성
- 청소년기 : 학교폭력, 자살, 약물남용, 인터넷 중독과 사이버문화

(2) 생활습관상의 분류

수면, 식사, 식습관(폭식, 거식), 기타 기본적 생활습관상의 문제가 보이는 경우

(3) 사회 · 정서 면의 분류

- 영유아가 자주 울거나 보채며, 부모에게 많이 집착하고 애정표현을 요구하는 경우
- 형제자매 관계에서 원만하지 못하고 퇴행현상을 보이는 경우
- 가족관계에서 아동이 어려움을 겪고 평소와 다른 사회 · 정서적 행동을 나타내거나 표현을 잘 하지 못하는 경우

- 표면적으로는 문제가 없어 보이지만 아동이 내면적으로 힘들어 보이는 경우
- 위축되거나 집착행동을 보이는 경우
- 자주 울거나 아니면 활발했던 아이가 장시간 움직임이 둔해진 경우

(4) 기타 분류

① 사회적 · 발달상의 분류

- **사회적 부적응행동** : 행동이 사회적으로 바람직하지 않고 가정이나 학교, 지역사회에서 문제가 되는 행동
- **발달상의 문제행동** : 발달적 관점에서 보아 연령에 해당하는 발달을 나타내지 않으므로 현재 및 장래의 사회생활에 대한 적응이 곤란하다고 예상되는 행동

② 장면에 따른 분류

- **가정** : 기본적 생활습관의 실패(예 언어발달상의 문제, 인격형성상의 문제)
- **학교** : 학업성적, 학교생활에의 적응
- **가정과 학교 이외의 장면** : 비행

③ 반사회적 · 비사회적 · 신경증적 문제행동 분류

- **반사회적 문제행동** : 타인에게 해가 되는 행동(예 가정 내 폭력, 비행, 싸움, 난폭, 거짓말 등)
- **비사회적 문제행동** : 대인적, 사회적인 접촉을 피하는 행동의 총칭. 타인에게 해를 끼치는 경우는 적지만 인격상 필요한 사회적 경험을 갖추지 못하는 경향이 있어서 장래에 문제를 일으키기 쉬운 행동(예 내성적, 무기력, 고립된 행동, 함묵 등).

- 신경증적 문제행동 : 편식, 식욕부진, 야뇨, 손가락 빨기, 손톱 물어뜯기, 경기, 신체적 과민성, 불결공포, 적면공포, 고소공포, 심기증 등

〈표 2-2〉 기타 영역별 분류

항 목	예
기본적 생활습관	• 식사 : 편식, 거식 등 • 배설 : 유뇨, 야뇨 등
정 서	충동성, 억울, 불안, 긴장, 신경성 습벽, 공감성이나 이타성의 부족
사회적인 행동	• 비사회적 행동 : 내성, 함묵 • 반사회적 행동 : 도벽, 폭력
학 습	학습습관, 학습태도, 학업부진, 학업지체, 학습장애
심신의 장애	• 신체적인 장애 • 심리적인 장애 : 정신장애, 지적장애, 자폐

출처 : 松村茂治(1994), p. 47.

3) 정신장애 진단 및 통계 편람 제5판(DSM-5)

미국정신의학협회(APA)가 발행한 분류학 및 진단 도구인 정신장애 진단 및 통계 편람에는 정신장애에 대한 다음과 같은 내용이 있다.

- 신경발달 장애 : 지적장애, 음운장애와 말더듬(언어장애, 음성장애, 유아기 유창성 장애, 사회적 의사소통 장애라고 불리는 사회적 언어 및 비언어적 의사소통 장애), 자폐증 스펙트럼 장애[아스퍼거 장애, 아동기 붕괴 장애 및 그렇지 않은 경우(PDD-NOS)가 아닌 광범위한 발달장애를 포함], 운동장애(발달조정 장애, 고정관념 운동 장애 및 뚜렛 증후군을 포함한 틱 장애)
- 정신분열증 스펙트럼 및 기타 정신병장애, 양극성 및 관련 장애
- 우울장애 : 18세까지의 어린이를 위한 새로운 파괴적인 기분조절 장애(DMDD), 월경전 불쾌감 장애, 지속적인 우울증

- **불안장애** : 공황발작, 사회불안 장애(이전의 사회적 공포증), 분리불안 장애와 선택적 돌연변이
- **강박 및 관련 장애** : 발모광(Trichotillomania, 머리카락 당김 장애), 신체중심의 반복적인 행동장애(머리카락 당김과 피부 긁기, 손톱 물기, 입술 물기, 빰 씹기와 같은 행동) 또는 강박적인 질투를 포함할 수 있는 다른 특정 강박 및 관련 장애
- **외상 및 스트레스 요인 관련 장애** : 외상 후 스트레스 장애(PTSD), 반응성 애착장애 및 억제된 사회 참여 장애, 적응장애(스트레스 반응 증후군)
- **해리성 장애** : 개인화장애(비인격화/ 실현장애), 해리성 기억상실증, 해리성 성정체성장애
- **체세포 증상 및 관련 장애** : 신체증상과 관련 장애(만성통증 등)
- **급식 및 섭식 장애, 이식증과 반추 장애** : 폭식 섭식 장애(신경성 과식증과 폭식성 섭식 장애), 회피/ 제한적인 식품 섭취 장애
- **배설장애**
- **수면, 깨어 있는 장애** : 폐쇄성 수면 무호흡증, 중추 수면 무호흡증 및 수면 관련 저호흡증, REM수면 행동장애와 하지불안증후군
- **성별 불쾌감**
- **행동장애** : 간헐적인 폭발성 장애, 반사회적 인격장애

4. 아동상담의 목표

아동의 문제는 기질과 같은 내부적 요인과 부적절한 양육, 사고에 의한 트라우마와 같은 외부적 요인 등 다양한 원인으로 인해 발생할 수 있다. 이렇듯 다양한 어려움에 노출되어 있는 아동의 발달과 성장을 돕기 위해서는 가능한 한 빠른 시

기에 상담을 실시하는 것이 문제행동을 예방하고, 바람직한 신체적 · 정신적 발달을 저해하는 환경을 개선해 나갈 수 있다.

보통 아동에게서 사회 · 인지 · 정서 · 행동 등의 변화가 관찰될 때 상담을 의뢰하게 되는데 대표적으로 동생의 존재로 인해 불안과 혼란을 느끼는 경우, 부모의 불화, 공격적 행동, 부적응행동 등의 상황이 있다. 그 밖에도 스마트매체 중독, 환경변화, 관계 문제, 자존감 또는 정서 문제, 학대로 인한 충격, 상실의 경험으로 아동에게 상담이 필요하다고 여겨지는 경우 의뢰하기도 한다. 아동에게 부정적 영향을 주는 상황을 그대로 방치할 경우, 더 심각한 수준의 문제행동으로 이어질 수 있으므로 이를 예방하고 개선할 수 있는 아동상담은 구체적인 목표와 내용을 가지고 실시해야 한다.

아동상담의 목표와 내용은 사회, 인지, 정서, 행동적인 영역으로 구분하여 수립할 수 있다. 먼저, 사회적 영역에 해당하는 아동상담의 목표는 타인과의 관계를 형성하는 것과 사회적 기술을 습득하는 것이다. 아동기에 타인과의 원만한 관계를 형성하고 유지하는 것, 이것을 위한 사회적 기술을 습득하는 것, 원만한 관계를 방해하는 사회적 행동의 변화를 이끌어 내도록 유도하는 것이 주요한 상담내용이 될 수 있다. 인지적 영역에 해당하는 아동상담의 목표는 인지적인 변화와 문제해결력을 획득하게 하는 것이다. 부정적인 사고 패턴을 수정하고, 건강한 자기개념을 형성하도록 하며, 스스로 문제를 인식하고 해결방안을 모색하는 것, 합리적 의사결정을 할 수 있도록 하는 것이 주요한 상담내용이 될 수 있다. 정서적 영역에 해당하는 아동상담의 목표는 정서인식, 정서조절, 정서표현이 이루어지도록 하는 것이다. 스스로 자신의 정서를 인식하고 수용할 수 있도록 하는 것, 자신의 정서를 조절하는 방법을 알고 부정적 정서를 처리하거나 불만족된 욕구를 처리할 수 있도록 하는 것, 자신의 정서를 적절한 방법으로 표현하는 방법을 알도록 하는 것이 주요한 상담내용이 될 수 있다. 행동적 영역에 해당하는 아동상담의 목표는 행동의 변화가 이루어지도록 하는 것이다. 아동의 부적절한 습관이나 행동의 변화 등이 일어나도록 하는 것이 주요한 상담내용이 될 수 있다. 특히 행동적 영역은 아동의 사회, 인지, 정서적 문제와 연결되어 있는 경우가 많으므로 행동의 수정뿐만 아니라 통합적으로 접근할 필요가 있다.

5. 상담의 유형

1) 개별상담

개별상담은 아동과 치료자가 1:1로 상호작용을 해나가는 방법이다. 아동의 문제가 심각하고 장기간 지속된 경우, 학습지체나 행동문제와 같이 집중적 상담을 요하는 문제는 개별상담이 적합하다. 이후 문제가 개선되고 집단으로 진행하는 것이 아동에게 유익하다고 판단될 경우 집단상담으로 전환할 수 있다.

2) 집단상담

상담자 한 명이 내담자 여러 명을 대상으로 상담을 진행해 가는 방법이다. 집단상담은 보통 4~5명에서 10명 정도로 구성한다. 집단에는 다음의 세 가지 유형이 있다.

(1) 동질집단과 이질집단

동질집단이란 같은 연령층, 비슷한 문제유형, 비슷한 가족유형과 배경, 학력상황을 가진 집단이다. 이질집단이란 이와 반대로 다른 연령, 성별, 다른 문제를 소지한 집단을 칭하며, 상담의 목적과 목표에 따라 한두 가지 이질적 요소를 포함한 집단으로 구성하기도 한다.

(2) 개방집단과 폐쇄집단

어떤 집단 유형으로 운영할 것인가는 집단의 목적에 따라 미리 결정한다. 개방집단은 시작된 후에 집단이 허용하는 범위에서 새로운 사람을 받아들이는 집단으로서 새로 들어오는 사람에 의해 집단의 흐름이 끊기는 경우도 있으나 활기를 띨 수 있다. 폐쇄집단은 시작할 때의 구성원으로 집단이 끝날 때까지 유지하는 것이다. 응집력과 깊이 등에서는 폐쇄집단이 개방집단보다 우월하지만 폐쇄집단은 구성원이 이탈할 경우 규모가 작아질 우려도 있다. 초 · 중고등학교에서 개방집단을 운용하기는 현실적으로 어려워 대체로 폐쇄집단 형태를 띠는 경우가 많다.

(3) 구조화된 집단과 비구조화 집단

구조화된 집단은 집단에서 이루어질 활동들이 정해져 있어서 집단의 지도자는 계획된 순서에 따라 집단을 운영한다. 반면 비구조화 집단은 최소한의 구조(시간, 횟수, 집단원 간에 지켜야 할 윤리적 문제 등)만 부여하고 나머지는 전적으로 집단원과 상담자가 운영한다. 전자는 주로 집단훈련, 후자는 상담집단이나 치료집단에 많이 활용된다.

3) 단기상담과 장기상담

가필드(Garfield, 2002)에 의하면 전통적인 단기치료는 오늘날 우리 사회의 정신건강 서비스에 대한 요구를 보다 잘 충족시킬 수 있었다고 한다. 단기란 상담기간이 짧다는 것으로 비교적 단기간의, 단기치료, 지정된 단기치료(short-term, brief therapy, time specified brief therapy)이다. 몇 회의 상담을 단기상담이라 볼 것인가에는 통일된 견해가 없다. 일반적으로 상담은 대상아동의 문제 정도에 따라 20회기 이내의 단기상담(권석만 외, 2002)과 3개월에서 6개월 혹은 1년 전후로 지속되는 장기상담으로 나눈다. 한국상담학회에서는 상담사례 발표 시 최소한 10회 이상 진행한 사례를 발표조건으로 본다.

4) 부모상담

상담 장면에서 부모의 참여가 높고 적극적인 태도를 보이면 아동상담의 효과도 높아진다. 상담자는 내담자인 아동을 상담하지만 그 아동의 보호자로부터 아동과 관련된 여러 가지의 정보를 주고받으며 부모가 어려움을 느끼는 문제에 대하여 부모상담을 해나가는 것이 유익하다.

5) 가족상담

개인의 문제가 해결되었다고 하더라도 가족 구성원과의 상호작용이 내담자에게 심각한 영향을 주는 경우에는 가족의 도움이 필요하다. 아동의 경우 그 부모와의 관계에 문제가 있는 경우가 많으며, 부모가 대응방법을 전환할 때에 아동의 문제행동의 개선이 더 촉진되는 것을 알 수 있다. 가족상담이란 아동을 포함한 전체 가족이 상담에 참여하는 것이 원래의 취지이지만 어머니 혹은 아버지, 조부모의 각각의 개입으로도 효과를 거둘 수 있다.

CHAPTER 03

아동상담 이론

아동상담은 인간발달에 관한 폭넓은 이해와 전문적 훈련 및 기술에 근거하여 이루어져야 한다. 특히 인간을 바라보는 관점에 따라 행동 및 사고는 다양하게 해석될 수 있다. 따라서 아동상담에 앞서 여러 상담모델의 근간이 되는 기초 이론을 살펴보는 것이 중요하다. 이 장에서는 아동을 이해하고 돕기 위한 다양한 아동상담 이론에 대해 다루어 보고자 한다.

1. 정신분석적 상담이론

정신분석은 프로이트(Sigmund Freud, 1856~1939)에 의해 시작된 심리치료의 이론과 기법을 중심으로 하는 심리학의 한 분야이다. 오늘날 정신분석은 심리학과 정신의학의 분야에만 그치지 않고 하나의 인간 이해의 방법으로서 문학, 예술, 문화인류학, 역사학, 정치학에도 폭넓게 적용되어 하나의 유력한 현대사상으로서 광범위한 영향을 미치고 있다.

프로이트는 지금의 체코 영토인 모라비아에서 태어나 양아버지 밑에서 복잡한

지그문트 프로이트
(Sigmund Freud, 1856~1939)

형제자매를 경험하며 자라났다. 17세의 나이로 오스트리아 비엔나 대학의 의과대학에 진학해 1881년에 의학박사학위를 받았다. 그러나 유대인이라는 제약 때문에 전공 선택이 자유롭지 못하여 생리학과 신경학을 공부하였다. 프로이트는 당대 유명한 생리학자인 브루치(Bruch)의 실험실에서 연구원으로 지내며 에너지의 변환과 보존에 관해 연구하였고, 이는 심리적 역동(dynamics)에 대한 그의 이론적 개념에 영향을 미치게 되었다. 또한 최면술에 대한 관심으로 자유연상과 꿈을 분석하여 히스테리 환자들을 치료한 경험을 바탕으로 『꿈의 해석』이라는 저서를 1895년 브루어(Breuer, L.)와 공저로 출판함으로써 그의 이론이 알려지기 시작하였다.

프로이트의 정신분석은 역동심리학으로도 불린다. 즉, 성충동을 중심으로 한 리비도 혹은 에로스의 에너지에 의해 인간성은 움직이고 그 움직임은 마음의 무의식적 활동에 의한 것이라고 하였다. 정신활동은 우연히 생기는 것이 아닌 인과관계에 의해 나타나는 정신결정론과 개인 행동이 무의식적 과정의 지배를 받는다는 무의식적 정신과정을 기본으로 하는 그의 사상은, 유명한 꿈의 정신분석에 의한 해석방법을 설명한 획기적인 저서 『꿈 판단』(1900), 『일상생활의 정신병리학』(1902)과, 처음으로 리비도의 발달에 의한 유아, 아동기의 성욕을 논하여 충격을 준 「성에 관한 두 가지 논문」(1905)에 의해 기초가 세워졌다.

프로이트는 인간의 성격발달에 관해 심리성적(psychosexual) 발달단계의 입장에서 연구했다. 인간은 인생 초기가 성격발달에 주요한 열쇠가 된다고 했으며 인간은 의식적인 존재가 아니라 비이성적이고 때로는 무의식적인 동기에 의해 영향을 받는 존재라고 했다.

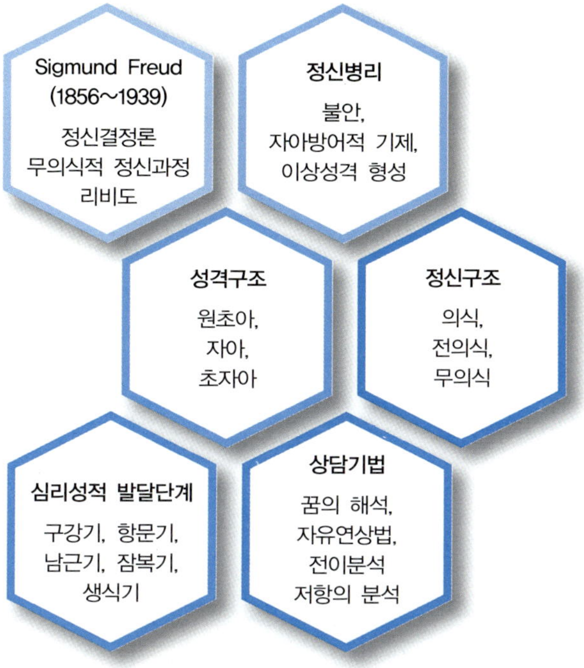

| 그림 3-1 | 프로이트의 정신분석적 상담이론

1) 주요 개념

(1) 정신구조

프로이트는 인간을 의식의 영역 밖에 존재하며 비합리적이고 통제할 수 없는 무의식적 본능의 지배를 받는 수동적인 존재로 본다. 그는 인간이 성적 본능과 공격적 본능을 가지고 있으며, 이러한 본능이 사고와 감정에 영향을 주고, 행동으로 나타나게 한다고 믿었다.

프로이트는 생애 초기 경험이 인간의 성격 형성에 어떠한 영향을 미치는지에 초점을 두고 의식과 무의식에 대해 설명하였다. 그는 정신세계를 의식(conscious), 전의식(preconscious), 무의식(unconscious)의 세 가지 다른 영역으로 나누었다. 빙산에 비유한 정신세계는 가장 아래에 잠겨서 수면 밖으로 나오지 않는 무의식, 물 표면으로 나타났다 다시 잠겼다 하는 전의식, 수면 위로 보이는 의식으로 나누어진다. 프로이트는 인간의 행동에 영향을 미치는 것은 전의식과 무의식이며, 인간행동에 결정적인 역할을 한다고 믿었다. 프로이트가 주장한 정신세계는 빙산 그림으로 형상화할 수 있다.

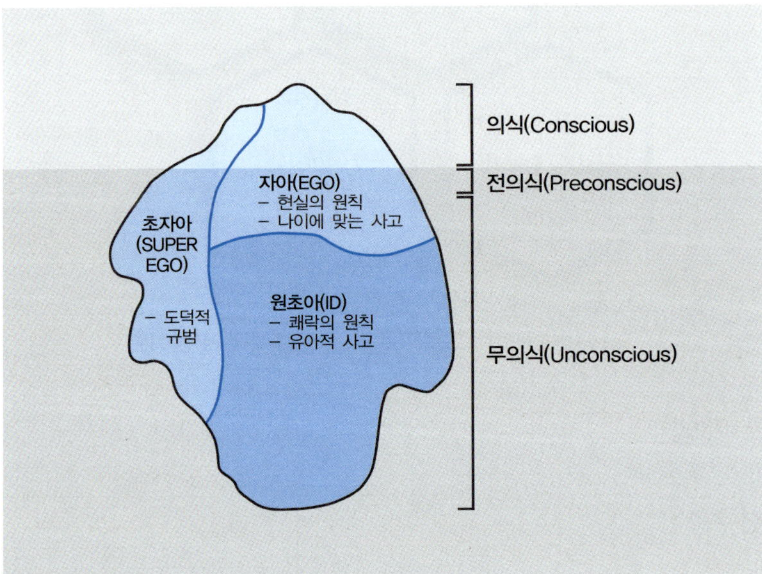

| 그림 3-2 | 프로이트의 정신구조 및 성격구조

① 의식(conscious)

의식은 인간이 인식하고 사고하는 정신활동의 일부를 일컫는다. 프로이트는 의식이란 전체 정신활동의 일부분에 지나지 않으며 짧은 순간이라고 설명했다. 사람들은 대부분 자신의 행동이 '의식적'으로 계획하고 의도한 것이라고 믿는다. 하지만 프로이트는 의식의 역할에 대한 과도한 믿음을 비판하면서 전의식과 무의식을 강조하였다.

② 전의식(preconscious)

전의식은 즉각적으로 인식되지는 않지만 어떤 자극에 의해 쉽게 자각되고 가벼운 주의집중을 통해 떠오르는 부분이다. 이로 인해 전의식은 '이용 가능한 기억' 또는 '기억의 저장소'라고 불리며, 무의식과 의식의 중간에 존재한다. 예를 들어, 어린이집 교사가 주말에 있었던 일을 질문하면 유아들이 이를 기억하고 이야기를 나누는 활동, 지나가는 사람을 보고 첫사랑의 기억이 떠오르는 것 등이 전의식의 예라고 할 수 있다.

③ 무의식(unconscious)

무의식은 정신분석이론에서 분석의 기초가 되는 영역이다. 프로이트는 인간의 행동은 무의식에서 발생한 욕구나 욕망의 표출이라고 생각하였다. 때문에 상담 시 내담자가 인식하지 못하는 충동, 욕망, 공포, 소망, 환상 등의 무의식들을 분석할 필요가 있다고 주장했다. 무의식은 사람들이 의식에서 어떻게 생각하고 느끼는지에 영향을 미친다. 특히 무의식적 공포, 충동, 욕구 등은 자아의 기능이 약해졌을 때 문제행동으로 나타난다. 프로이트는 표면으로 발현된 문제행동에 초점을 두기보다는 이를 야기한 무의식적 충동을 분석할 것을 주장하였다.

(2) 성격구조

프로이트는 『자아와 원초아(the Id and Ego)』(1923)라는 저술을 발표하면서 인간의 성격은 원초아, 자아, 초자아로 구성되어 있다고 주장하였다. 이 세 요소는 각각 분리되어 존재한다기보다는 통합적인 전체로서 상호 간에 영향을 주고받는다.

① 원초아(id)

원초아는 배고픔, 성적 욕구, 공격성 등 본능적 충동의 덩어리로 볼 수 있다. 성격의 원형으로 불리며, 생득적으로 타고나는 생물학적 구성요소이자 정신에너지의 저장고라고 할 수 있다. 원초아는 지속적으로 본능의 욕구를 만족시켜 긴장을 줄이려고 하며, 쾌락을 추구한다.

예를 들어, 신생아는 자아와 초자아에 영향을 받지 않는 원초아 상태라고 할 수 있다. 신생아의 경우 상황에 따라 행동을 조절하는 것이 아니라 배가 고프면 즉각적으로 운다. 배고픔이라는 본능에 즉각적으로 반응함으로써 정신에너지를 방출하기 때문에 자기중심적이며, 비현실적인 특성이 있다.

② 자아(ego)

자아는 원초아의 욕구와 본능을 현실세계와 연결해 중재한다. 즉, 자아는 외부세계와 내부세계를 소통하게 하는 정신세계이다. 영아기로 접어들면서 충동을 표출하기만 했던 원초아에서 긴장을 참고 만족을 지연시킬 수 있는 자아의 기초적인 특성이 생성된다. 자아는 현실 원칙을 따르기 때문에 쾌락 원칙만을 지닌 원초아와 갈등을 유발한다.

예를 들어, 값비싼 스테이크를 먹고 싶은 욕구를 가지고 있는 사람이 자신의 경제적 현실을 생각해서 간단한 비빔밥을 먹는 것을 생각해 볼 수 있다. 자아는 현실적인 비용 부담을 고려하여 스테이크를 먹고 싶은 욕구를 억제 혹은 지연시킨다. 이 과정에서 자아는 방어기제의 일종인 합리화를 이용하기도 한다. 즉, "붉은 육류는 지방이 많아 내 건강에 좋지 않을 거야. 대신 야채가 많은 비빔밥이 좋지"라는 식으로 생각하는 것이다. 방어기제는 긴장상태가 지속되어 이를 극복하기 어려운 경우, 원래의 욕구를 다른 방법이나 목표로 대체하는 일종의 심리적 균형을 위한 적응기제라 볼 수 있다(정인석, 2006). 억압, 합리화, 부정, 투사, 전위, 승화, 퇴행 등의 방법을 통해 본능을 누르고 심리적인 균형을 이루고자 한다.

③ 초자아(superego)

초자아는 유아기 후반부터 발달하게 되는데, 프로이트에 따르면 오이디푸스 콤플렉스를 경험하는 과정에서 초자아를 형성하게 된다. 초자아는 일차적으로 부모의 사회화 과정을 통해 습득되며, 사회적 규범이나 도덕적 기준 등이 내면화된 신념을 말한다.

초자아는 양심과 자아이상이라고 하는 두 개의 하위체계로 이루어져 있다. 예를 들면, 원초아의 충동에 의해 행동했을 때 부모로부터 처벌을 받는다면 유아는 죄책감을 느낀다. 이러한 죄책감은 자기검열 체계인 양심의 형성에 중요하다. 한편 착한 행동을 하였을 때 부모로부터 칭찬을 받는다면 유아는 자부심과 같은 자아이상을 형성하게 된다. 초자아가 너무 강하면 자신에 대한 기대나 기준이 너무 높아서 과도하게 완벽을 추구하는 반면, 초자아가 너무 약한 사람은 반사회적 행동을 보일 가능성이 크다.

2) 성격의 발달

프로이트의 정신분석이론에 의하면, 인간의 성격발달은 성적 에너지인 리비도가 어느 시기에 집중되느냐에 따라 달라진다고 하였다. 특히 인간의 성격발달은 생애 초기의 경험에 의해 성인기까지 영향을 미치므로, 생애 초기가 인간의 성격발달에 가장 중요하며 성적 에너지의 변화에 기반을 둔 심리성적 발달단계를 이론화하였다. 구체적으로 심리성적 발단단계는 구강기, 항문기, 남근기, 잠복기, 생식기로 나누어진다.

(1) 구강기(oral stage)

출생부터 18개월까지에 해당되는 구강기는 말 그대로 입, 입술, 혀 등을 통해 쾌락을 경험하는 단계를 말한다. 이때 영아는 씹기, 깨물기, 빨기 행동을 통해 성적인 쾌락을 만족시킨다. 구강기의 욕구는 음식물을 섭취하는 것을 용이하게 하기 때문에 인간의 생존을 위한 필수적 요소라고 볼 수 있다. 하지만 영아기에 구강기의 욕구가 충족되지 못했다면 구강기 고착이 이루어질 수 있다. 이는 성인이 되었을 때 흡연, 폭식, 탐식 등의 행동적 특성이나 욕설이나 빈정거림 등의 언어적 공격성으로 나타날 수 있다.

(2) 항문기(anal stage)

항문기는 생후 18개월부터 만 3세까지에 해당하는 단계로 리비도가 항문 영역으로 옮겨간 시기이다. 이때 유아는 배변 통제에 대한 훈련을 하게 된다. 이 시기에는 괄약근의 보유와 방출을 통해 쾌락을 얻는다. 유아들은 배변을 스스로 조절할 수 있는 능력을 갖게 되며, 부모와 통제권에 대한 쟁탈을 하기 시작한다. 즉, 유아가 스스로 배변 통제를 할 수 있도록 기다려 주고 격려하는 것이 필요한 시점인데, 부모가 너무 서둘러서 강압적으로 배변훈련을 시킨다면 유아는 실패감과 좌절감을 느낀다. 이는 부모에 대한 저항으로도 이어지는데, 의도적으로 배변 통제에 실패하기도 한다. 반복적 배변 통제의 실패와 부모와의 갈등을 경험하면 항문기 고착적 성격이 되는데, 이는 항문기 보유적 성격으로 완고함, 인색함, 강박적 특성으로 나타나거나 또는 항문기 방출적 성격으로 지저분하고 정리정돈을 안 하거나 낭비벽, 성적 문란 등으로 표현된다.

(3) 남근기(phallic stage)

남근기는 만 3세부터 6세까지에 해당되는 시기로 리비도가 성기에 집중된다. 이때 유아들은 자신의 성기를 만지작거리는 행동을 통해 쾌감을 느낀다. 이 시기에는 이성의 부모에게 무의식적으로 성적 소망을 느낀다. 남아는 어머니를 사랑하는 것을 아버지에게 들키면 자신의 성기를 거세당할지도 모른다는 거세불안을 느낀다. 한편 여아는 아버지에 대한 성적 환상을 가지고 있기 때문에 어머니에게 경쟁심을 느낀다. 이러한 현상을 남아는 오이디푸스 콤플렉스(Oedipus complex), 여아는 엘렉트라 콤플렉스(Electra complex)라고 부른다. 이러한 콤플렉스를 극복하는 과정에서 이성 부모를 모델링하며 양심이나 도덕적 기준을 학습하게 된다. 하지만 긍정적 적응이 어려워 남근기에 고착된 성인 남성은 과장이 심하고 야심적이며, 여성은 성적 문란을 나타낼 수 있다고 프로이트는 주장했다.

(4) 잠복기(latency stage)

잠복기는 만 6세부터 12세 정도까지의 사춘기 이전의 학령기를 말한다. 이 시기에는 성적 에너지가 무의식 속에 잠복하며 내적 갈등이 다소 줄어든다. 학령기에 접어든 아동은 유아적 성욕 대신 타인과의 관계 형성을 확대하는 데 에너지를 집중시킨다. 또래들과 함께 취미생활을 하고 우정을 쌓으면서 성적 충동을 승화시킨다.

잠복기를 잘 보낸 경우는 적응능력이 향상되고 학업에 매진하거나 원만한 대인관계를 갖게 된다. 반면 잠복기에 고착되면 이후 이성에 대한 정상적인 발달을 이루지 못하고 동성 간의 우정에 집착할 수 있고, 극단적인 경우 신경증이나 공격적 행동을 취하게 한다.

(5) 생식기(genital stage)

생식기는 사춘기와 함께 시작되며 이후 청년기에 해당하는 시기로 급격한 신체적 성장과 함께 호르몬 변화가 일어난다. 잠재되었던 성적 에너지가 다시 급격히 활동하면서 이성을 상대로 육체적 · 정신적 사랑을 느끼며 이를 충족시키고자 한다. 생식기 시기의 성적 욕구와 충동 및 갈등을 사회적으로 수용될 수 있는 방식으로 표현하는 방법을 배워 잘 해결되었을 때 성숙한 애정관계뿐만 아니라 성인으로서 안정감 있고 주체적인 생활을 하게 된다. 그렇지 못한 경우, 지나치게 성적이거나 비성적인 성격이 될 수 있다.

〈표 3-1〉 프로이트의 성격발달

단 계	특 징
구강기	0~1세. 입으로 할 수 있는 활동에서 즐거움을 느낌. 젖 빨기, 손가락 빨기, 먹기 등
항문기	1~3세. 대소변 훈련의 시기로 리비도가 항문 주위에 집중. 대소변을 보유하고 방출하는 것에서 쾌감 느낌
남근기	3~6세. 리비도가 성기 부위에 집중. 성적 애착이 이성의 부모에게 향함. 대부분 이 시기에 아동의 성격 형성
잠복기	6~12세. 리비도가 무의식에 잠복. 동성친구 및 외부세계에 대한 관심 집중
생식기	13세 이상. 신체적 성숙에 의해 진정한 의미의 성욕 나타남. 자아정체성 확립

3) 상담의 기법

(1) 상담의 목표

인간의 모든 문제는 무의식적 동기에 의해 생긴다는 입장으로 무의식을 의식화하는 것이 정신분석적 상담모델의 목적이다. 즉, 무의식에 억압되어 있던 것을 의식적 수준으로 표출시킨 후 이를 합리적으로 다룰 수 있도록 돕는 것이다.

(2) 정신병리

① 불안

자아를 위협하는 불안의 근원이 외부환경, 본능, 초자아인지에 따라 불안의 종류를 구분한다. 외부환경에 실제로 위협이나 위험이 존재할 때 나타나는 정서적 반응을 현실적 불안 또는 객관적 불안이라 하며, 이는 동물, 자연재해, 시험 등에 지니고 있는 불안으로, 지나치면 현실적 대처능력을 약화시킬 수 있다. 본능적 충동이 의식화되어 자아가 본능을 통제할 수 없을 때 나타나는 반응은 신경증적 불안이라 하며, 아동의 경우 무의식적 충동을 표현하게 되면 성인들로부터의 보복의 위협에 직면하게 되므로 신경증적 불안을 경험하게 된다. 자아가 초자아의 벌을 받을 위협이 있을 경우 나타나는 정서적 반응을 도덕적 불안이라 하며 이는 개인이 양심에 받아들여질 만한 행동을 하게 하는 원천이다. 아동의 경우, 잘못된 행동에 대해 어른이나 부모로부터 벌을 받아야 한다는 공포심에 도덕적 불안을 경험하게 된다.

② 자아방어기제

자아의 방어기제는 본능의 표출을 막고 초자아의 압력에 대항하여 불안으로부터 자기를 보호하는 수단이다. 이를 위해 본능의 충동이 의식화되지 못하도록 차단하는 방법과 본능적 충동의 강도를 약화시키거나 충동을 왜곡시키는 방법을 사용할 수 있다.

〈표 3-2〉 자아의 방어기제

방어기제	특 징
억압 (repression)	불안을 회피하는 가장 직접적인 방법. 무의식적 충동이 표출될 수 없도록 완전히 차단 예 끔찍했던 과거의 사건을 기억하지 못함
투사 (projection)	스스로 받아들일 수 없는 충동, 태도, 행동 등을 다른 사람이나 환경 탓으로 돌림 예 공부를 열심히 하지 않고 받은 낮은 성적을 출제가 어려웠거나 불공평한 채점기준 탓으로 돌림
반동형성 (reaction formation)	사회적으로 용인될 수 없는 충동이 표출되는 것을 막기 위해 그 충동이 의식 수준에서 반대로 표출됨 예 좋아하는 친구에게 다른 친구들 앞에서는 '네가 싫어'라고 말함
전위 (displacement)	본능적 충동을 만족시키기 위하여 선정된 대상에게 어떤 장애물로 인해 접근할 수 없을 때 새로운 대상을 선정함 예 부모님에게 야단맞고 고양이에게 화풀이함
고착 (fixation)	일정한 단계의 좌절이나 불안이 지나쳐 해결하기 힘들 때 현재 발달단계에 머무르며 다음 단계로 이동하지 않음 예 부모에게서 독립하지 못하고 의존적임
퇴행 (regression)	현재 단계에서 좌절이나 불안이 지나치면 이전 발달단계로 되돌아 감 예 다시 대소변을 가리지 못함
감정의 고립 (isolation of affect)	충격적인 기억이나 사건에서 비롯되는 극도의 불안감 감소를 위해 그에 대한 감정을 분리시킴 예 겪었던 사건을 진술하면서 감정 표출을 하지 않음
취소 (undoing)	수용할 수 없는 생각이 떠오르면 되돌리기 위해 상징적 행동과 함께 마술적 생각을 함 예 응원하는 팀이 질 것 같은 생각이 들어 관람하지 않고 제자리 뛰기만 함
신체화 (somatization)	수용할 수 없는 고통스러운 감정, 걱정, 염려 등을 신체적인 고통으로 변형시킴 예 건강염려증, 시험기간의 두통, 복통

(3) 상담의 기법

① 꿈 분석

수면 중 자아의 기능이 약해진 틈을 타 무의식의 본능적 욕구가 왜곡되거나 상징화되어 위장된 모습으로 나타나는 꿈은 무의식에 이르는 지름길이다. 프로이트는 사람이 수면을 취하는 동안은 깨어 있을 때보다 자아의 방어기능이 허술해지기 때문에 무의식에 억압된 욕구, 충동, 소망 등이 쉽게 표출된다고 믿었다. 이러한 원리에서 내담자의 무의식을 분석하는 데 가장 좋은 수단이 꿈을 분석하는 것이며, 상담자는 내담자가 자신의 꿈에 대해 자유롭게 진술한 내용을 분석하여 무의식적 욕망을 의식화하도록 돕는다.

프로이트는 꿈에 나타나는 특정한 대상들을 보편적 상징과 관련하여 분석하였다. 예를 들어, 숫자 3은 남자의 성기를 뜻하며, 보석 상자는 여성의 성기, 높은 곳에서 떨어지는 꿈은 도덕적 기준에 못 미치는 것에 대한 두려움 등으로 관련지었다. 또한 악몽은 자기처벌에 대한 욕망에 기인하는 것이라고 해석했다. 하지만 꿈의 내용이 단순히 특정 의미로 짝 지워지는 것은 아니며 내담자의 생애사, 대인관계, 처한 상황 등에 대한 복합적 해석이 함께 이루어져야 한다. 정신분석모델을 따르는 상담자는 장기간의 수련을 통해 내담자의 무의식 속에 억압되고 잠재된 본능을 통찰할 수 있어야 한다.

② 자유연상

외적인 자극을 되도록 적게 하고 내적인 자극에 따라서 내적인 세계를 표현하도록 하는 방법을 자유연상법이라고 한다. 자유연상은 어떤 대상과 관련되어 마음속으로 떠오르는 장면, 생각, 기억, 감정 등을 자기검열이라는 과정 없이 자유롭게 이야기하는 것(최영희 외, 2009)으로, 무의식에 있는 욕구, 충동, 소망 등을 의식수준으로 끌어올리기 위해 사용하는 상담기법이다.

자유연상을 사용할 때 상담자는 내담자에게 스스럼없이 떠오르는 모든 것을 가능한 한 많이 그대로 말해달라고 요청한다. 내담자가 과거 속으로 들어가 경험을 회상하는 동안 상담자는 인내심을 가지고 내담자의 이야기를 경청하며 서로 관련성이 없어 보이는 이야기의 흐름 속에서 표현되는 심리적 패턴을 찾을 수 있어야 한다.

③ 전이 분석

정신분석에서는 내담자가 자신의 삶에 등장한 중요한 인물들에 대해 가지고 있는 감정을 상담자에게 전이한다고 분석한다. 전이는 내담자가 과거 경험을 회상하거나 무의식에 대한 이야기를 나누면서 자연스럽게 발생한다. 그러므로 상담자는 내담자가 자신에게 보이는 태도, 행동, 감정 등을 주의 깊게 관찰하면서 전이가 일어나는 것을 포착해야 한다. 상담자는 내담자가 보이는 반응이 상담자 자신에 대한 개인적인 것이 아니라 과거 주요 타자에 대한 것임을 인식해야 한다. 만약 상담자가 전이를 적절히 다루지 못해 객관성을 잃게 된다면 다른 상담자에게 의뢰할 필요가 있다.

젤다드와 젤다드(Geldard & Geldard, 1997)는 아동상담에서 전이를 다루는 상담자의 태도에 대해 다음과 같이 제안하였다. 첫째, 상담을 받으러 온 아동의 행동이 상담자에게 자신의 미해결된 과제나 특별한 감정을 떠오르게 하는지 명확히 인지해야 한다. 둘째, 상담자가 부모처럼 행동하는 것을 지양하고 객관적이 되도록 노력해야 한다. 셋째, 아동이 자신의 행동을 스스로 인식할 수 있도록 해야 한다. 넷째, 아동이 일반적인 부모–자녀 관계에 대해 지각하게 한 후 자신의 가족을 살펴보도록 돕는다.

④ 저항의 분석

저항은 내담자가 현재 상태를 유지하려고 하면서 상담의 진행을 무의식적으로 방해하는 것을 말한다. 내담자들이 저항하는 일차적 이유는 문제에 대한 죄책감 같은 고통스러운 감정을 회피하기 위해서이다. 내담 아동들은 당면한 문제에 대해 말하기를 꺼리면서 회피하거나, 침묵으로 일관하거나, 공격적으로 행동하거나, 산만하게 행동하는 경우가 있다. 이는 상담자가 내담자의 핵심 문제에 집중하지 못하도록 방해하는 행동들로, 일종의 저항이다. 상담자는 아동이 문제를 해결하고자 하나 문제를 밖으로 드러내기를 꺼리고 있다는 것을 인식하고, 아동 본인이 저항에 직면하도록 도와야 한다.

예를 들어, 부모에게 신체적 학대를 받은 아동이 상담현장에서 상담 중에 갑자기 부모에 대한 질문에는 침묵으로 일관한다거나 또는 부모에 대한 이야기가 나오면 회피하면서 인형에게 가혹한 행위를 보일 수 있다. 이때 상담자는 "엄마나 아빠에 대해 선생님에게 말하는 게 겁이 날 수도 있겠구나. 나도 화가 나거나 겁이 나면 너처럼 말을 하고 싶지 않을 때가 있어"라는 반응으로 내담자의 두려움을 인정하고자 노력한다.

2. 개인심리학적 상담이론

알프레드 아들러
(Alfred Adler, 1870~1937)

개인심리학의 창시자인 아들러(Alfred Adler, 1870~1937)는 오스트리아 비엔나에서 헝가리계 유대인으로 여섯 형제 중 둘째로 태어났다. 어릴 때부터 구루병이나 폐렴 같은 여러 가지 질병을 앓으며 학업에 어려움을 겪었는데, 수학을 너무 못해서 구두수선공이나 하라는 교사의 말을 듣고 화가 난 아들러는 열심히 공부하여 1등을 하게 된다. 이러한 그의 아동기 경험은 이후 개인심리학을 이론화하는 데 영향을 미쳤다.

1895년에 비엔나 대학에서 의학학위를 받은 아들러는 1902년에 비엔나에 있던 프로이트를 만나 그가 이끄는 집단 토론에 참여하게 된다. 그러나 프로이트의 심리성적 이론에 반대하게 되고, 1912년 '빈 정신분석학회'에서 분파하여 '개인심리학회'를 결성하였다. 이후 『신경증 기질(The Neurotic Constitution)』(1912), 『개인심리학의 이론과 실제(The Practice and Theory of Individual Psychology)』(1924), 『인간이해(Understanding Human Nature)』(1927) 등의 저서를 통해 열등감, 콤플렉스, 우월성 추구, 출생 순서, 공동체 의식, 사회적 관심, 생활양식과 같은 중요한 개념들을 주장하였다. 그의 개인심리학에서는 인간의 행동과 발달을 결정하는 것이 인간존재에 보편적인 열등감 및 무력감과 이를 보상 또는 극복하려는 권력에의 의지, 즉 열등감에 대한 보상욕구라고 생각하였다. 그는 나폴레옹은 키가 작았기 때문에 위대해졌고, 색약(色弱)은 때로는 대(大)화가를 만들어 낸다는 '열등콤플렉스'라는 용어를 고안해 내기도 하였다. 그의 이론은 사회적 상호작용과 개인의 목표를 중시하며 인간이 사회적 참여를 통해 인생의 의미와 자아가치를 추구한다고 하였다. 이후 루돌프 드라이커스(Rudolf Dreikurs, 1897~1972)에 의해 개인심리학은 계속 발전되었으며 그의 딸과 아들 또한 정신의학자가 되어 아버지의 개인심리학 원리를 연구하였다.

1) 주요 개념

(1) 생활양식

아들러는 인간이란 하나의 온전한 전체이며 단순화하거나 쪼갤 수 있는 대상이 아니라고 보았다. 인간이 원초아, 자아, 초자아로 구성된 산물이라는 프로이트의 주장에서 벗어나 자신의 삶을 스스로 결정하는 완전함을 추구하는 존재로 인식하였다.

문제는 인간이 열등감을 경험한다는 것이다. 아들러는 인간이 자신의 열등감을 보상하기 위하여 다양한 행동을 하는데 이것들이 생활양식으로 구축된다고 하였다. 아들러는 유아기에 생활양식의 대부분이 형성되며, 성인이 되어서도 개인의 생활양식은 거의 변하지 않는다고 생각하였다. 물론 상황이나 시기에 따라 새롭고 독특한 생활양식을 학습하지만, 그것은 어릴 때 이미 형성된 생활양식의 확대일 뿐이라는 것이다.

생활양식은 인생목표와 개인의 자아개념, 타인에 대한 감정, 사회에 대한 태도 전체를 포괄하는 한 사람의 독특한 특징으로 볼 수 있다. 아들러는 생활양식을 활동수준과 사회적 관심을 기준으로 네 가지 형태로 나누어 설명하였다. 사회적 관심은 다른 사람에 대한 공감을 말하며, 활동수준은 인생과제를 다루는 데 있어 개인이 보여주는 에너지의 양을 말한다. 먼저 지배형(the ruling type)은 활동수준은 높으나 사회적 관심은 거의 없는 유형을 말한다. 기생형(the getting type)은 활동수준은 중간이고 사회적 관심은 낮은 유형을 말한다. 회피형(the avoiding type)은 활동수준은 낮고 사회적 관심도 적은 유형을 의미한다. 마지막으로 사회적 유용형(the socially useful type)은 사회적 관심과 활동수준이 모두 높은 유형을 말한다. 이때 지배형, 기생형, 회피형은 바람직하지 않은 유형에 속하며, 사회적 유용형은 바람직한 유형에 속한다. 아들러는 이와 같이 유형화되는 것은 어린 시절에 겪었던 부모의 영향 때문이라고 주장했다. 또한 개인의 생활양식은 대부분 4~5세 때 형성되어 이후 거의 변하지 않는다고 하였다. 개인의 생활양식은 성격과 외부 세계에 대한 전반적인 태도를 결정한다고 보았다.

〈표 3-3〉 생활양식의 유형

유 형	사회적 관심	활동수준	특 징
지배형	부족	높음	부모가 지배, 통제, 복종을 강요, 독선적이며 공격적이고 활동적
기생형 (획득형)	부족	중간	부모의 과잉보호, 의존성, 타인에게 의존하여 자신의 욕구 충족
회피형	부족	낮음	부모가 자녀의 기를 꺾어버림, 소극적, 부정적, 자신감 부족, 고립, 실패에 대한 두려움, 도피
사회적 유용형	충만	높음	사회적인 관심, 자신과 타인의 욕구 충족, 협동, 용기, 타인과 협력하여 과업 수행

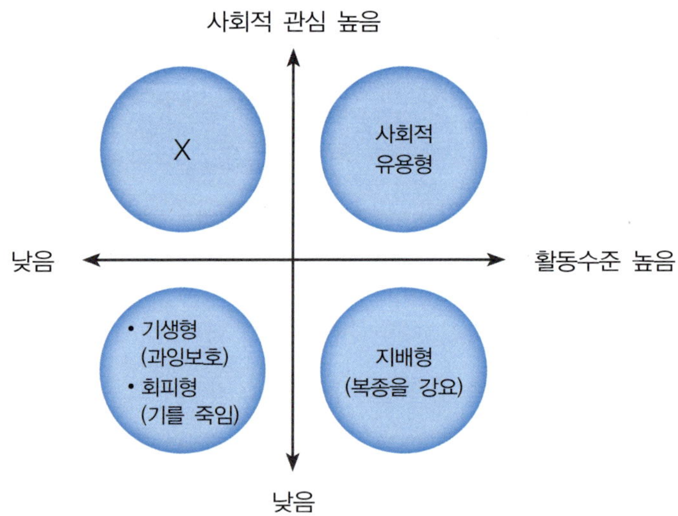

| 그림 3-3 | 개인심리학적 이론의 생활양식

(2) 사회적 관심

아들러는 인간은 혼자서는 살 수 없으며 일정 집단에 소속되어 사회적 관심을 가지는 사회적 존재라고 보았다. 즉, 인간은 사회적 관심을 추구하는 존재이며 이는 공감, 타인지향, 지역사회에 대한 애정, 이웃과의 우정, 공동체 의식 등 이타성을 추구하는 다양한 것으로 표현된다.

아들러가 말하는 사회적 관심의 정도는 정신건강의 중요한 잣대로 작용한다. 아들러는 사회적 관심을 가진 사람이 정신적으로 건강하며, 행복하고, 사회에 기여한다고 보았다. 반면 사회적 관심이 결여된 사람은 사회적 부적응이 높고, 자신의 욕구에만 관심을 두기 때문에 사회에 기여하지 못하는 사람이라고 하였다. 이처럼 개인심리학에서는 사회적 참여를 하면서 타인에게 기여할 수 있는 이타적인 측면을 강조한다. 사회적 관심이 바람직하게 형성되기 위해서는 가족의 분위기, 가족 내의 위치, 부모의 양육방식 등과 같은 환경적 요인들이 영향을 미친다.

(3) 가족 내 위치

아들러는 가족 내의 위치가 그 사람의 성격형성에 영향을 미치는 주요 변수라고 생각했다. 출생순위에 따라 모두 동일한 특성이 형성되는 것은 아니지만, 가족 내에서의 아동의 역할, 행동, 관심 등은 출생순위와 관계가 있을 것이라 주장했다. 즉, 출생순위와 가족 내 위치에 대한 해석은 성인이 되었을 때 사회와 상호작용하는 방식에 큰 영향을 미친다는 것이다.

아들러가 설명하고 있는 출생순위별 특징은 다음과 같다. 먼저 외동아는 부모의 관심과 애정을 단독으로 받기 때문에 인지적 측면에서 이점을 얻는다. 언어의 습득, 다양한 인지적 활동, 성인의 양식 등을 학습하기 쉬운 환경이기 때문이다. 한편 동료나 친구들과의 관계에는 어려움을 겪을 수 있다. 관심의 한가운데 있는 것을 즐기며, 만약 자신의 요구를 받아들이지 않았을 때는 분노를 보이고 비협조적 행동을 한다. 성인에게 의존적이며, 나누고 타협하며 공동으로 하는 협동작업에 미숙하다. 한편 맏이는 가족 내에서 가장 큰 관심의 대상이 된다. 특히 아들의 경우가 더욱 그러하다. 맏이는 둘째 아이의 탄생에 대해 불안감을 가지고 있으며, 내성적이고 품행이 단정하며 부모를 기쁘게 하기 위해 노력한다. 둘째 아이는 외향적이고 창의적이며 자유로운 사고를 하는 사람이 될 수 있다. 부모는 첫째 아이에 비해 둘째 아이에게 비교적 관대하고 규칙에 덜 엄격하다. 둘째는 경쟁심이 강하고, 사랑받지 못한다는 느낌을 받을 수 있다. 막내는 주로 왕자나 공주처럼 여겨지고 모든 가족 구성원으로부터 도움을 받아 응석받이가 될 수 있다.

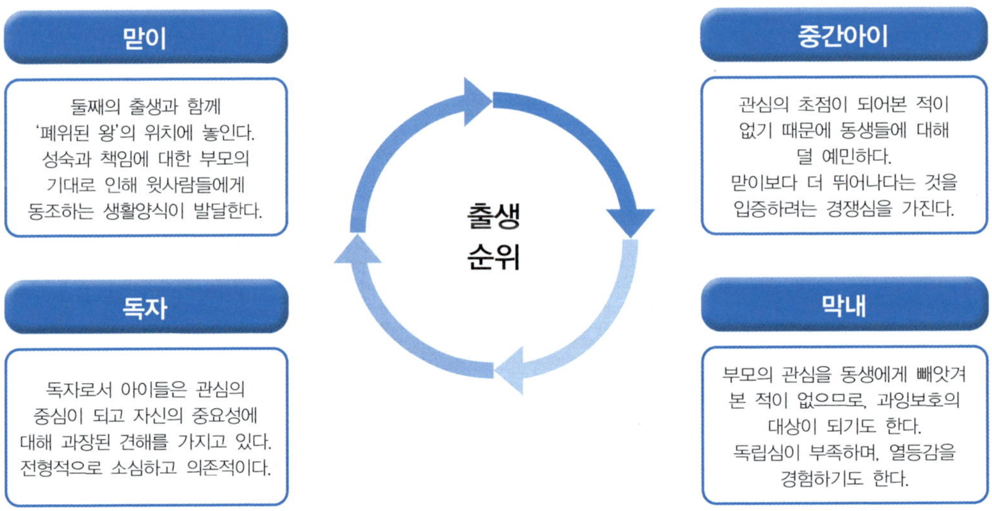

| 그림 3-4 | 가족 내 위치가 성격에 미치는 영향

(4) 열등감

현재보다 나은 상태인 완전성을 실현하기 위해 노력하는 존재인 인간은 사회적 존재로 살아가면서 타인의 삶과 자신의 삶을 비교하기 시작한다. 상대방보다 자신이 부족하다는 생각을 갖게 되면 열등감을 느낀다. 아들러는 열등감에 빠지게 되는 이유로 자신의 신체상에 대한 열등감, 부모의 과잉보호로 인한 열등감, 부모의 방임이나 양육적 태만으로 인한 열등감을 들었다. 신체상에 대한 열등감은 부모에게 물려받은 자신의 신체를 어떻게 생각하는가에 대한 열등감이다. 부모의 과잉보호는 자녀가 독립적으로 생활하는 데 방해가 된다. 과잉보호를 받은 아동은 자신감이 부족하고 인생의 난관에 부딪혔을 때 문제해결능력이 부족하다고 생각해 열등감에 빠지게 된다. 부모의 방임이나 양육 태만도 아동의 열등감을 야기한다. 아동은 부모가 자신을 충분히 사랑하지 않으며, 자신이 사랑받을 가치가 없다고 생각하여 열등감에 빠지기 쉽다.

개인심리학에서는 열등감의 기능에 대해 관심을 가졌다. 아동기부터 형성된 열등감은 성인기 이후에 신경증을 일으키는 주원인이 된다. 하지만 열등감은 자신을 평가 절하하는 것이 아닌 자기완성을 위한 매개체가 될 수도 있다. 즉, 열등감을 자기완성을 위한 필수요인으로 생각하므로 우월성을 추구하기 위해 건설적인 생활양식을 키워가면 열등감을 극복하려는 의지와 노력을 통해 자기완성을 위해 매진하게 된다는 것이다. 또한 열등감의 부정적인 면보다 긍정적인 면을 추구했던 개인심리학에서는 열등감을 지배하지 못한다면 파괴적 생활양식으로 이어질 수 있으므로 심리적 건강을 위해 열등감을 지배하고 극복해야 한다고 주장했다.

2) 상담의 기법

아들러 학파는 변화시키고자 한다면 심리치료가 필요하지만, 생활양식 안에서 변화를 만들어 내려고 한다면 상담이 적절하다는 치료와 상담의 목적을 가지고 있다. 또한 의미 있는 변화가 있었다면 심리치료를 마칠 때 생활양식의 변화로 나타날 것이라고 주장한다.

아들러 학파는 심리치료와 상담에 매우 폭넓게 이바지하고 있으며, 상담의 네 가지 과정을 설명했다.

(1) 첫 번째 단계 : 치료적 관계

좋은 치료적 관계를 맺기 위한 노력으로 상담에서는 존경과 상호 신뢰의 관계를 수립하고자 하였다. 이런 관계를 발전시킴으로써 내담자와 상담자의 목표가 비슷해질 수 있다. 내담자가 자기 자신과 자신의 목표를 표현하는 것을 잘 듣고 관찰해야 한다. 내담자의 상담 방해 행동은 무시하거나, 그런 행동은 도움이 되지 않음을 명확히 이야기한다.

(2) 두 번째 단계 : 평가와 분석

평가는 관계의 형성에서부터 시작된다. 대부분 첫 회기에서 내담자에 대한 많은 관찰이 이루어지고 이는 이후 평가에서 비교 대상으로 활용할 수 있다. 평가 과정에는 대부분 가족 역동 및 초기 회상에 대한 정보가 포함된다.

① 가족 역동과 가족구도 : 사회의 축소판으로 사회적 관심의 발현, 불만 또는 좌절이 그 안에서도 나타난다. 부모-자녀 상호작용의 역동, 형제관계의 상대적 평가, 내담자의 지각과 상호작용이 그의 인식에 어떻게 영향을 주는지에 관하여 알려준다.

② 초기 회상 : 생활양식을 알아내는 데 필수적인 정보로 실제 사건 가운데 내담자가 회상하는 기억이다. 개인이 삶을 살아가는 방식과 관련되고 기본적인 인생관을 강화하고 반영하며 실제로 일어나지 않은 것일 수도 있다.

③ 꿈 : 어린 시절 꿈과 최근에 자주 꾸는 꿈에 관심을 가진다. 개인이 좋아하는 것이나 미래에 대해 갖는 두려움도 알아낼 수 있다.

④ 기본적인 오류 : 초기회상에서 파생된 기본적인 오류는 개인의 생활양식에 대한 자기패배적인 측면에 관한 것이다. 과잉일반화, 그릇된 확신 또는 불가능

한 목표, 인생과 삶의 요구들에 대한 잘못된 지각, 자신의 가치를 최소화하거나 부인하기, 그릇된 가치가 있다.

(3) 세 번째 단계 : 통찰과 해석

이러한 정보들을 분석하고 평가하는 과정을 통하여 내담자가 자신의 행동에 대해 통찰할 수 있도록 설명한다. 해석의 시점은 내담자의 목표를 향해 진행하는 과정에 따라 달라진다. 내담자가 목표를 성취하는 데 방해가 되는 잘못된 목표와 행동에 대해 통찰력을 길러야 한다.

(4) 네 번째 단계 : 재정향

목표를 완수하기 위하여 신념과 행동을 변화시킨다. 생활양식을 탐색함으로써 바뀔 수 있는 치료적 목표를 완수하도록 돕고 위험을 감수할 수 있고 인생 초기에 만들어진 것 중 바꾸고 싶은 행동의 변화를 가져올 수 있다.

① 즉시성 : 상담에서 지금 순간에 무슨 일이 일어났는지에 대하여 상담자의 경험을 표현하는 것을 즉시성이라고 한다.

② 격려 : 심리치료의 전 과정에서 사용되는 격려는 관계를 형성하고 내담자 생활양식을 평가하는 데 유용하다.

③ 마치 ~처럼 행동하기 : 내담자가 실패할 것이라고 생각하기 때문에 두려워하는 행동을 하도록 돕는다. '마치 ~처럼 행동하기'의 행동을 하도록 요청받는다.

④ 하던 일 멈추기 : 변화하고자 노력하고 목표를 향해 바뀌기 바라는 행동을 위해서는 '하던 일 멈추기'가 필요할 수 있다.

⑤ 상상하기 : 무엇인가를 수행하는 것을 정신적으로 그려보는 것은 자신을 정신적으로 회상하는 것보다 더 많은 영향을 준다고 보았다.

⑥ 내담자 수프에 침 뱉기 : 내담자가 하는 행동의 목적을 평가하고, 그런 다음 그 행동이 매력적이지 않다고 지적한다.

⑦ 악동(진퇴양난) 피하기 : 문제의 원인이 되는 까다로운 부분을 다룰 때 상담자는 주의해야 한다. 내담자는 자신의 지각을 유지하기 위해 상담자도 다른 사람처럼 행동하도록 만들 것이다.

⑧ 버튼 누르기 기법 : 눈을 감고 그들의 경험 중 기분 좋은 일을 기억하게 한다. 즐거운 이미지와 함께 감정에 집중한다. 실패했던, 즐겁지 않은 이미지를 떠올리게 하고 다시 즐거운 장면을 만들어 내도록 한다.

⑨ 역설적 의도 : 더 많은 증상을 만들어 내게 한다. 강박적으로 손 씻는 사람에게 더 자주 씻게 하는 것이 그 예로, 자신의 행동에 대한 결과를 받아들여 부적절한 행동을 좋아하지 않게 된다.

⑩ 과제 설정과 계약 : 문제에 대하여 특별한 행동을 하기로 계획하기도 한다. 선택 시, 최선의 선택을 하기 위한 방법을 결정한다.

⑪ 과제 : 과제를 내주는 것이 유용하다고 본다. 비교적 쉬운 과제로 생활에 영향을 미치지 않도록 주의 깊게 이루어져야 한다.

⑫ 인생 과제와 심리치료 : 상담은 사랑, 직업, 사회적 관계, 자기발달과 영성발달의 인생과제를 밝히고 있고 이 영역에 대하여 내담자의 만족도를 확인해 보아야 한다고 제안한다.

⑬ 종결과 면담 요약하기 : 시간을 제한하는 편이다. 받아들일 준비가 되어 있을 때 조언하며 더 적절한 목표 지향적 변화를 이끌어 내는 데 유머가 효과적인 방법이 되기도 한다고 본다.

〈표 3-4〉 프로이트와 아들러 비교

구 분	프로이트의 정신분석적 모델	아들러의 개인심리적 모델
이론적 기초	생리학적 접근	사회심리학적 접근
성격의 형성	인과론 · 결정론 강조	목적론 강조
이론의 특징	환원주의*	총체주의*
인간연구 관점	개인 내적인 것에 집중	사회적 존재로서의 관계 중시
인간관계 관점	타인과의 경쟁관계(사람들은 적)	공동체감 중시(사람들은 동료)
신경증의 원인	성적인 원인	학습의 실패, 왜곡된 지각의 산물
상담 목표	정신 내적 조화	개인의 확장, 자기실현, 사회적 관심의 고양

* 환원주의 : 서로 상반되는 부분들로 나누어 봄
* 총체주의 : 개인은 통일된 존재로 나누어질 수 없음. 부분은 전체를 위해 활용됨

3. 인본주의적 상담이론

칼 로저스
(Carl Rogers, 1902~1987)

인간중심 상담모델은 칼 로저스(Carl Rogers, 1902~1987)에 의해 개발되었다. 인간중심 상담모델은 개발 초기에 '상담자 주도적'의 상대적 의미로 '비지시적 접근'으로 불리다가 이후 '내담자 중심'에서 현재는 '인간중심'으로 불리게 되었다. 실존주의와 현상학적 이론에 바탕을 두고 있는 인간중심 상담모델에서의 '인간중심'은 내담자의 지금-여기(here-now)에서의 주관적 세계, 그리고 상담자와 내담자의 만남의 의미를 중요시한다.

로저스는 1902년 미국 시카고 근교에서 5남 1녀 중 넷째로 태어났다. 부모님은 매우 엄격한 청교도적 기독교 가치관을 가진 분으로 로저스가 12살이 되던 해에 자녀들이 도시로부터 유혹을 받지 않도록 시골의 농장으

로 이사를 하였고, 로저스는 그곳에서 동식물에 많은 관심을 가지며 성장하게 되었다(Rogers, 1961). 이러한 성장 배경으로 그는 자연스럽게 위스콘신 대학 농학부에 입학하였다. 그리고 대학의 종교학회에 참여하여 깊은 감동을 받은 후 종교적 사역을 위해 국제세계학생기독교연합회(World Student Christian Federation)의 일원으로 중국의 북경에 가게 되었다. 이때 그는 부모님과 6개월 정도 떨어져 생활하게 되었는데, 언어와 문화가 다른 그곳에서 로저스는 사람들과 집단생활을 하면서 개인차를 진심으로 존중하고 인정하는 것에 대해 깨닫게 되었다. 그리고 이후 이러한 그의 깨달음들은 공감, 수용, 일치성과 같은 인간중심 상담모델의 핵심적인 개념이 되었다.

미국으로 돌아온 뒤 그는 뉴욕의 유니온 신학교와 컬럼비아 대학교에서 공부하면서 심리학자로서의 길을 걷기 시작하였다. 이 과정에서 그는 컬럼비아 대학교의 아동지도연구소 인턴으로 근무하였고 이후 뉴욕 로체스터의 아동학대 예방을 위한 상담센터에서 아동심리치료를 하였다. 이곳에서 그는 학대받은 아동과 어머니를 상담하면서 상담자가 내담자를 분석하고 자신의 가정대로 치료해 가는 것보다 내담자가 주도적으로 상담을 이끌어 가는 것이 더 효과적일 수 있음을 깨닫게 되었다(위영희 외, 2017).

로체스터 아동상담센터의 경험을 토대로 그는 『문제를 가진 아동을 위한 임상적 치료(The Clinical Treatment of the Problem Child)』(1939)를 출간하고 다음 해에 오하이오 주립대학으로 초청되었다(이성한, 2007). 이곳에서 『상담과 심리치료(Counseling and Psychotherapy)』(1942)를 집필하였는데, 이 책에서 그는 상담과정에서 상담자가 보여주는 온정(warmth)과 반응(responsiveness)을 기반으로 하는 관계형성(relationship)과 허용적인(permissive) 분위기가 내담자로 하여금 자신을 이해하는 데 깊은 도움을 준다고 하였다. 1945년 그는 시카고 대학으로 옮겨 상담소를 설립하고 1951년 『내담자 중심 치료(Client Centered Therapy)』를 완성하였다. 이후 그는 위스콘신 대학과 캘리포니아의 서부행동과학연구소(Western Behavioral Science Institute)에서 일하면서 그의 인생 대부분을 참만남 집단(encounter groups), 대인관계 등 인간중심 치료에 관한 연구와 저술에 쏟았다. 그리고 1974년 '내담자 중심'이라는 용어를 '인간중심(person-centered)'으로 바꾸어 사용하였다.

1) 인간관

인간중심 상담모델의 인간관은 매우 긍정적이고 휴머니즘적이다(위영희 외, 2017). 로저스는 인간은 근본적으로 자아실현(self-actualization)하려는 경향성을 가진 존재이며, 본래 선한 마음과 의지를 가지고 태어난다고 보았다. 따라서 현재 겪고 있는 어려움을 잘 극복하고 본래의 긍정적인 모습을 회복할 수 있으며 이에 대한 책임과 회복을 가능하게 하는 힘 또한 내담자 스스로에게 있다고 보았다. 이는 마치 한 알의 도토리가 울창한 상수리나무가 될 모든 유전자를 가지고 있는 것처럼 한 사람 속에는 자신의 삶을 최선으로 가꾸고 성장하려는 모든 요소가 다 갖추어져 있다고 보는 것과 같은 개념이다. 상담과정에서 상담자는 내담자의 자아실현 경향성을 실현하도록 돕는 조력자이자 힘겨운 시간을 함께하는 동반자로 인식된다.

| 그림 3-5 | 울창한 상수리나무로 성장하는 도토리

2) 주요 개념

(1) 현상학적 장(phenomenal field)

현상학적 장이란 인간이 경험하는 주관적인 세계를 일컫는다. 개인에게 현상학적 장은 경험과 더불어 계속 변화한다. 현상학적 장 속에서 개인에게 중요한 것은 외부적으로 일어난 사실이 아니라 개인이 지금-여기(here and now)에서 주관적으로 경험하고 있는 실재(subjective reality)이다(이형득, 1994).

인간중심 상담모델에서는 내담자가 현상학적 세계 속에서 자신과 세계를 지각한다고 가정하기 때문에 상담자는 사람마다 지각하는 현실세계가 다름을 인정해야 한다. 그리고 무엇보다 내담자가 현실을 어떻게 지각하고 있는지 알고 그 세계에 대해 공감하도록 해야 한다. 만약 내담자의 주관적 세계가 이상해 보이거나 상담자와 매우 다른 면이 있다고 하더라도 이에 대한 존중과 수용의 태도를 보여야 한다. 그리고 내담자로 하여금 스스로 자신의 주관적 세계를 이해하고 변화를 위해 노력할 수 있도록 조력해야 한다.

(2) 유기체(organism)

유기체는 현실 세계 속의 실재(real)적인 인지, 행동, 신체적 상태 모두를 포괄하는 전체로서의 개인을 말한다. 유기체는 전체 가운데 아주 작은 일부의 변화도 전체로 반응하는 특징을 가지고 있다. 이는 유기체가 한 가지 기본적 경향성을 가지기 때문이다. 즉, 유기체는 자기 자신을 보존하고 실현하는 경향성을 가지며, 스스로를 유지하고 고양하고 실현시키려는 경향성을 가지고 있다(Rogers, 1951). 인간중심 상담모델에서는 인간을 유기체로 바라본다. 따라서 개인은 누구나 끊임없이 변화하는 세계를 경험하며 자신의 삶을 지켜내기 위해 노력하고 있는데, 이 과정이 곧 적응이라고 할 수 있다.

(3) 자아(self)

자아는 현상학적 장 또는 지각적 장의 일부분으로 성격구조에서 가장 핵심적인 부분이다(Rogers, 1951). 자아는 환경과 부모와 같이 중요한 사람들과의 상호작용을 통하여 만들어지며, 나(I, me)에 대한 주관적 인식과 가치를 포함하는 개념이다.

자아에 대한 지각들이 일정한 구조를 이루는 것을 자아개념(self-concept)이라고 하는데, 현재 자신이 어떤 사람인가에 대한 지각인 현실자아(real self)와 되고 싶은 자아의 모습인 이상적 자아(ideal self)의 차이(gap)가 커질수록 일상생활에서의 부적응이 커지게 된다.

(4) 자아실현 경향성(tendency toward self-actualization)

자아실현 경향성은 자신의 잠재력을 실현하려는 선천적인 경향성이다. 로저스는 인간은 매 순간순간 학습하는 능력을 가지고, 더 크고 성숙하려는 경향성을 가지고 있으며, 이는 유기체를 단순히 유지하는 것을 넘어서서 더욱 향상시키고자 하는 힘이라고 믿었다(Rogers, 1978).

인간중심 상담모델에서 자아실현 경향성은 성장을 위한 동기(motive)로서 기능한다. 이는 자아실현이 모든 사람의 삶의 목표(goal)이자 방향성이라는 점을 고려하면 쉽게 이해될 수 있다. 자아실현은 한 사람이 진정한 자기 자신이 되는 과정이며 자신만의 독특한 특성과 잠재력을 발달시켜 가는 과정이라고 할 수 있다(차영희, 2017).

자아실현 경향성은 유기체의 실재적 경험과 주관적 경험의 차이가 적고 조화로울 때 잘 나타날 수 있다. 즉, 자아(self)와 유기체 간의 경험이 불일치하게 되면 자아실현 경향성이 잘 발휘될 수 없다. 이러한 점에서 로저스(1959)는 개인이 사회 속에서 건강하게 적응하기 위해서는 무조건적 긍정적 배려(unconditional positive regards), 일치성(congruence), 공감적 이해(empathic understanding)가 필요하다고 했다. 이러한 중요성으로 인해 이들 세 가지 조건들은 인간중심 상담모델의 핵심개념이자 기법으로 자리 잡게 되었다.

(5) 가치조건(condition of worth)

가치조건이란 가치가 있다고 여겨질 만한 외부적 기준의 조건들을 말한다. 가치조건은 개인의 삶에 지대한 영향을 미친다. 가치조건은 자아실현 경향성과 무관할 수 있으며, 대부분은 부모와 같은 주변의 중요한 타인들(significant others)에 의해 만들어지고 학습된다. 충족할 수 있는지 여부 또한 외부에 달려 있다. 다시 말해 외부의 판단에 따라 좋은 사람이나 나쁜 사람, 혹은 훌륭한 사람이나 형편없는 사람이 될 수 있다. 예를 들어, 그림을 그리고 싶어 하는 아동에게 부모가 '그림을 그리는 것은 가치가 없는 일이며, 공부만이 인생에서 성공할 수 있는 길이다'라고 가르친다면 좋은 공부(학업성적)는 아동에게 가치조건이 된다. 그리고 이러한 경험이 계속될수록 아동은 그림을 그리고 싶은 자신의 모습을 하찮게 여기고 죄책감을 가지게 될 수 있다.

가치조건은 어떻게 형성되는가? 유아들은 '나'와 '나 아닌 것'을 구분하기 시작하면서 자아개념을 발달시키고 이러한 자아에 대한 인식이 긍정적인 관심을 받고자 하는 욕구를 만들어 낸다(이형득, 1994). 그러나 선택권과 결정권이 미약한 아동들이 이러한 선천적인 욕구를 충족시킬 수 있는 방법은 외부에 있기 때문에, 유아들은 긍정적인 관심을 받기 위한 방법으로 외부에서 중요하게 생각하는 가치들을 받아들이고 내면화시켜 간다. 그리고 시간이 지날수록 외부의 가치조건들로 평가되는 모습을 자기라고 생각하게 된다. 그러나 성장하면서 가치조건에 따라 긍정적 관심을 받고자 하는 욕구는 유기체의 본연적 모습, 즉 실존적인 욕구와 충돌하게 된다. 이는 그동안 자신이 원하는 삶을 살아가지 못하고, 나 아닌 누군가가 원하는 삶을 살아왔기 때문이라고 할 수 있다.

인간중심 상담에서는 내담자가 스스로 자신의 가치조건을 발견하도록 돕는다. 그리고 나아가 가치조건의 기준을 충족하는 삶이 아니라 자기 자신이 원하는 삶을 살 수 있도록 조력한다.

(6) 충분히 기능하는 사람(fully functioning person)

충분히 기능하는 사람은 인간중심 상담모델에서 지향하는 인간상으로 자아실현을 해가고 있는 사람들을 의미한다. 충분히 기능하는 사람은 자신의 잠재력을 알고 스스로를 속이거나 꾸미지 않고 유기체의 경험에 개방적인 태도를 가지면서 자신이 진정으로 원하는 삶을 살아가는 사람이다(Rogers, 1961).

충분히 기능하는 사람의 특징을 다음과 같이 요약해 볼 수 있다(이형득, 1994).

- 경험에 대한 개방성을 가진다. 자신의 내적 감정과 태도를 자유롭게 경험하고 방어하지 않는다.
- 존재하는 모든 순간에서 충실한 삶을 영위한다.
- 사회적 규범이나 다른 사람의 판단에 의존하지 않고 자기 자신의 유기체적 경험을 신뢰한다.
- 자기가 선택한 인생을 책임질 줄 알며 자유롭게 살아갈 수 있다.
- 자신이 존재하는 모든 영역에서 창의적인 결과물과 삶으로 자신을 표현한다.

3) 상담의 기법

(1) 상담의 목표

인간중심 상담모델은 궁극적으로 내담자의 자아개념과 유기체적 경험 간의 불일치를 제거하고 내담자가 지각하는 자아에 대한 위협과 방어기제를 해체함으로써 충분히 기능하는 사람이 되도록 돕는 것을 목적으로 한다(이형득 외, 2003). 인간중심 상담모델에서는 내담자는 이미 자아실현 경향성을 가진 존재이므로 내담자는 '문제아'가 아니며 단지 '지금 문제를 가지고 있을 뿐'인 것이다. 따라서 치료는 본래 상태로의 회복을 강조하고 있으며, 이런 의미에서 내담자가 가지고 있는 문제보다는 내담자(인간) 자체의 회복에 초점을 둔다고 할 수 있다.

상담과정은 내담자가 주도적으로 이끌어 가도록 해야 하며, 상담자는 자신의 가치관이나 일반적인 바람직성 등의 외부적 가치와 기준을 제시하지 않도록 주의해야 한다. 상담자는 오직 내담자를 '있는 그대로(as it is)' 바라보고 수용해 줄 수 있어야 한다. 또한 내담자의 주관적 세계에 대해 판단하지 않고 무조건적인 존중과 공감적 반응을 보여주어야 한다. 이 같은 지속적인 온정적 태도는 내담자로 하여금 방어적인 태도를 줄이도록 돕는다. 또한 외부적 가치가 아닌 유기체적 경험에 대해 솔직한 반응을 보이는 것이 안전하다는 것을 느끼게 도와준다. 이러한 경험이 반복될 때 내담자는 비로소 자신의 문제에 대한 해결책을 스스로 찾게 된다.

(2) 상담의 기법

① 공감(empathy)

공감은 상담자가 내담자의 주관적 세계에 들어가 내담자가 경험하는 느낌과 생각에 대해 내담자의 입장이 되어 반응하는 것이다. 상담자와 내담자는 본래 다른 사람으로 각자의 다른 유기체적 경험을 가지고 있으며 생각과 가치관도 다를 수밖에 없다. 그러나 상담이 시작되기 위해서는 상담자와 내담자 간의 참만남이 이루어져야 하고, 이러한 만남의 시작은 상담자의 노력에서부터 시작된다.

공감은 이러한 상담자의 노력 가운데서 가장 핵심적인 역할을 하는 기법이다. 공감에 대해 로저스는 그의 저서에서 다음과 같이 말한 바 있다.

> **공감적 이해는 상담자가 내담자의 사적인 세계를 마치 자신의 것처럼 느끼는 것이다. 이때 상담자는 어디까지나 '마치 ~인 것처럼(as if)'의 태도를 잃지 않는다.**
>
> **상담자는 내담자의 분노, 두려움, 혼돈을 마치 자신의 것처럼 느끼면서도 자신의 분노, 두려움, 혼돈을 내담자의 것에 관련시키지 않아야 한다. 내담자의 세계가 이처럼 명료해지고 상담자가 이를 자유롭게 탐색하게 되면 상담자는 내담자가 거의 인식하지 못하고 있는 내담자 자신의 경험에 대하여 어떤 의미를 전달할 수 있다.**
>
> - C. Rogers(1961)

이처럼 공감과 관련해서 세 가지가 중요하게 강조된다. 첫째, 공감을 하기 위해서 상담자는 내담자의 입장에서 이해하고 느껴야 한다는 점이다. 둘째, 내담자의 주관적 세계를 느끼려고 하되 완전히 그와 일치되는 것이 아니라 상담자로서의 객관성과 상담자 자신의 정서 또한 놓치지 않아야 한다는 점이다. 그리고 셋째, 내담자의 사적인 세계가 명료해질 수 있도록 경청하고 공감된 내용을 적절히 표현해야 한다는 점이다.

공감은 감정이입으로 표현되기도 한다. 그리고 한자 표기인 共感과 영어 표기인 empathy에서 알 수 있듯이 '감정'에 반응하는 것이다. 따라서 잘 공감하려면 무엇보다 내담자의 감정을 정확하게 아는 것이 중요하다. 이장호와 금명자(1998)는 일상적으로 느끼는 정서에는 두려움, 불안, 기쁨, 분노, 성공감과 실패감, 자부심과 수치심, 죄책감, 사랑, 증오, 질투, 시기 등의 감정이 있으며 상담자는 이러한 감정을 정확하게 지각하기 위해서 지속적으로 훈련하는 노력을 기울여야 한다고 했다.

상담자가 내담자의 주관적 세계에 공감하고 있음을 잘 전달하기 위해서는 정확한 표현이 필요하다. 이를 위해 학자들은 공감의 수준을 나누어 구분하기도 한다. 그리고 이러한 공감의 수준은 상담의 단계나 내담자의 감정 상태 등에 따라 달리 활용되어야 한다. 이장호와 금명자(1998)는 공감의 5수준을 다음과 같이 제안하였다. 상담과정에서 1, 2수준은 사실상 비효과적인 의사소통으로, 3수준 이상부터 사용하는 것이 바람직하다.

〈표 3-5〉 공감의 5수준

구 분	내 용	예 시
1수준	감정 및 의사소통에 있어서 상대방이 표현한 것보다 훨씬 못 미치는 소통을 하는 수준	"뭐가 시끄럽다고 그러니? 공부하기 싫으니까 핑계도 많구나."
2수준	상대방이 표현한 감정에 반응은 하지만 상대방이 표현한 것 중에서 주목할 만한 감정을 제외시키고 의사소통 하는 수준	"좀 시끄러워도 참고 하면 되잖니?"
3수준	상대방이 표현한 것과 본질적으로 같은 정서와 의미를 표현하여 상호교류적인 의사소통을 하는 수준	"그래, 우리 집이 시끄러우니까 공부하기 힘들지?"
4수준	상대방이 스스로 표현한 것보다 더 내면적인 감정을 표현하면서 의사소통 하는 수준	"네가 공부할 때는 식구들이 좀 조용히 해주었으면 좋겠다는 말이지?"
5수준	상대방이 표현할 수 있었던 감정의 내면적 의미들을 정확하게 표현하거나, 상대방의 내면적 자기탐색과 완전히 같은 몰입 수준에서 상대방이 표현한 감정과 의미에 첨가하여 의사소통 하는 수준	"공부를 더 잘 하고 싶구나. 식구들이 좀 더 조용히 해주면 공부를 더 잘할 수 있을 것 같단 말이지?"

출처 : 이장호 · 금명자(1998), pp. 48-50.

② 무조건적 긍정적 존중(unconditional positive regards)

무조건적 긍정적 존중은 상담자가 속으로든 겉으로든 내담자에게 판단적 행동을 보이지 않는 것을 의미한다. 그리고 내담자를 전적으로 신뢰하고 수용하며, 특히 내담자에게 긍정적 변화를 위한 자아실현 경향성이 있음을 믿는 것이다(이형득 외, 1994).

인간중심 상담모델에서는 내담자가 있는 그대로의 자신의 모습을 수용받지 못한 채 외부로부터의 가치조건을 내면화했기 때문에 현재의 부적응 상태에 이르렀다고 가정한다. 그래서 내담자는 자신을 있는 그대로 표현하게 되면 다른 사람들로부터 수용받지 못할 것이라고 생각한다. 즉, 원래 내 모습이 사랑받지 못할 모습이라고 생각하여 방어적으로 행동하고 본연의 모습을 감추게 된다. 미언즈와 손(Mearns & Thorne, 1988)은 이러한 부적응의 지속상태를 자기패배적 순환과정이라고 했다.

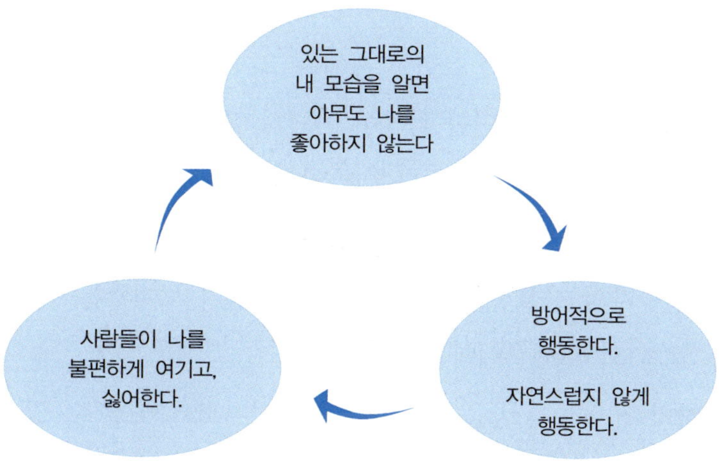

| 그림 3-6 | 자기패배적 순환과정

무조건적 긍정적 존중은 내담자의 있는 모습 그대로를 수용한다는 의미로 내담자의 모든 행동을 무비판적으로 '옳다'고 받아들이는 것과는 구별된다. 이는 내담자의 상황과 가치관 등을 고려할 때 '그럴 수 있다'는 의미에 더 가깝다.

비난받을 행동으로 인해 주변으로부터 "그렇게 해서는 안 된다"라는 메시지를 계속 들어온 내담자는 상담자로부터 "얼마나 힘들었으면 그렇게 했을까? 그럴 수 있지"라는 수용을 받게 될 때 방어적인 행동을 멈추고 점차 자신을 표현할 수 있게 된다.

③ 일치성(congruence)

일치성은 상담자가 내담자에게 솔직하고 투명하게 자신의 생각이나 느낌을 행동이나 말과 일치시켜 표현하는 것이다. 즉, 상담자가 내담자에 대한 자신의 안(인지·정서)과 밖(행동)을 일치시키는 것이며 이 때문에 진실성(authenticity)이라고도 불린다.

상담자는 내담자의 있는 모습 그대로를 수용하는 태도를 가져야 한다. 또한 내담자에게서 느껴지는 긍정적인 감정과 부정적인 감정을 진솔하게 표현할 수 있어야 한다. 다만, 부정적인 감정을 표현할 때에는 그 감정이 상담자 자신의 경험에서 비롯된 편견이나 선입견으로 인한 감정이 아닌지 잘 돌아보아야 한다. 이형득 등(2003)은 일치성(진실성)의 중요성을 다음과 같이 세 가지로 이야기하고 있다.

첫째, 진실은 내담자로 하여금 상담자와 상담과정을 더 쉽게 신뢰하도록 해준다. 내담자가 상담자의 진실성을 수용한다면 상담자가 보여주는 반응이 가식적인 것이 아님을 알게 되기 때문이다.

둘째, 상담자가 진실성의 반응을 통하여 약점까지도 나타낼 수 있을 때 내담자도 자기의 약점을 숨기려 하지 않게 되고 스스로를 수용할 수 있는 가능성이 더 커진다.

셋째, 내담자가 상담자의 진실성을 경험하면서 자기 자신도 진실한 사람이 되고자 노력하게 된다.

4. 행동주의적 상담이론

행동요법(behavior therapy)은 인간의 문제가 되는 특정한 행동을 학습이론에 의거하여 변화시키는 치료기법을 말한다. 인간의 행동, 특히 문제행동은 행동주의의 입장에서는 정상적인 행동과 같이 학습된 행동으로 이해하며 치료 혹은 행동의 변용에 학습원리를 응용하는 것이다. 그 이론적 배경은 스키너(Skinner, B. F., 1904~1990)의 오페란트 조건화이론(operant conditioning) 손다이크(Thorndike, E. L., 1874~1949)의 학습이론, 파블로프(Pavlov, I. P., 1849~1936)의 조건반사학 등이 중심이 된다.

버러스 프레데릭 스키너
(Burrhus Frederic Skinner, 1904~1990)

학습이론에 의하면 행동요법은 문제행동, 부적응행동은 후천적으로 학습의 원리에 의해 획득된 것이다. 따라서 인간의 일상생활 가운데 바람직한 행동과 바람직하지 않은 행동은 같은 차원에 있는 것이며 질적으로는 동일한 것이다.

부적응행동에는 두 가지 측면이 있으며 한 가지는 어떤 원인에 의해 사회적으로 바람직하지 못한 행동이 획득되어 그것이 습관화되어 있는 경우, 또 한 가지는 사회적으로 바람직한 행동이 어떠한 원인에 의해 획득되지 못하고 그 때문에 적절한 행동을 취하지 못하고 부적응행동을 나타내고 있는 경우가 있다. 전자에 관해서는 바람직하지 않은 행동을 수정 혹은 제거하도록 하고 후자는 바람직한 행동을 획득, 혹은 증가시켜 적응행동을 가지도록 한다. 이처럼 행동요법에서는 증상으로서의 부적응행동의 수정 혹은 제거와 바람직한 적응행동의 학습을 치료목표로 삼는다.

1) 성격의 발달과 주요 개념

전통적 방법과 행동요법에서의 인격의 이해 방법은 다음과 같다.

- 전통적 사정은 인격이라고 하는 실태를 계속 가정한다. 따라서 행동을 예측하는 일에 가장 중요한 것은 인격이며 표면에 나타난 행동은 인격의 신호에 지나지 않는다.
- 행동주의자는 행동을 예측하는 것에서 중요한 것은 여러 가지 장면에서의 행동의 샘플이다. 중요한 것은 장면을 제외한 행동이 아니라 개개의 장면의 기술을 동반한 행동이다.
- 전통사정에서 행동은 인격의 신호이다. 인격은 장면이 달라도 동일하다. 행동도 변하지 않는다.
- 행동주의자는 행동이 장면에 따라 변하므로 검사 장면은 그 모집단인 일상환경을 바르게 추출해야 한다.
- 전통파 : 검사반응은 그때의 인격 특징의 간접적 표시이다.
- 행동파 : 테스트 장면에서의 행동이 일상 장면에서의 행동의 샘플이다.

행동상담모델에서는 증상이란 환경에 대한 잘못된 적응의 방법을 학습하거나(오학습, 誤學習), 환경에 대한 적절한 대처능력이 결여(미학습, 未學習)되어 있는 결과로서 형성되는 것이다. 증상이 어떠한 기제(mechanism)로 형성되고 유지되고 있는가를 밝히고 증상 개선을 위한 새로운 행동양식의 학습이나 인지양식의 학습을 돕는다. 미학습성이 문제의 원인일 때에는 바람직한 기능이나 능력을 형성해 주고 잘못된 학습에는 오학습의 해제와 바람직한 행동의 형성을 목표로 한다.

2) 상담의 기법

(1) 기본 용어의 원리

조작행동은 어떤 유기체가 능동적으로 환경에 작용을 가하는 행동을 말한다. 조작행동으로 형성되는 조건을 조작적 조건화라고 하는데, 유기체가 행하는 조작행동은 결과에 따라 증가하기도 하고 감소하기도 한다. 이를 통해 어떤 반응을 증가시키거나 감소시키는 것이 조작적 조건화인 것이다.

조작적 조건형성은 스키너 상자를 통해 실험되고 증명되었다. 스키너 상자는 빈 상자 안에 지렛대가 하나 들어 있으며, 이 지렛대는 먹이통과 연결되어 있어 지렛대를 누르면 먹이가 나오도록 되어 있다. 이 상자를 가지고 조작적 조건형성을 실험했는데, 그 과정은 다음과 같다.

1. 배고픈 상태의 흰 쥐를 스키너 상자에 넣는다(이렇게 배고픈 상태로 만드는 것을 박탈이라고 한다).
2. 흰 쥐는 스키너 상자 안에서 돌아다니다가 우연히 지렛대를 누르게 된다.
3. 지렛대를 누르자 먹이가 나온다.
4. 지렛대와 먹이 간의 상관관계를 알지 못하는 쥐는 다시 상자 안을 돌아다닌다.
5. 다시 우연히 지렛대를 누른 흰 쥐는 또 먹이가 나오는 것을 보고 지렛대를 누르는 행동을 자주 하게 된다.
6. 이러한 과정이 반복되면서 흰 쥐는 지렛대를 누르면 먹이가 나온다는 사실을 학습하게 된다.

이 실험에서 흰 쥐가 지렛대를 누르는 행동은 먹이에 의해 강화된 것이다. 만약 지렛대를 눌렀을 때 먹이가 나오지 않았다면 지렛대를 누르는 행동을 학습하지 못했을 것이다. 이렇게 어떤 행동을 한 뒤에 유기체가 원하는 것을 제공하는 것을 강화(reinforcement)라고 한다. 조작적 조건화에서는 조건화의 과정에서 부여하는 보상을 의미한다. 조작적 조건화가 이루어지기 위해서는 강화가 중요한 역할을 한다.

- 강화 : 지렛대를 누르는 반응은 한 번의 자동급식이라는 결과로써 강화된다.
- 강화자극 : 음식물은 1차 강화자극이다. 쥐에게 강화자극은 자동급식기의 소리이다.
- 변별 : 상자 속에 불을 켰을 때 지렛대 누르는 것을 강화하고 불을 껐을 때 지렛대 누르는 것을 강화하지 않으면, 쥐는 밝을 때는 지렛대를 누르고 어두울 때는 전혀 누르지 않는다. 명암 변별이 성립했기 때문이다.
- 반응분화 : 지렛대를 누르는 방법은 강하게도 약하게도 가능하다. 강하게 누를 때만 강화하면 강하게 누르게 되며, 반대로 하면 약하게 누르게도 된다. 이 과정을 분화라고 한다.
- 유지와 강화 스케줄 : 강화는 반응을 형성(shaping)하는 것뿐만 아니라 형성된 반응을 유지한다. 만약 5분에 1회, 한 가지 반응을 강화하도록 하면 강화 직후는 반응을 멈추고 다음의 강화시간이 다가올수록 점점 빨리 반응하게 된다(고정간격). 평균적으로 5분에 1회 강화하면 일정의 비율로 단추를 누르게 되고 간격을 짧게 하면 누르는 비율은 높아지고 길게 하면 낮아진다(변동간격). 일정 수의 반응을 한 후의 한 가지 반응을 강화하면 필요한 숫자가 가까워짐에 따라 지렛대 누르기는 한층 빨라진다(고정비율). 행동 후에 한 가지 반응을 강화하면 도박에 열중하는 인간과 같이 열심히 지렛대를 누르게 된다(변동비율).

(2) 바람직한 행동을 형성, 증가, 유지시키는 기법

① 반응형성(shaping)

복잡한 행동은 우선 개개의 성분이 독립적으로 강화되어 점차적으로 형성된다.

아직 획득되지 않은 새로운 행동을 기존의 행동 형태를 사용해서 단계적으로 형성하는 것이다. 기존의 반응 중에서 한 가지 형을 선택해서 강화하고 남은 반응의 모든 것에서 강화를 하지 않음으로써 반응분화를 촉진한다. 주의점으로 고밀도로 일어나는 반응을 관찰하여 그 가운데서 최종표적반응에 가장 비슷한 제1단계의 반응을 정한다.

② 연쇄화(chaining)

복잡한 행동은 보다 단순한 반응의 연쇄로 성립된다(예 캔 커피를 마시는 행동 : 캔으로 손을 뻗음-캔을 잡음-뚜껑을 당김-캔을 입에 대고 마심).

행동목표를 내담자의 현재능력 수준으로 비추어서 요소반응으로 분해한다.

③ 정(+)의 강화

반응 후에 조건적으로 정(+)의 결과(강화자극)를 제시하고 그 반응의 장래발생빈도를 증가 혹은 유지시킨다. 강화자극에는 정(+)과 부(−)의 강화가 있다. 정의 강화자극은 조건적 제시에 의해 행동을 증가시키는 효과가 있으며, 부의 강화자극은 조건적 제거에 의해 행동을 증가시키는 효과가 있다. 부의 벌은 정의 강화자극의 제거, 정의 벌은 부의 강화자극의 제시이다.

다음은 강화와 관련하여 아동상담에서 격려를 잘 수행하기 위해 필요한 기술의 예이다.

- 아동의 능력에 대한 믿음 보여주기 : 너 스스로 그것을 해결했구나.
  너는 블록을 쌓아올리는 것을 점점 더 잘하는구나.
- 노력을 인정해 주기 : 네가 할 수 없을 것이라고 생각했던 일을 시도했구나.

- 강점과 장점에 초점 두기 : 너는 그것이 어떤 일이고 어떻게 해결해야 할지 알고 있구나. 너는 저 탑을 세운 것을 정말로 자랑스러워하는구나.
- 무조건 수용하기 : 그래, 그렇구나.
- 행위자가 아니라 행위를 강조하기 : 오늘 깨끗이 얼굴을 씻었구나.
- 긍정적인 면에 초점 두기 : 와~ 6개를 맞혔네!
- 아동의 흥미에 관심 표현하기 : 지난주에 한 축구게임은 어떠했니?
- 불완전한 것을 보여주기 : 내가 불을 켜는 것을 잊어버렸구나. 대신 불을 켜주어서 고마워.
- 실수로부터 배우기 : 네가 물감을 쏟았기 때문에 너에게 일어날 수 있는 나쁜 일을 두려워하고 있구나.
- 아동이 소속감을 형성하는 긍정적인 방법 배우기 : 나는 이 게임에 익숙하지 못해. 내가 어떻게 해야 할지 알려주겠니?

④ 부(−)의 강화

오페란트 반응의 자발 후에 불쾌한 자극을 제거하여 그 반응빈도를 증가시키는 것으로, 적응적 회피반응이다(흡연, 음주 등의 단념반응).

⑤ 토큰경제(token economy)

바람직한 행동을 했을 때 부모나 교사가 즉시 제공하는 점수카드, 동전, 별표 같은 것으로, 그것을 모아서 교환하여 쉬는 시간의 연장이나 초콜릿 등 여러 가지 보수를 교사나 부모에게 요구할 수 있다. 토큰 제공에 대해서 토큰 박탈을 반응대가(response cost)라고 한다. 토큰 제공은 가점법, 토큰 박탈은 감점법이며 양자는 토큰경제로서 사용된다.

(3) 행동을 자극성 제어하에 두는 기법

보조(prompting)와 점진적 철거(fadding)법이 있다. 보조는 변별자극에 추가하여 보조자극을 주어서 내담자의 주의를 학습해야 하는 과제 요구내용으로 향하는 것이며, 점진적 철거란 보조자극을 단계적으로 철거하는 것이다.

(4) 부적절한 행동을 줄이는 법

① 차별강화

이것은 강화 스케줄의 한 형태이며 타행동차별강화(DRO), 상반행동차별강화(DRI) 등이 있다. 문제행동과 바로 대비(길항, 拮抗, competition)되는 행동만을 차별적으로 강화하는 길항행동의 분화강화(DRI : Different Reinforcement of Incompatible behaviors)와 문제행동 이외의 어떤 행동이라도 강화하는 다른 행동의 분화강화(DRO : Differential Reinforcement of Other behavior)를 말한다. DRO는 소거나 언어 프롬프팅과 병용해야 한다. 바람직하지 않은 목표행동이 높은 비율로 생길 때는 보조(prompting)를 사용해서 길항행동을 발생시킨다.

② 포화(saturation)

어떤 강화자극이 어떤 행동을 증가·유지시키는 효력을 상실할 때까지 제시하는 것이다. 포화에는 활동의 과잉(반응포화), 강화적 일상품의 과잉(자극포화)이 있다.

③ 소거(extinction)

지렛대를 누른 후에 음식이 주어지지 않으면 쥐는 지렛대를 누르는 것을 멈춘다. 지렛대를 누르는 반응은 소거되었다고 한다. 개체가 반응을 한 후에 이전에는 제공했던 강화를 제공하지 않는 조작을 가하는 일이다. 그 결과 반응은 서서히 강화 이전의 수준으로 돌아간다.

④ 타임아웃(time out)

개인의 바람직하지 않은 반응을 감소시킬 것을 목적으로 그 반응이 나타났을 때 조건적으로 정의 강화를 특정한 시간만 제공받지 못하게 하는 절차이다. 타임아웃에는 수초간 얼굴을 돌리거나 방 구석의 의자에 3분간 앉기, 타임아웃 방에 15분간 격리하기 등이 있다.

⑤ 반응대가(response cost)

아동이 바람직하지 않은 행동을 하면 아동이 모았던 토큰을 교사나 부모가 범칙금으로서 빼앗는 동작이다. 일반적으로 바람직하지 않은 행동을 줄이는 목적으로 그 행동을 했을 때 정의 강화자극을 철회하는 기법을 가리킨다.

⑥ 과잉수정(overcorrection)

부적절한 행동에 의해서 생긴 환경상의 악화를 원상회복시켜서 관계된 신체 부위를 이용한 바람직한 반응을 적극적으로 연습시키는 일이다.

⑦ 벌(punishment)

벌에는 정(+)의 벌과 부(−)의 벌이 있다. 정의 벌은 아동이 하지 않았으면 하는 부적절한 행동을 중지 혹은 줄이기 위한 기법으로서 아동이 좋아하지 않는 자극을 부여하는 것이며(청소 등), 부의 벌 역시 아동이 하지 않기를 바라는 부적절한 행동을 중지 혹은 줄이는 기법으로서 부적절한 행동의 발생 직후에 아동이 좋아하는 자극을 제거함으로써 벌의 기능을 가지는 것이다. 이 두 가지 벌은 아동의 부적절한 행동을 줄여나가는 데 목적이 있다.

(5) 자기통제(self control)법

자기통제법은 내담자가 스스로의 증상을 관찰하고 그 증상을 새로이 취급하고 그 개선을 향해 노력함으로써 얻어진 성과가 그 내담자에게 보상(reward)이 되고 자기통제가 달성되는 방법이다.

① 자극통제법(stimulus control) : 변별자극을 제거하고 장면을 제한한다.

② 자기감시법(self monitoring) : 이것은 자기관찰법, 자기기록법이라고도 한다. 수정하고자 하는 행동을 가진 사람이 자신의 행동을 관찰하고 적절한 수정을 행하는 방법이다. 자기 관찰이 큰 의미를 가지며, 그 행동을 자기 관찰하는 것 자체가 행동을 변화시키는 유효한 방법이다.

(6) 역제지 치료(contra control)

이것은 반대 조건화, 길항 조건화라고 한다. 불안이나 공포 반응과 양립 곤란한 반응(동시에 양방을 경험할 수 없는)을 일어나게 함으로써 불안이나 공포의 유발 자극과 불안이나 공포 반응과의 연결을 약하게 하는 것이다. 역제지를 일으키는 반응에는 이완 반응, 섭식 반응, 호흡 반응 등이 있다.

(7) 자기주장 반응(assertive training)

사회적으로 억압되어 있는 내담자에게 차단 반응(자기주장 행동)을 형성하거나 대인관계에서의 불안 반응을 개선하기 위해서 행해진다. 불안에 의해 억압된 불만이나 분노를 나타냄으로써 불안을 억제하거나, 적당한 자기주장을 형성함으로써 자기효력감을 높이고 자신감을 가지고 대인관계를 형성할 수 있도록 한다.

(8) 모델 제시(modeling)

비디오 대본 사진을 보이고 특정의 상황에서 효과적인 행동의 모델을 나타낸다. 행동 리허설은 관계있는 사회적 행동을 연습할 기회를 준다.

(9) 피드백

리허설(연습)에 연이어 유력한 행동에 대해 정(+)의 피드백을 준다.

(10) 보조(prompt)

연습 중 효과적인 반응의 실행을 높이기 위해 지시나 신호를 준다.

(11) 가정 과제(homework)

가정 숙제를 내준다.

(12) 체계적 탈감작법(systematic desensitization)

불안 반응에 대해서 그와 길항하는 반응을 제공함으로써 불안 반응을 약화시키는 것이다. 길항 반응은 근육 완화, 쾌적한 이미지, 자기 암시 등이 있다. 탈감작법은 불안 반응이 약한 장면에서 시작하여 단계적으로 보다 높은 불안 장면으로 진행한다. 말더듬, 학교 공포증, 시험 불안, 대인 불안 등 불안 신경 치료에 유효하다. 불안 반응이 생겼을 때 즉시 완화하거나 쾌적한 이미지를 생각하고 불안과 길항하는 행동을 하여 불안 반응을 억제한다. 치료법은 다음과 같다.

불안 길항 반응의 선택 → 불안 위계표 작성(불안이 적은 장면을 10으로 하고, 최대 장면을 100으로 한 10단계 설정) → 불안 반응이 작은 장면에서부터 점차적으로 탈감작을 행한다.

5. 인지행동적 상담이론

1) 주요 개념

앨버트 반두라
(Albert Bandura, 1925~2021)

인지적 행동치료(CBT : Cognitive Behavior Therapy)란 인지치료와 행동요법을 하나로 통합한 것이다. 인지행동요법이란 인지치료, 합리적 · 정서적 행동치료, 인지적 행동수정 또는 인지 · 정서행동요법이라고 불리는 것들과 유사한 치료적 접근이다. 1950년대 심리치료학에서 정신분석은 치료기간이 길고 비교적 과학적이지 못하다는 것과, 행동주의는 지나치게 행동에만 초점을 두어 인간의 내면 과정을 무시했다는 점에 대해 비판을 받았다. 인지적 행동치료는 현재 세계적으로 활발히 연구되고 있는 심리치료적 접근법이다. 인지적 행동수정이란 인지치료, 사회기능, 문제해결기능훈련, 자기제어법 등의 여러 가지 입장을 포함한 개념이다.

뉴욕인지행동치료자 연구소(New York Institute for Cognitive and Behavioral Therapist)의 부시(Bush, J. W.)에 의하면 CBT는 인간관계, 스트레스, 식사, 불면증, 자존감의 부족, 수동성, 공격성, 학대 및 감정을 다스리는 일 등 인간의 행동과 의식에 관련된 다양한 문제의 해결을 목표로 한다고 했다.

현대의 상담 영역은 관리 차원의 건강 보호 서비스 제도(Managed Health Care)로서 확립되어 있다. 이제 상담은 지금까지의 개인적인 차원에서 발전하여 법적, 공적, 그리고 윤리적인 일이 되어가며, 보다 더 정확한 형식에 따라야 한다는 의미와도 일맥상통한다.

스키너(B. F. Skinner)는 인간발달에 있어서 환경이 인간의 행동을 결정하며 사람의 인지적 요인(마음, 의식, 무의식)은 중요하지 않다고 보았지만, 반두라(Albert Bandura)는 환경은 인간 행동을 결정할 수 있고 사람(인지)도 역시 환경을 바꾸는 요인이 될 수 있다고 보았다. 반두라는 사회 인지 이론을 주장하여 행동, 환경, 사람 이 세 가지 요소는 상호작용하면서 인간의 발달에 영향을 준다고 했다. 그는 사람의 인지적 요인에는 자기 효능감(self efficacy), 계획 및 사고 기능이 있는데, 특히 자기 효능감이란 상황을 지배할 수 있고 긍정적인 결과를 산출해 낼 수 있다고 생각하는 인간의 신념이라고 했다(Santrock, 2003). 인지행동치료의 대표적 학회지 「Behavior Therapy」의 표지에는 "임상적 문제에 관하여 행동적, 인지적인 과학의 응용에 헌신하는 국제적 연구지를 지향한다"고 기록되어 있다.

2) 성격발달

앨버트 엘리스
(Albert Ellis, 1913~2007)

엘리스(Albert Ellis, 1913~2007)는 1956년 합리적 정서치료(RET : Rational Emotive Therapy)를 새롭게 주장하였고, 코르시니(Corsini, 1995)가 행동의 B(Behavior)를 추가하면서 합리적·정서적·행동요법(REBT : Rational Emotive Behavior Therapy)으로 지칭되기에 이르렀다.

엘리스의 이론은 ABCDE 이론으로도 알려져 있다. A(Activating Event)는 실존하는 사실이나 사건을 뜻하고, B(Belief system)는 사고나 신념, C(Consequence)는 정서적·행동적 결과나 개인의 반응을 의미한다. C는 A라는 사건 때문에 일어나는 것이 아니고 B라는 사고나 신념 때문에 발생한다고 본다. D(Dispute)는 비합리적 신념이나 사고, 상념에 대해 도전해 보고 그 생각이 사리에 맞고 합리적인지 다시 생각하도록 하기 위한 치료자의 논박이며, E(Effect)는 비합리적 신념을 직면하고 철저하게 논박함으로써 합리적인 신념을 갖게 된 다음에 느끼게 되는 자기수용적인 태도와 긍정적인 감정의 결과이다.

엘리스는 C는 B라는 사고나 신념 때문에 발생하는 것이므로 치료에서 B를 변화시키는 데 치료 목표를 두어 ABC의 정서적 혼란을 분석하고 이를 변화 · 치료하기 위하여 D–E로 확장하여야 한다고 했다.

인지치료는 인간의 사고나 인식, 궁극적으로는 인간의 행동을 변화시키는 데에 초점을 맞춘 치료 방법으로서 초기에는 우울증(Beck, 1963), 신경증(Ellis, 1957)을 지닌 성인 환자들에게 사용되었으며, 현재는 불안에서부터 성격장애(Freeman et al., 1990)에 이르기까지 광범위하게 사용되고 있다.

엘리스의 영향을 받은 아론 벡(Aron T. Beck, 1921~2021)은 적응적 사고방식의 발달을 목표로 하였는데, 개인의 신념을 바꾸기 위해서 자동적 사고를 확인하고 변화시키는 데 초점을 두었다. 자동적 사고란 자기의 가장 표면에 있는 사고를 말한다. 벡의 인지치료는 다양한 정신과적 장애를 다루는 데 사용되는 적극적 · 지시적 · 시간제한적이고 구조화된 접근이다(Beck, 1995).

인지치료는 왜곡된 사고와 그 사고 밑에 깔려 있는 역기능적인 신념(도식)을 파악하고 현실검증을 하여 왜곡된 인지를 수정하기 위해 고안되었다. 내담자는 치료를 통해 그의 신념을 재평가, 수정함으로써 자신의 문제에 대해 보다 현실적이고 적응적으로 생각할 수 있게 되고 이전에는 극복하거나 해결할 수 없다고 생각한 문제에 보다 적절히 대처할 수 있게 된다. 따라서 인지행동 놀이치료에서는 인지치료적 방법과 행동주의적 방법이 중요한 요소로 작용한다.

REBT의 주요 기법은 논박(D)이다. 그것은 불합리한 신념에 도전하기 위한 과학적 방법을 활용하는 것이다. 내담자를 이끌고 자신의 불합리한 신념을 논박시키고 보다 유효한 철학을 발견시키는 일이다. 자신에게 있어서 불합리한 조건 그 자체는 실제로 어느 정도 자신을 동요시키지 않는 것인가 아니면 자기 자신의 선택에 의해서 의식적, 무의식적으로 자기 자신을 동요시키도록 이끌고 있는가를 자각시키는 것이다.

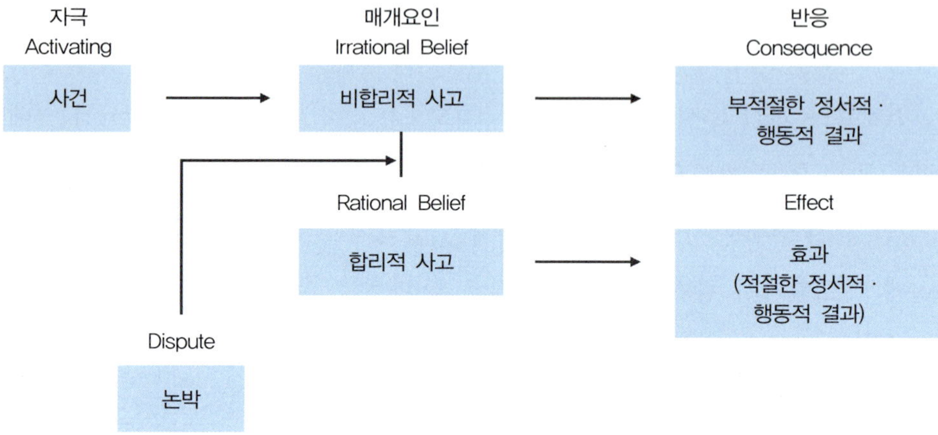

| 그림 3-7 | REBT 이론

3) 개입 기술 테크닉

램버트와 버진(Lambert & Bergin, 1994)은 심리치료의 치유요소로서 지지(support)요인, 학습(learning)요인 및 행동(action)요인의 세 가지를 제시했다.

지지요인은 카타르시스, 치료자와의 동일시, 확신, 긍정적인 관계, 긴장의 완화, 치료적 동맹, 그리고 신뢰이다.

학습요인은 조언, 정서적 경험, 문제 상황의 소화, 인간적 효과성에 대한 기대를 변화시키는 일, 인지학습, 정확한 정서적 경험, 내적인 참조사항의 틀을 개척하는 것, 피드백, 통찰 및 이론적 해석이다.

행동요인은 행동통제, 인지적 숙달, 두려움을 직면하는 것에 대한 격려, 위험을 감수하는 일, 숙달 노력(모델링, 연습, 현실성 테스트), 과제를 완전히 해내는 것 및 성공적 경험이다.

글래딩과 뉴섬(Gladding & Newsome, 2004)은 앞서 제시한 램버트와 버진(1994)의 연구결과 중에서 특히 학습요인과 행동요인에 주목하여 학습요인 가운데에도 인지학습과 정서적인 경험을, 행동요인에서는 행동 리허설을 상담자가 적절하게 사용함으로써 내담자가 적극적으로 변화할 수 있도록 도와줄 수 있다고 했다.

학습요인으로서 인지학습은 사고에 초점을 두고 정서적 경험은 감정에 초점을 둔다. 셀리그만(Seligman, 2001)에 의하면 내담자는 종종 왜곡되고 반기능적인 인지를 가지고 상담에 응하며, 이러한 잘못된 인지는 항상 인생의 문제에 있어서 그들을 보다 더 문제에 빠져들게 만든다는 것이다. 따라서 상담자는 내담자의 왜곡되고 비현실적인 인지를 변화시키는 데 도움을 주어야 하며, 특별히 안전하고 비판을 받아들일 만한 환경 안에서 생각과 신념을 개척하기 위한 기회를 제공해야 한다고 했다.

벡(Beck, 1995)은 인지학습과 재구성 기법(reframing)의 목표를 언급하면서 이것은 내담자에게 보다 더 현실적이고 적응하는 방향으로 새로운 인지를 형성하는 데에 도움을 주는 방법이며, 특히 재구성 기법은 지금 상황이 무엇인가, 왜 이러한 일이 일어났는가에 대한 긍정적인 견해를 주는 기법이라고 설명했다.

4) 엘리스의 합리적 정서행동치료

엘리스(Ellis, 1913~2007)에 의해 제안된 것으로 인간의 신념(인지)을 합리적인 것과 비합리적인 것으로 구분하는 것을 기본으로 한다. 합리적 정서행동치료에서는 개인의 비합리적인 신념을 합리적 신념으로 수정하면 건강한 성격발달 이룰 수 있다고 본다.

(1) 합리적 신념과 비합리적 신념

한 번 형성된 사고의 경향성은 변화하기 어렵기 때문에 동일한 패턴으로 생각하고 행동하게 된다. 합리적 인식과 긍정적 정서에 도움을 주지만 비합리적인 사고와 신념은 정서적 문제와 문제행동을 일으키는 원인으로 작용한다. 객관적이고 합리적으로 상황을 이해하며 판단하기 때문에 자신과 타인에 대한 이해와 판단이 정확한 편이다.

반면 비관적이고 자기 파괴적인 해석은 주변 사람들과의 관계에도 영향을 주어 관계 훼손으로 인해 불행감에 빠지게 한다. 비합리적 신념에는 '반드시, 절대로, 모든, 완전히, 전혀, 파멸적인, 해야만 한다' 등이 저변에 깔려 있기 때문이다.

(2) 성격의 A-B-C이론

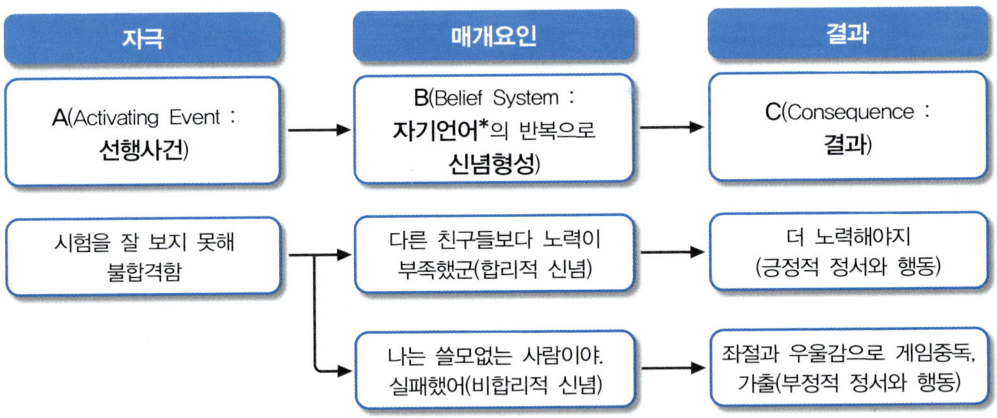

*자기언어 : 특정 사건에 대한 개인의 의식(모든 사고의 변화를 만드는 중요한 요소)

| 그림 3-8 | A-B-C이론

5) 상 담

(1) 인지적 접근

아동을 괴롭히는 부정적인 정서와 행동의 원인이 되는 사고과정과 비합리적 신념에 대해 논박하고 합리적 신념과 비합리적 신념을 구별하도록 돕는다. 상담의 목표는 그동안 자기 스스로 조건화해 왔던 자기패배식 사고과정을 깨닫고 새로운 사고과정을 형성하도록 하는 데 있다. 아동의 비합리적 신념이 가져온 부정적인 감정에 대해서도 다룬다.

(2) 정서적 접근

자신의 감정을 자연스럽게 표출하도록 하는 연습을 병행한다. 역할연기를 통해 상황에 대처하는 자신을 표현하고 자신의 비합리적 신념의 결과를 깨닫게 한다.

(3) 행동적 접근

아동의 행동을 변화하도록 하는 다양한 행동주의 방법들을 병행하는 것으로 아동이 가지고 있는 실생활의 문제를 직접 시연해 보도록 하고 교정해 간다(예 아동이 많은 사람 앞에 서는 것을 두려워한다면 사람들 앞에서 말하는 과제를 수행).

CHAPTER 04

심리검사 및 심리평가

아동을 이해하는 데에는 신체와 정신에 관한 이해가 필요하다. 외적인 신체에 관한 이해는 신장과 체중, 혈압 등 측정치에 의해 산출되지만 아동의 내면심리는 외적으로 나타나는 것이 아니므로 특별한 이해가 필요하다. 아동들의 경우는 언어가 미숙한 경우가 많기 때문에 언어로 표현하지 못하는 부분은 언어 이외의 다양한 방법으로 자신의 내면을 표현한다. 상담자는 이러한 표현 내용을 정확하게 해석하고 측정해 낼 수 있어야 한다. 그러한 방법에는 일상생활 행동 이해, 자연적 · 실험적 관찰법, 면접법, 질문지 조사법, 심리검사법이 있다(松原, 1988 : 87-104). 이 장에서는 심리검사와 심리평가에 대해 다루고자 한다.

1. 심리검사와 심리평가

1) 심리검사와 심리평가 이해

일상생활이나 상담 장면에서 보게 되는 아동의 수많은 행동은 어떤 방법을 통하여 이해할 수 있는가? 또한 아동이 분명한 문제행동을 보인다면 그 심각성의 정도는 어떻게 평가할 수 있는가? 아동이 보여주는 심리적 특성이나 이상(abnormal) 정도를 살펴보고 진단하는 전체적인 과정을 심리평가(psychological assessment)라고 한다. 좀 더 구체적으로, 심리평가는 아동의 인지적 · 정서적 · 사회적 · 행동적 특성을 이해하고 진단하기 위한 포괄적이고 전문적인 과정이라고 할 수 있다. 따라서 심리평가를 수행하기 위해서는 아동 본인은 물론 부모와 가족, 교사와 같은 주변 사람들과의 면담, 행동관찰, 심리검사, 인지적 수행 결과물 등 다양한 정보를 수집하고 통합해야 한다.

심리검사(psychological test)는 심리평가와 흔하게 혼용되어 사용되는 개념이다. 그러나 심리검사는 간단히 말하면 심리평가의 한 부분으로 이해될 수 있다. 심리검사는 아동의 심리적 특성을 통합적으로 이해하기 위한 심리평가의 과정에서 면담이나 관찰과 더불어 보다 객관적인 자료를 얻기 위해 사용되는 한 가지 수단이라고 할 수 있다. 이와 같은 맥락에서 아난스타시와 얼번(Ananstasi & Urban, 1997)은 심리검사는 개인의 심리적 · 행동적 특성을 알기 위한 객관적이고 표준화된 측정 도구라고 하였다. 즉, 심리검사는 하나하나의 검사를 선정하여 실시하고 규준집단에 비추어 점수를 산출하여 결과를 해석하는 일련의 과정을 말한다.

아동을 보다 전체적인 관점에서 이해하기 위해서는 심리검사보다는 심리평가가 우선적으로 고려된다. 그러나 아동상담 및 유아교육 현장에서 통합적인 심리평가의 실시가 어려운 현실을 고려하면, 심리검사의 시행은 객관적이고 표준화된 정보를 바탕으로 아동에 대한 문제행동의 원인을 파악하고 지도방향을 설정하는 데 도움을 줄 수 있다는 측면에서 유용하게 활용될 수 있다.

2) 심리평가의 목적과 기능

(1) 아동 특성에 대한 이해

심리평가를 실시하는 일차적 목적은 아동이 나타내는 행동의 특성이나 그 행동을 하게 된 심리적·환경적 원인을 탐색하기 위함이다. 아동 개인의 전반적인 특성에 대한 이해는 구체적으로 아동의 인지적·정서적·사회적·행동적 특성 및 환경에 대한 이해를 통해 가능하다. 예를 들어, 주의가 산만하고 과잉행동을 자주 보이는 아동이 있다고 가정할 때, 산만하고 과잉적인 행동에 대한 평가 및 관찰·아동의 적응능력에 대한 평가·부모의 양육태도와 같은 환경에 대한 평가 등을 통해 아동을 이해할 수 있게 된다.

(2) 문제행동의 진단과 분류

심리평가의 또 다른 목적은 문제행동을 진단하고 분류하는 것이다. 아동이 특정한 문제행동을 보이는 경우 심리평가를 통해 문제행동이 정말 심각하게 문제가 되는 행동인지, 즉 이상행동(abnormal behavior)인지 혹은 정상범주의 행동인지(normal behavior) 진단해 볼 수 있다. 이상행동으로 진단되는 경우 어떤 종류의 이상행동인지를 감별하고 분류하는 일 또한 아동의 상담과 치료를 위해 필수적인 과정이다. 이는 진단과 분류에 따라 상담의 방향이 달라질 수 있기 때문이다. 한편 심리평가를 통해 아동의 문제행동을 진단하고 분류하기 위해서는 아동의 연령이나 성별 등에 관한 발달적 특성을 중요하게 고려해야 한다.

(3) 치료목표 및 치료방법 설정을 위한 근거 제공

심리평가는 치료가 어떤 방향으로 이루어져야 하며, 어떤 요소를 중점적으로 다루어야 할지 근거를 제공해 준다. 예를 들어, 유치원에서 매우 공격적인 행동을 보이는 아동의 경우 치료의 목적은 공격적 행동의 감소나 친사회적 행동의 증가가 될 것이다. 이 경우 심리평가를 통해 아동의 공격적 행동이 가정 내에서 부모의 폭력행동을 학습한 것임을 알게 된다면 가정환경에 대한 개입을 할 수 있게 될 것이다. 또는 아동의 느린 언어발달이 폭력적 행동의 원인임을 알게 된다면 언어치료를 병행할 수 있을 것이다. 이처럼 심리평가는 아동상담 및 치료에서 치료의 방향과 요소를 선별할 때 과학적인 근거를 제공하여 목표에 빨리 도달할 수 있도록 도와준다.

3) 심리검사의 선정 기준

(1) 아동문제와의 관련성

심리검사를 선택할 때 가장 우선적으로 고려되어야 할 사항은 선정되는 심리검사가 아동의 문제행동의 원인, 증상의 정도, 치료를 위한 개인적 · 환경적 자원의 활용 가능성 등을 얼마나 알려줄 수 있는지 여부이다. 즉, 선정되는 개별 검사들은 아동의 문제행동과 밀접히 관련되어 있어야 한다. 그렇지 않은 경우, 불필요한 시간이나 비용의 낭비를 초래할 수 있다. 또한 검사 실시 과정에서 아동의 주의집중을 흐리게 만들 수 있고, 검사에 대한 부담감을 키워 정확한 결과를 이끌어 내지 못하게 만들 수 있다.

(2) 타당도와 신뢰도

아동의 심리적 특성을 정확하게 이해하고 진단하기 위해서는 아동의 문제행동을 정확하게 측정할 수 있는 검사도구가 필요하다. 이때 '정확하게'의 의미는 타당도(validity)와 신뢰도(reliability)의 두 개념으로 이해될 수 있다.

타당도는 검사도구가 '측정하려는 그것을 측정하고 있는가?'를 나타내는 정도이다. 예를 들어, 우울한 아동의 우울 정도를 측정하는 검사문항에서 아동이 얼마나 자주 울거나 혼자 있는지를 물어본다면 대체로 타당도가 높다고 할 수 있으나 몸무게나 키를 물어본다면 타당도가 매우 낮아지게 된다. 타당도를 평가할 때에는 내용타당도, 준거타당도, 구인타당도를 골고루 고려해야 한다.

신뢰도는 검사도구가 '측정하려는 것을 얼마나 오차 없이 측정하고 있는가?'를 나타내는 정도이다. 또한 '검사 시간, 검사 장소, 검사자 등의 상황이 바뀌어도 얼마나 일관성 있는 결과를 보여주는가?' 예를 들어, 아동의 지능을 측정할 때 측정시간이나 측정자가 바뀌더라도 결과가 일관성 있게 나타난다면 대체로 신뢰도가 높다고 할 수 있다. 이때 시간이나 측정하는 사람, 혹은 아동의 컨디션 등에 따라 발생되는 지능검사 점수의 차이는 오차(error)라고 할 수 있으며, 이러한 오차가 적은 검사가 신뢰도가 높은 검사라고 할 수 있다.

신뢰도를 높이기 위해서는 측정도구의 문항이 명확하고 일관성이 높아야 한다. 또한 검사문항의 수가 너무 적거나 많지 않고 피검사자의 연령이나 검사상황에 적합해야 하며 검사 시간이 충분하고, 검사 환경이나 절차에서도 일관성이 높아야 한다.

〈표 4-1〉 타당도의 유형

<table>
<tr><th colspan="2">타당도의 유형</th><th>개 념</th><th>측정방법</th><th>예 시</th></tr>
<tr><td colspan="2">내용타당도</td><td>측정하고자 하는 내용을 얼마나 충실하게 측정하고 있는지를 측정함</td><td>전문가의 논리적 분석을 통하여 평가함</td><td>언어능력 검사 : 독해력, 동의어/반의어, 작문, 단어이해 등의 문항을 포함함</td></tr>
<tr><td rowspan="2">준거 타당도</td><td>예언 타당도</td><td>검사 점수가 미래의 준거를 어느 정도 정확하게 예언할 수 있는지를 측정함</td><td>검사 점수 도출 후 시간이 경과한 후 준거가 변수를 다시 측정하여 평가함</td><td>학습준비도 검사 : 유치원 졸업 시기에 학습준비도 검사 실시 → (시간경과) → 초등학교 2학년 시기에 성적 조사</td></tr>
<tr><td>공인 타당도</td><td>검사 점수가 이미 인정받는 기존의 다른 검사 점수들과 비교해서 얼마나 공통성이 있는지를 측정함</td><td>검사 점수와 기존의 인정받은 검사 점수 간의 상관계수를 비교함</td><td>지능검사 : 간편용 성격검사의 결과와 기존의 인정받은 성격검사 결과 간의 상관계수를 산출함</td></tr>
<tr><td colspan="2">구인타당도</td><td>검사 도구가 연구자가 측정하고자 하는 구인을 적절히 측정하고 있는지를 측정함</td><td>조작적 정의를 명확히 한 후 요인분석 방법을 통하여 각 요인에 의미를 부여함</td><td>창의성 검사 : 창의성에 대한 조작적 정의 → 창의성을 나타내는 행동 특성에 대한 이론적 가설 설정 → 검사 점수별로 그 사람이 실제 행동을 나타내고 있는지를 확인함</td></tr>
</table>

출처 : 전경원(2006), pp. 113-118.

(3) 표준화

심리검사를 실시하여 그 결과를 해석할 때 연령, 성별, 지역, 문화적 특성 등을 고려하며 또래들과 비교해 보는 것은 매우 의미 있다. 예를 들어, 지능검사를 통해 120의 점수를 받은 7세 여아가 있다고 가정할 때, 이 점수의 높고 낮음이나 정상 혹은 비정상 여부를 판단하려면 우선 우리나라의 7세 여아의 지능의 평균점수는 어느 정도인지, 그리고 이 아동의 점수는 분포도에서 볼 때 어느 정도에 해당되는지 살펴보아야 할 것이다.

표준화는 피검사자인 아동이 속한 연령대나 성별 집단을 중심으로 규준(norm)이 되는 집단을 선정하여 피검사자인 아동이 규준 집단 내에서 어느 정도의 위치에 해당되는지를 알 수 있게 해준다. 표준화가 이루어지지 않은 검사를 사용하게 되면, 검사점수만으로는 아동의 행동이 어느 정도로 심각한지 알 수 없어 진단이나 상담에 정확한 도움을 받기 어렵다. 일반적으로 이상행동(abnormal behavior)의 경우 표준화 점수는 백분위(%)나 T점수를 사용하며 규준집단과 비교하여 평균범위 혹은 정상범위, 주의군, 위험군, 고위험군 등으로 분류해 볼 수 있다.

(4) 검사의 실용성

타당도와 신뢰도가 모두 확보되고 표준화된 훌륭한 검사라고 하더라도 실제로 검사를 실시하기 어렵다면 좋은 검사라고 말하기 어렵다. 예를 들어, 7세 아동을 대상으로 하는 검사가 2시간 이상 지속되어야 하거나, 성격을 측정하기 위한 검사의 문항이 500개라면 이러한 검사들은 실용성이 떨어진다고 할 수 있다. 즉, 검사의 실시 면에서 간편성이 높고 소요시간과 비용이 적절해야 하며, 채점기준과 채점방법이 명확해야 한다.

4) 심리검사의 실시 시 고려사항

(1) 신뢰로운 관계 형성

심리검사는 눈으로 확인할 수 없는 마음의 영역을 최대한 있는 그대로 측정해내어 아동이 건강하게 성장할 수 있도록 돕는 과정의 일부라고 할 수 있다. 따라서 심리검사에서 무엇보다 중요한 것은 아동이 자신의 모습을 있는 그대로 드러내도록 격려하는 일이다. 이를 위해서 검사자는 아동과 신뢰로운 관계를 형성해야 한다. 신뢰로운 관계란 친근하고 편안하면서도 전문성을 잃지 않는 태도에 기반한다. 즉, 인간적인 면과 전문적인 면이 함께 어우러져야 한다. 신뢰로운 관계 형성을 위해서 첫째, 검사자는 피검 아동의 발달과정의 특징, 의뢰사유, 아동 및 가족의 동의 여부에 대해 충분히 숙지하고 있어야 한다. 둘째, 검사자 본인의 행동이 아동에게 영향을 미칠 수 있음을 인지해야 한다. 가령 검사자의 친절한 안내나 격려 등은 아동의 수행을 촉진시킬 수 있는 반면, 검사자의 부정적인 반응은 아동을 위축되게 할 수도 있다. 셋째, 검사 시 아동의 정서적 상태를 인지해야 한다. 예를 들어, 검사실에 오는 과정에서 엄마로부터 꾸중을 들었거나, 원하지 않는 검사를 받게 되었거나, 감기 기운이 있는 상태에서 지능검사를 받게 된다면 정확한 측정이 어려울 수도 있다.

(2) 물리적 환경

검사실의 물리적 환경은 검사에 영향을 미치는 중요한 요인이다. 이 가운데서도 검사실의 온도, 습도, 밝기(조명), 통풍, 냄새, 소음 정도, 검사 탁자나 의자의 크기와 높낮이, 창문의 위치, 검사자와의 좌석 배치 등은 검사에 직접적인 영향을 미칠 수 있다. 아동이 쾌적한 환경에서 검사에 집중할 수 있도록 검사자는 사전에 점검하고 필요한 경우 보완하려는 태도가 필요하다. 일반적으로 검사실의 온도는 18~22℃, 습도는 50~60% 정도가 적당하다. 조명은 너무 어둡지 않아 검사지의 자극이 선명하게 보이도록 하고, 자주 환기시켜서 쾌적한 공기 상태를 유지하도록 해야 한다. 소음이 너무 많은 곳은 피하고 창문과 가까운 곳에 탁자를 비치할 경우 산만해지기 쉬우므로 주의한다. 검사자와의 좌석 배치는 아동이 검사를 수행하는 동안 눈 맞춤이 쉽고, 잘 관찰할 수 있도록 마주보거나 기역자(ㄱ) 또는 니은자(ㄴ) 형태로 두는 것이 좋다.

(3) 윤리적 문제

아동을 대상으로 한 심리검사에서 윤리적 문제는 매우 중요하다. 특히 대상이 아동이라는 점에서 검사자는 아동의 다양한 권리들이 침해되지 않도록 해야 한다.

아동 대상의 심리검사에서 윤리적 문제와 관련하여 주요하게 생각해야 할 부분은 다음과 같다.

첫째, 검사자의 전문성이다. 검사자는 아동의 발달적 특성에 대해 충분히 숙지하고 있어야 한다. 그리고 아동이 특정 장애 등을 진단받은 경우 그 장애의 특성에 대해서도 잘 알고 있어야 한다. 또한 실시할 검사의 절차와 특성에 대해서 깊이 있게 파악함으로써 아동이 검사에서 가장 정확한 결과를 나타낼 수 있도록 도와와 한다.

둘째, 비밀보장이다. 검사자는 검사과정에서 얻어진 결과를 검사 이외의 목적으로 사용하지 않도록 해야 한다. 단, 아동의 자살·자해, 아동학대, 범죄와 관련된 사실이 발견될 경우는 예외적으로 비밀보장을 지키지 않을 수 있다.

셋째, 검사와 관련된 여러 가지 동의이다. 예를 들어, 검사를 실시하기 전에 검사자는 아동과 부모에게 어떤 검사가 실시될지 간략히 설명하고 동의서를 작성해야 한다. 또한 검사 과정에서 녹음이나 녹화가 필요한 경우, 검사 목적 외 연구용의 목적으로 검사결과가 필요한 경우, 반드시 아동과 부모에게 동의를 구하도록 한다. 동의는 구두로 이루어지는 것보다 문서로 작성하여 보관하는 것이 좋으며, 동의서의 주요 항목에는 일시, 목적, 주요 내용, 기관이나 검사자 서명, 아동과 부모 서명 등이 포함되도록 한다.

넷째, 검사 이유와 결과의 전달과정에서 아동이 배제되지 않도록 해야 한다. 간혹 아동이 부모로부터 검사 이유를 정확하게 설명받지 못한 채 검사를 받게 되는 경우가 있다. 이렇게 되면 검사의 동기가 낮아질 뿐만 아니라 검사 과정 동안 줄곧 아동은 불안과 의심을 경험하게 된다. 따라서 검사자는 검사 전 아동 및 부모와의 면담을 통해 아동이 검사에 대해서 어떻게 알고 참여하게 되었는지 파악한 후 잘못 알고 있는 경우 검사 이유와 검사 절차 등에 대해서 친절하고 정확하게 설명해 주도록 한다. 또한 검사 결과의 전달에서도 아동이 배제되는 경우가 종종 있다.

검사가 완료된 후 결과를 전달할 때에는 아동과 부모가 함께 전달받는 것을 원칙으로 하되, 아동이 이해하기 어렵거나 곤란한 경우는 검사자와 기관의 전문적인 판단을 통하여 결정하도록 한다.

5) 심리검사의 유형

(1) 객관적 검사

객관적 검사는 검사문항이 일정한 틀에 의하여 구조화되어 있고 채점이나 검사 절차의 과정도 명확하게 정해져 있다. 이 때문에 검사의 실시, 채점, 해석이 간편하고 명확하며, 검사 상황이나 검사자의 컨디션에 의한 영향도 비교적 적게 받는다. 그리고 다른 사람들과 비교가 용이한 것이 장점이다.

반면 피검사자들이 자신의 느낌이나 생각을 있는 그대로 표현하지 않고 의도적으로 편향된 반응을 할 수 있고, 제공되는 문항에 대한 정해진 틀(예 1점 : 전혀 그렇지 않다, 2점 : 그렇지 않다, 3점 : 보통이다, 4점 : 조금 그렇다, 5점 : 매우 그렇다) 안에서만 반응할 수 있어 심층적인 특성을 알기 어렵다는 단점이 있다.

객관적 검사의 대표적인 예로는 웩슬러 지능 검사(K-WISC, K-WPPSI), 카우프만 지능 검사(KABC), 한국판 아동 · 청소년 행동평가 척도(K-CBCL), 한국 아동청소년인성 검사(KCYP) 등이 있다.

(2) 투사적 검사

투사적 검사는 애매하고 분명하지 않은 자극을 제시하여 아동이 자유롭게 자신의 생각이나 느낌을 말할 수 있도록 허용함으로써 아동이 가지고 있는 무의식적 욕구나 해결되지 않은 갈등을 드러낼 수 있도록 비구조화되어 있다.

이 때문에 아동 개인의 주관적인 반응이 풍성하게 나타날 수 있고 편향이나 방어가 적어 심리적 특성을 깊이 있게 이해할 수 있다는 장점이 있다. 반면 검사 해석에 대한 일관성이나 근거가 충분하지 않고, 검사자의 전문성이나 검사 태도 등이 아동에게 많은 영향을 미칠 수 있다는 단점이 있다.

이러한 단점을 극복하기 위해서는 검사자는 반복적인 훈련을 통해 검사실시와 해석에 대한 전문성을 높이고 주관적인 해석으로 아동을 잘못 이해하지 않도록 노력해야 한다.

투사적 검사의 대표적인 예로는 한국판 아동용 주제통각 검사(K-CAT), 집-나무-사람 검사(HTP), 동작성 가족화 검사(KFD), 문장완성 검사(SCT) 등이 있다.

〈표 4-2〉 객관적 검사와 투사적 검사의 예시

구 분	객관적 검사 [한국판 아동 · 청소년 행동평가 척도(부모용)]	투사적 검사 [한국판 아동용 주제통각 검사]
검사 문항	1. 나이에 비해 너무 어리게 행동한다. 0 1 2 2. 알레르기 0 1 2 (구체적 내용 :) 3. 말다툼을 자주 한다. 0 1 2 4. 천식이 있다. 0 1 2 5. (남자인 경우) 여자처럼 행동한다. 0 1 2 (여자인 경우) 남자처럼 행동한다. 6. 대변을 아무데서나 본다. 0 1 2 7. 허풍치고 자랑을 많이 한다. 0 1 2	
지시문	"각 항목들을 하나씩 읽어가면서 만약 현재나 지난 6개월 내에 자녀가 그 항목에 꼭 들어맞거나 그런 일이 자주 있었다면 2에 표시해 주십시오." (후략)	"지금부터 이 그림을 가지고 이야기하는 놀이를 해보아요. 내가 그림들을 보여줄 테니, 그림들을 보고 거기에 어떤 일이 일어나고 있는지 말해보아요. 자, 이 그림을 보아요." (후략)

6) 심리검사의 한계

- 어디까지나 보조적 도구이다.
- 검사에 따라서는 신뢰성이 결핍된다.
- 투영법은 진단이 어렵다.
- 피험자의 기분에 좌우되기 쉽다.
- 학령이나 능력에 따라서 실시할 수 없는 것도 있다.

2. 심리검사의 종류

1) 인지 영역 검사

(1) 유·아동용 지능 검사

① 한국 카우프만 아동 지능검사 2(KABC-Ⅱ : Kaufman Assessment Battery for Children-Ⅱ)

- 검사대상 : 만 3~18세
- 개발자 : Alan S. Kaufman & Nadeen L. Kaufman(1980)
- 한국판 표준화 : 문수백

KABC-II는 인지심리학과 신경생리학에 기반을 두고 뇌의 좌반구와 우반구의 기능에 대한 판별이 가능하도록 고안된 지능검사이다. KABC-II는 지능점수 외에도 지능을 바탕으로 습득된 지식의 질과 양을 함께 측정할 수 있고, 비언어성 과제를 별도로 포함하고 있어 언어장애를 겪고 있거나 한글 사용에 한계를 가진 아동에게도 실시할 수 있는 장점이 있다. 검사의 구성은 순차처리척도, 동시처리척도,

인지처리과정 척도, 습득도, 비언어성 척도의 다섯 가지로 이루어져 있고 16개의 소검사를 포함하고 있다.

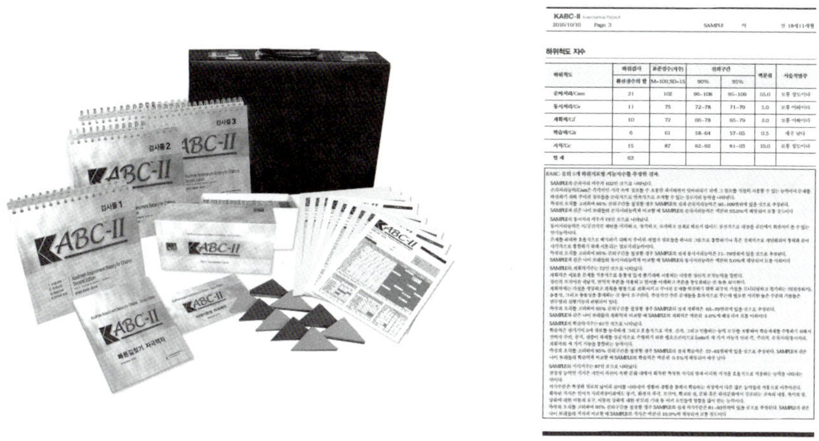

| 그림 4-1 | KABC-II의 구성 및 결과지 예시

출처 : inpsyt.co.kr

② 한국 웩슬러 유아 지능 검사 4판(K-WPPSI-Ⅳ : Korean-Wechsler Preschool & Primary Scale of Intelligence Ⅳ)

- 검사대상 : 만 2세 6개월~7세 7개월
- 개발자 : David Wechsler(1989)
- 한국판 표준화 : 박혜원 · 이경옥 · 안동현

K-WPPSI-IV는 지능이 다차원적이고 총체적이라는 웩슬러의 가정에 따라 지능의 다양한 영역을 측정하여 종합적으로 평가하는 지능검사이다(문혁준 외, 2016). K-WPPSI-IV는 지능을 측정하는 목적 외에 특별한 교육이나 치료가 필요한 아동을 진단하기 위해서도 종종 사용된다. 검사의 구성은 동작성 검사와 언어성 검사의 두 가지로 이루어져 있고 12개의 소검사를 포함하고 있다.

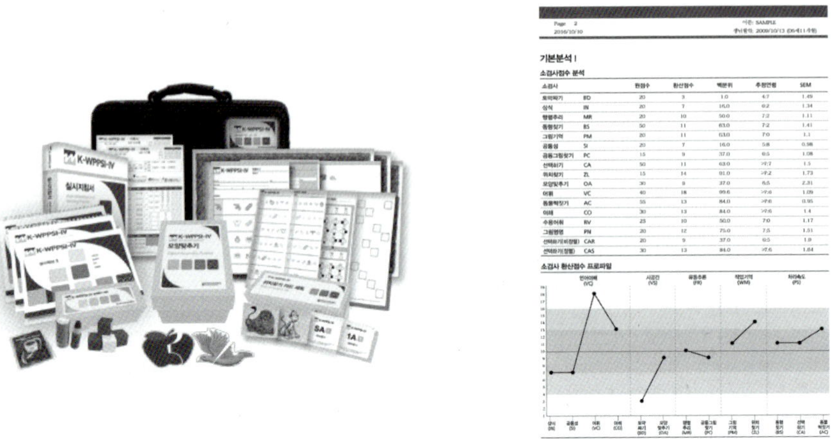

| 그림 4-2 | K-WPPSI-IV의 구성 및 결과지 예시

출처 : inpsyt.co.kr

③ 한국 웩슬러 아동 지능 검사 4판(K-WISC-Ⅳ : Korean-Wechsler Intelligence Scale for Children-Forth Edition)

- 검사대상 : 만 6세 0개월~16세 11개월
- 개발자 : David Wechsler(1989)
- 한국판 표준화 : 곽금주 · 오상우 · 김청택

K-WISC-IV는 인지발달, 지적 능력 평가, 인지적 처리 과정에 관한 최근의 연구들을 통합하여 전반적인 인지능력을 측정하도록 고안된 지능검사이다. K-WISC-IV는 정상과 이상을 진단하기 위한 기능보다는 아동의 전반적인 인지능력과 잠재능력, 아동이 보여주는 다양한 행동 특성의 원인들을 탐색하는 것에 초점을 둔다. 또한 소검사 영역별로 아동의 강점 및 약점을 제시해 준다. 검사의 구성은 전체적인 인지능력을 나타내는 전체 IQ지수와 언어이해, 지각추론, 작업기억, 처리속도의 네 가지 하위 지표로 이루어져 있고 15개의 소검사를 포함하고 있다.

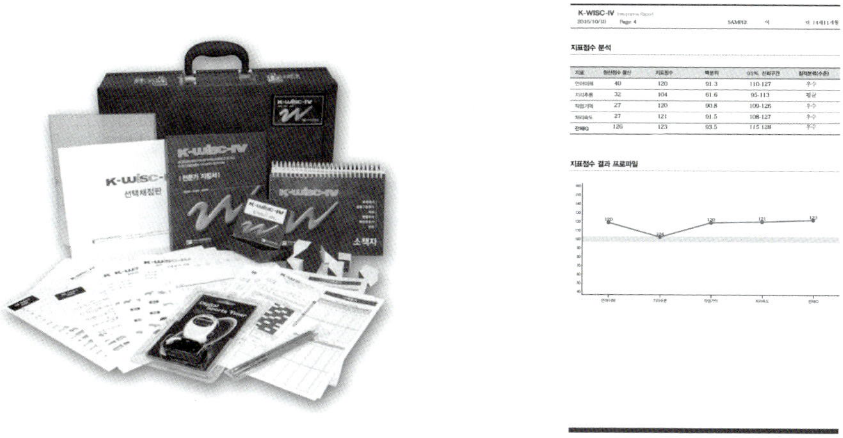

| 그림 4-3 | K-WISC-IV의 구성 및 결과지 예시

출처 : inpsyt.co.kr

(2) 베일리 영아 발달 검사(BSID-II : Bayley Scale of Infant Development)

- 검사대상 : 생후 1~42개월
- 개발자 : Nancy Bayley(1969)
- 한국판 표준화 : 정문자 · 이은해 · 박경자(1993)

베일리 영아 발달 검사는 영유아가 월령별 발달적 규준에 비추어 어느 위치에 해당되는지 평가하고 정상 및 이상 유무와 정도를 파악하기 위해 개발되었다. 베일리 영아 발달 검사의 가장 큰 장점은 생애 초기의 성공적인 발달을 객관적인 자료로 제공해 준다는 점이다. 이 때문에 이상 발달을 조기에 판별하여 개입함으로써 치료와 예방에 많은 도움을 줄 수 있다. 또한 베일리 영아 발달 검사는 정상 영아들과 태어날 때 위험을 지녔던 영아들 간의 발달적 차이를 밝히는 데에도 유용하게 활용될 수 있다(이은해, 1997). 검사의 구성은 정신 척도, 운동 척도, 행동평정 척도의 세 가지 영역에 관한 문항으로 이루어져 있으며, 검사 결과에 따라 가족 수행, 정상범주, 약간 지연, 심각한 지연 등으로 해석된다.

〈표 4-3〉 베일리 영유아 발달 검사의 구성

척 도	측정 내용	문항수
정신 척도 (Mental Scale)	감각/ 지각, 변별, 항상성 개념, 언어적 의사소통, 문제해결 능력, 기억, 학습, 일반화와 분류에 관한 기초 능력	178문항
운동 척도 (Motor Scale)	신체조절 정도, 대근육 및 소근육의 협응 능력	111문항
행동평정 척도 (Behavior Rating Scale)	주의/ 각성, 지향/ 참여, 정서조절, 운동의 질	30문항
총 계		319문항

(3) 한국판 덴버 발달선별 검사(K-DDST-Ⅱ : Korean Denver Developmental Screening Test-Second Edition)

- 검사대상 : 출생~만 6세
- 개발자 : Frankenburg, W. K., & Dodge, J. B.(1967)
- 한국판 표준화 : 이 근

한국판 덴버 발달선별 검사는 미국 덴버 지역에 있는 콜로라도 의과대학의 교수진이 개발한 검사를 한국판으로 표준화한 것이다. 검사의 주요 목적은 외견상 이상이 없어 보이는 아동에게 실시하여 발달 이상 혹은 가능성을 조기에 선별하는 것이다. 검사의 방법은 부모 혹은 주양육자가 아동의 행동을 보고하는 방식으로 이루어지며, 각 항목은 대상 연령의 아동이 연령에 적합하게 수행해야 할 일상생활 속의 과제들로 이루어져 있다.

덴버 발달선별 검사는 뚜렷한 증세는 없으나 주관적으로 발달장애가 의심될 때

이를 객관적으로 확인할 수 있고, 조산으로 태어난 아동 등 고위험(high-risk) 아동을 추적 관찰하는 데 활용될 수 있는 장점이 있다(곽금주, 2002). 검사의 구성은 사회발달 영역, 미세운동 및 적응발달 영역, 언어발달 영역, 운동발달 영역에 관한 104개의 문항으로 이루어져 있으며, 검사 결과에 따라 정상, 의문, 이상, 검사 불능 등으로 해석된다.

| 그림 4-4 | 한국판 덴버 발달선별 검사 도구

출처 : inpsyt.co.kr

(4) 사회성숙도 검사(SMS : Social Maturity Scale)

- 검사대상 : 출생~30세
- 개발자 : Doll, E.(1935)
- 한국판 표준화 : 김승국 · 김옥기

사회성숙도 검사는 미국의 돌(Doll)이 바인랜드 사회성숙 척도(Vineland Social Scale)로 발표하였으나 한국판으로 표준화되는 과정에서 사회성숙도 검사로 명칭에서 약간 변화가 있었다. 사회성숙도 검사의 주요 기능은 연령의 증가에 따라 사회적 적응도가 적절히 발달하고 있는지 확인하는 것이다. 이러한 기능 때문에 사회성숙도 검사를 통해 부적응, 불안정, 정신이상 등과 같은 특별한 치료나 개입을 위한 임상적 판별하는 데 도움을 받을 수 있다. 검사의 구성은 자조(SH-Self Help), 이동

(L-Locomotion), 작업(O-Occupation), 의사소통(C-Communication), 자기관리(SD-Self Direction), 사회화(S-Socialization)의 성숙 정도를 묻는 117개의 문항으로 이루어져 있다.

〈표 4-4〉 사회성숙도 검사의 구성

척 도	내 용	문항 수
자 조	일반(SHG), 식사(SHE), 용의(SHD) 등 3개 영역	39문항
이 동	기어 다니는 능력부터 어디든 혼자 다닐 수 있는 능력	10문항
작 업	단순한 놀이에서부터 고도의 전문성을 요하는 작업에 이르는 다양한 능력	22문항
의사소통	동작, 음성, 문자 등을 매체로 한 수용과 표현	15문항
자기관리	금전의 사용, 구매, 경제적 자립 준비와 지원, 기타 책임 있고 분별 있는 행동 등에 관한 것 등 독립성과 책임감	14문항
사회화	사회적 활동, 사회적 책임, 현실적 사고 등	17문항
총 계		117문항

출처 : www.cyber-test.co.kr

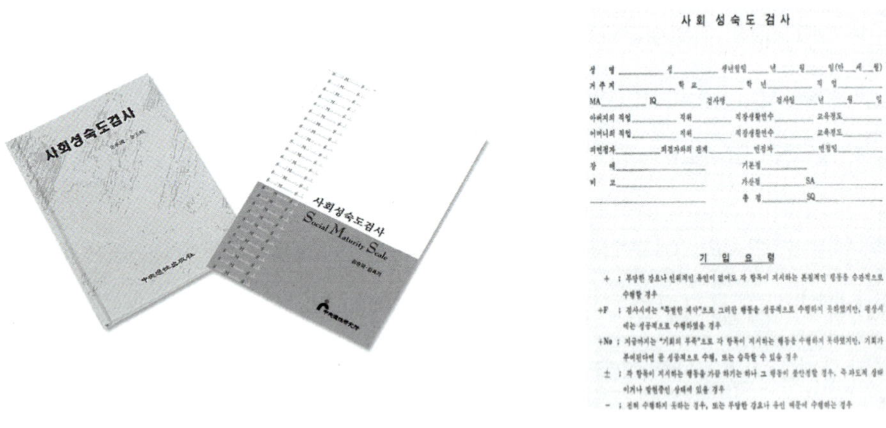

| 그림 4-5 | 사회성숙도 검사의 구성 및 검사지 예시

출처 : www.cyber-test.co.kr

2) 정서 · 사회성 영역 검사

(1) KCYP 한국 아동청소년 인성 검사

- 검사대상 : 만 3~19세(고등학생)
- 개발자 : 임호찬

KCYP 한국 아동청소년 인성 검사는 아동의 성격 특성을 평가하기 위하여 개발된 검사로 부모가 자녀의 성격 특성을 이해하고 올바른 양육태도를 가질 수 있도록 도와주기 위해 고안된 검사이다. 또한 상담과정에서 아동의 심리적 · 사회적 문제 정도를 파악하고 상담을 위한 지침을 제공해 주는 데에도 유용하게 활용된다. 검사의 내용 구성은 자아강도, 정신증, 신체화, 정서혼란, 위축, 주의결함/ 과잉행동, 학습곤란, 사회관계, 가족관계, 비행 등의 10개 영역에 관한 문항으로 이루어져 있다.

〈표 4-5〉 KCYP 한국 아동인성 검사의 구성

검사 내용 구성		
자아강도		자신을 신뢰하고 스스로 능력이 있다고 믿는 정도
정신증	현실왜곡	주변 환경과 분리된 느낌
	환 각	다른 아이들은 잘 느끼지 않는 백일몽 같은 것을 느끼는 성향
신체화	심인증	스트레스를 느끼면 신체로 나타나는 성향
	긴장불안	긴장을 잘 하는 성향
	건강염려	어떤 병에 걸릴까 봐 지나치게 염려하는 성향
정서혼란	공 포	공포나 두려움을 많이 느끼는 성향
	우 울	우울증 가능성
	수면장애	편안하고 깊은 잠을 자기 어려운 성향

위 축	내향성	차분하고 소극적인 성향
	고립감	고립되거나 혼자 있는 것을 좋아하는 성향
주의결함 과잉행동	주의결함	꾸준히 주의를 기울이는 것이 어려운 성향
	과잉행동	산만하고 꾸준한 집중을 하기 어려운 성향
학습곤란		학업을 따라가기 어렵다고 느끼는 정도
사회관계	또래소외감	어려움을 주고받을 가까운 또래가 부족하다고 느끼는 정도
	또래와 갈등	또래와의 양보와 상호 주고받는 관계 형성이 어려운 성향
가족관계	부모와 갈등	부모와 갈등을 느끼는 정도
	가정불화	가정에 마찰과 갈등이 심하다고 느끼는 정도
비 행	반항성	다툼을 일으키거나 상대방을 비난하는 성향
	품행문제	사회적 가치 기준 및 도덕을 무시하는 성향

출처 : www.guidancepro.co.kr

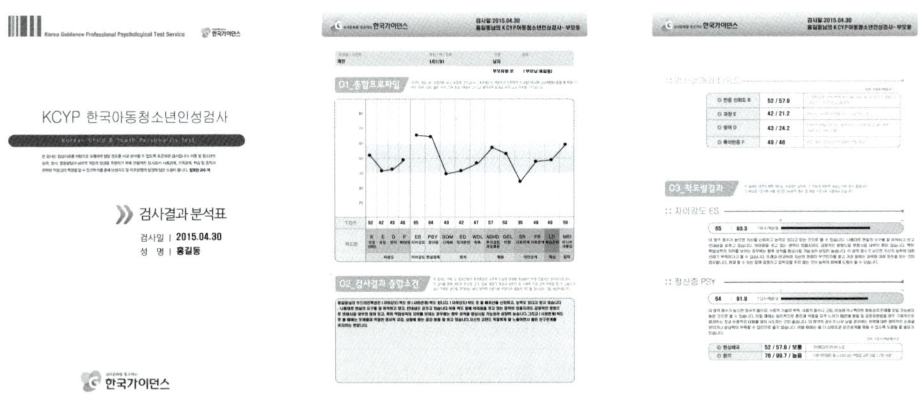

| 그림 4-6 | KCYP(부모보고용) 검사지 및 결과지 예시

출처 : www.guidancepro.co.kr

(2) 집-나무-사람 검사(HTP : House-Tree-Person Test)

- 검사대상 : 만 4세 이상
- 개발자 : Buck(1948)

HTP 검사는 누구에게나 친숙하고 그리기 쉬운 소재인 집, 나무, 사람을 그리도록 하여 그림 속에 투사된 아동의 심리적 특성을 해석해 보는 검사이다. HTP 검사는 의식적인 방어가 적어 자유롭고 솔직하게 무의식을 설명하는 데 용이하다. 특히 아동이 그린 HTP 검사에는 아동의 가정환경, 현재 및 이상적인 자아상, 대인관계, 의존 욕구를 비롯한 다양한 의식적 · 무의식적 욕구가 반영된다(곽금주, 2002). 검사에 필요한 도구는 연필(2B), 지우개, A4 종이 4매, 초시계이다. 검사 방법은 아동에게 종이를 제시하며 "지금부터 몇 장의 그림을 그려볼 거예요. 우선 집을 그려보세요"라고 말한다. 이후 "이번에는 나무를 그려보세요", "마지막으로 사람을 그려보세요"라고 하고, 사람 그림은 처음에 그려진 성(性)과 반대의 성의 사람을 한 장 더 그리도록 한다. 4장의 그림이 다 그려지면 그림에 관한 몇 가지 질문을 하여 아동의 대답을 기록해 둔다. 검사를 실시할 때 주의사항은 다음과 같다.

- 종이의 제시는 집(H)은 가로로, 나무(T)와 사람(P)은 세로로 제시한다. 단, 제시 후 피검사자가 종이 방향을 바꾸는 경우 그대로 허용한다.
- 사람(P)은 머리부터 발끝까지 그리도록 하고, 뼈대만 그리거나 만화로 그릴 경우 다시 그리도록 한다.
- 그림의 크기, 위치, 내용에 관한 어떤 단서도 제공하지 않는다.
- 지우개의 사용은 자유롭게 하고, 실패할 경우 원하면 새로운 종이에 그릴 수 있다.

• 각 그림별로 소요시간과 검사태도, 언어적 반응 등을 기록하여 해석에 참고한다.

그림의 해석은 태도적인 면, 그림의 전체적인 윤곽, 그림의 세부 내용의 세 가지를 종합적으로 보는 것이 좋다. 전체적인 윤곽은 그림의 위치, 크기, 필압, 선의 질을 고려하여 해석한다.

〈표 4-6〉 HTP 검사의 전체적인 윤곽에 관한 해석 지침

구 분	묘사에 대한 해석
위 치	• 중앙 : 정상인의 전형적인 위치로 안정성 반영 • 오른손잡이가 오른쪽에 그림 : 안정되고 통제가 잘 됨. 지적 만족을 추구하고 외향적 • 상단에 그림 : 활동수준이 높음, 높은 욕구와 기대 수준, 높은 성취욕, 낙관적, 현실보다는 상상을 통한 만족 추구 경향, 자신에 대한 불확실감 • 종이 하부(지면) 사용 : 불안전감, 부적절감, 우울 경향성, 실제적인 것을 추구하는 경향 • 왼쪽 상단 : 불쾌한 과거감정을 억제하려는 경향성, 과도한 낙관 • 전체 하단 : 의존성, 불안, 우울
크 기	• 크기가 클 경우 : 공격성, 유쾌한 감정, 과대망상적 경향성, 종이를 벗어날 정도로 지나치게 큰 그림은 환경적인 압박감에 대한 과보상적인 환상의 가능성을 시사함 • 크기가 작을 경우 : 불만족감, 열등감, 부적절감, 위축된 상태, 정서적 의존성, 불안, 수줍음, 과도한 자기통제의 가능성
필 압	• 진하게 그린 경우 : 긴장, 공격성, 기질적 문제 가능성 • 힘을 거의 주지 않을 경우 : 주저하는 태도, 소심, 나약한 자아강도, 신경증적 경향성, 부적절한 적응 문제, 두려움, 불안정감, 우울한 상태
선의 질	• 단호하고 확실한 선 : 안정감, 완고함, 야망이 있음을 시사함 • 스케치하듯 그린 선 : 불안, 자신감의 결여, 혹은 새로운 상황에서 머뭇거리는 태도
세부묘사	• 지나치게 자세한 묘사 : 강박적 경향, 경직, 경조증, 정서적 혼란을 겪는 상태 • 묘사를 안 할 경우 : 위축, 고립상태, 신체화 경향, 우울, 뇌손상 환자, 지적장애 • 기괴한 세부사항, 신체 부위 명명 : 사이코시스 가능성 • 일부를 빠트리는 경우 : 그 부분에 대한 부적절한 관심, 갈등 • 계속 지우는 경우 : 불확실감, 우유부단함, 자신에 대한 불만족 • 지워서 다시 그리는 데도 나아지지 않는 경우 : 기질적 손상 시사, 사이코시스, 특별한 불안이나 갈등을 나타내는 단서일 가능성

출처 : 곽금주(2002), pp. 380-381.

그림의 세부 내용은 집(H), 나무(T), 사람(P) 그림의 각각에서 느껴지는 전반적인 인상이나 부분들의 표현에 대한 상징적 의미들을 고려하여 해석할 수 있다(표 4-7 참조). 그러나 이러한 일반적 준거들을 참고하여 해석한다고 하더라도 그림만으로 절대적이고 단정적으로 해석을 하는 것은 많은 오류를 가질 수 있으므로, 반드시 아동 및 부모 면담, 아동의 행동관찰, 다른 검사 결과 등을 통합하여 보려는 노력이 필요하다.

〈표 4-7〉 HTP 검사의 상징적 해석

그 림	상징적 해석
집 (House)	상징적 의미의 자화상과 관련되며 환상, 자아, 현실 접촉, 접근성과 관련된 것으로서, 특히 지붕과 벽의 묘사가 환상(fantasy)과 자아(ego)의 상태에 따라 해석과 가정생활과 가족과의 관계의 질을 반영하는 두 가지 방향으로 해석된다. 정상적인 집 그림은 최소한 하나의 문, 하나의 창문, 하나의 벽, 지붕, 굴뚝이 기본 요소이다. • 출입문 : 외부현실, 주변 환경과의 직접적인 접촉, 교류 없으면 무관심, 고립, 위축 • 열쇠 구멍 : 반대적 성향, 공격적 충동성 • 창문 : 환경과의 2차적 교류, 많은 창문이 있으면 의존적 경향성 • 지붕 : 상상력, 환상적인 경향을 시사함 • 벽 : 자아강도 • 굴뚝 : 가정의 심리적 따뜻함의 상징 • 연기 : 가정에 대한 공격적 감정, 분노와 관련, 가정 내의 정서적 갈등 • 태양 : 의존적인 여성 • 구름 : 일반화된 불안 • 배경의 산 : 방어적인 태도, 독립에 대한 욕구 • 기저선 : 현실과의 접촉 정도를 반영, 염려와 불안정감 • 음영 : 불안 • 집 주위의 덤불 : 불안정감, 자아방어를 구축하고자 하는 욕구 • 집 주위의 많은 나무 : 강한 의존 욕구
나무 (Tree)	성장과정을 표현해 주는 자아의 측면을 나타내는 것으로 생각되어 신체상, 자아 개념을 반영하는 것으로 해석되고, 그중에서도 상대적으로 보다 심층적이고 지속적이며 무의식적인 감정과 갈등을 투사한다고 생각된다. 심리치료의 결과 사람 그림은 좋아지기도 하나 나무 그림은 잘 변하지 않아 재검사에서도 거의 변화하지 않는다. 개인 내적 · 외적, 환경적 적응에 대한 분석이 나무 그림에서 행해질 수 있으며 기본적으로 기둥과 하나 이상의 가지를 필수적으로 포함한다.

<table>
<tr><td></td><td>• 기본적으로 몸통 : 자아강도, 자기개념
• 뿌리 : 성격적 안정성, 뿌리를 강조하는 경향은 현실과의 접촉을 과도하게 강조하거나 연결하는 상태
• 가지 수 : 대인관계의 폭, 타인과의 접촉이나 환경으로부터의 만족과 성취를 얻는 데 필요한 개인의 주관적인 내적 자원
• 잎 풍성 : 상상력, 환상이 활발함
• 열매 달린 나무 : 의존욕구, 미성숙
• 옹이, 상처 : 어린 시절의 외상, 위치가 아래일수록 어린 시절의 상처
• 아래 지면을 통으로 활용해 그린 나무 : 부적절감으로 인해 불안정한 상태, 안정감에 대한 보상
• 작은 나무 : 열등감, 부적절감
• 나무의 나이 : 주관적으로 느끼는 심리적, 사회적, 성적 성숙의 투사</td></tr>
<tr><td>사람
(Person)</td><td>자아상과 가장 가깝기 때문에 아동이 가장 그리기 어려워하는 그림으로, 검사자의 정서적 지지를 가장 많이 필요로 한다. 사람은 자아상, 이상적 자기, 중요한 타인(흔히 부모나 배우자, 애착대상)에 대한 피검사자 자신의 지각 등과 같은 피검자에 대한 중요한 정보를 제공해 주며, 자신과 환경과의 관계에 대해 보다 의식 수준에서 드러나는 문제를 반영한다. 기본적으로 머리, 몸통, 두 다리, 두 팔, 두 눈, 코, 입을 포함한다.
• 성적 정체감의 혼란이나 갈등, 이성의 부모에게 강하게 의존하거나 애착 가능성이 큰 경우 반대 성을 먼저 그리기 쉽고, 머리는 지적 활동과 공상이 일어나는 부분으로 충동과 정서를 통제하고 사회화된 욕구, 의사소통 등과 관련 있다.
• 눈 : 지나치게 크면 편집적, 관계망상, 사회적 의견에 대한 지나친 의심, 지나치게 작으면 내향적 경향성
• 귀 : 강조하는 경우 비판에 대한 지나친 예민성, 피해 및 관계망상, 환청이 있는 경우
• 코 : 남성 성기의 상징, 권력 의지
• 입 : 지나친 강조는 퇴행적, 의존적, 미숙함, 구강기의 갈등을 시사함
• 턱 : 각이 지거나 크면 충동적, 가늘면 자아와 원초아가 따로 노는 이성과 감정 간의 갈등
• 목 : 지적 통제와 초자아 충동 간의 연결방식으로 간주, 두꺼운 경우 융통성의 부족
• 몸통 : 기본적인 추동(drive) 관련
• 어깨 : 신체적 힘에 대한 욕구의 표현
• 손 : 환경에 대한 접촉, 손가락이 정교하면 좋은 사회적 기술과 대인관계, 성적인 죄책감과 관련
• 팔 : 환경 또는 타인과의 신체적 접촉에 대한 상태와 관련
• 다리 : 안정감 또는 불안정감
• 발 : 운동성, 기민성, 공격성과 연관</td></tr>
</table>

출처 : 곽금주(2002), pp. 381-382.

(3) 동작성 가족화 검사(KFD : Kinetic Family Drawing)

- 검사대상 : 만 4세 이상
- 개발자 : Burns & Kaufman(1970)

동작성 가족화 검사는 아동이 그린 가족 그림을 통하여 가족의 역동성, 가족 내에서의 아동의 심리적 위치, 가족 전체 및 가족 구성원 각각에 대한 아동의 느낌 등을 탐색해 보는 데 용이하다. 검사에 필요한 도구는 연필(2B), 지우개, A4 종이 1매, 초시계이다. 검사 방법은 아동에게 종이를 제시하며 "자신을 포함해서 가족이 무언가를 하고 있는 그림을 그려보세요"라고 말한다. 이때 종이는 가로로 제시하고, 만화나 움직임이 전혀 없는 그림을 그릴 경우 다시 그려보도록 요구한다. 시간 제한은 없으며, 아동이 그림을 그리는 동안 검사자는 아동이 그림을 그리는 순서나 소요시간 등을 포함하여 검사태도를 관찰한다. 아동이 그림을 그리고 나면, 혹시 그림에서 빠진 사람이 있는지, 동거하고 있지 않지만 그려진 사람이 있는지 물어본 후, 몇 가지 간단한 질문에 대한 아동의 대답을 기록하여 해석에 참고한다. 장연집(1994)은 아동의 동작성 가족화를 해석할 때 다음의 내용을 유의해야 한다고 하였다(곽금주, 2002 재인용).

- 첫째, 그림에서 얻어진 자료는 아동의 정신건강에 관한 증거라기보다 가설을 만들어 내는 데 사용해야 한다.
- 둘째, 그림의 특징에만 초점을 맞추어 해석하지 않아야 하며, 아동의 자발적인 언어표현 및 검사 시의 행동을 고려해야 한다.
- 셋째, 그림은 본인 및 주변인과의 면접, 관찰 및 검사자료 등을 종합하여 태도, 감정, 신념 등을 깊이 탐색하는 데 활용되어야 한다.

(4) 문장완성 검사(SCT : Sentence Completion Test)

- 검사대상 : 만 9세 이상(단, 생각을 글로 옮겨 적을 수 있어야 함)
- 개발자 : Ebbinghaus(1897)

문장완성 검사는 미완성된 문장을 제시하고 아동이 자기 생각대로 자유롭게 완성하도록 한 후 완성된 문장을 해석함으로써 아동의 전반적인 심리적 특성을 탐색해 보도록 고안되었다. 일정한 형태의 미완성된 문장을 제시하기 때문에 다른 투사적 검사에 비하여 주어지는 자극이 분명한 것이 특징이다. 이 때문에 보다 의식적인 차원의 특성들이 반영된다는 주장도 있다. 그러나 문장완성 검사는 문장에 나타난 형식적 · 내용적 특성을 통하여 아동의 정서적 특징과 아동이 주의를 기울이는 영역 등을 파악하는 데 용이하여 상담과정에서 자주 활용된다. 문장완성 검사의 형식적 · 내용적 특성은 다음과 같이 요약될 수 있다(www.guidancepro.co.kr).

- 형식적 특성 : 반응시간, 단어 수, 표현의 정확성, 질, 수식어구, 단순성, 강박성, 장황성 등
- 내용적 특성 : 정서, 강도, 소극성, 상징성 등

검사 실시 방법은 미완성된 문장이 적힌 검사지를 제시한 후 "다음에 기술된 문항들은 뒷부분이 빠져 있습니다. 각 문장을 읽으면서 맨 먼저 떠오르는 생각을 뒷부분(밑줄이 있는 부분)에 문장이 되도록 완성해 주세요. 정해진 답은 없고, 자유롭게 적고 싶은 내용을 적어주세요"라고 말한다. 검사가 진행되는 동안 검사자는 소요시간을 기록해 둔다. 검사의 해석은 정해진 기준이나 표준화된 매뉴얼이 없으므로, 아동의 발달과 심리적 특성을 충분히 고려할 수 있는 숙련된 전문가에 이루어지는 것이 바람직하다.

다양한 형태의 문장완성 검사가 번안되어 사용되고 있으나 대체로 가족관계, 대인관계 및 학교생활, 자아개념에 관한 세 가지 영역을 공통적으로 포함하고 있다. 문장완성 검사를 사용하기 위해서는 아동이 제시된 짧은 미완성 문장을 읽고 이해하며, 자신의 생각을 글로 표현할 수 있을 정도의 지능과 학습 정도가 요구된다.

〈표 4-8〉 아동용 문장완성 검사의 구성 내용

평가영역		문항내용
가족	어머니, 아버지, 가족에 대한 지각, 정서적 관계 등을 파악한다.	5. 우리 엄마는 ______ 13. 우리 아빠는 ______ 29. 우리 엄마아빠는 ______
사회	또래에 대한 지각, 또래와의 상호작용, 일반적인 대인관계를 파악한다.	3. 나는 친구가 ______ 4. 다른 사람들은 나를 ______ 9. 대부분의 아이들은 ______ 11. 내가 가장 좋아하는 사람은 ______ 12. 내가 가장 싫어하는 사람은 ______ 18. 여자애들은 ______ 24. 남자애들은 ______
학교	학교에 대한 지각, 성취와 욕구에 대한 지각을 파악한다.	25. 선생님들은 ______ 27. 나는 공부가 ______
자기	자기지각, 미래지향, 소원, 일반적인 정신건강 등의 개인내적 기능을 파악한다.	1. 내가 가장 행복한 때는 ______ 2. 내가 좀 더 어렸다면 ______ 6. 나는 ______ 공상을 잘한다. 7. 나에게 가장 좋았던 일은 ______ 8. 내가 제일 걱정하는 것은 ______ 10. 내가 좀 더 나이가 많다면 ______ 14. 내가 가장 무서워하는 것은 ______ 15. 내가 가장 좋아하는 놀이는 ______ 16. 내가 가지고 있는 것 중에서 제일 아끼는 것은 ______ 17. 내가 가장 가지고 싶은 것은 ______ 19. 나의 좋은 점은 ______ 20. 나는 때때로 ______ 21. 내가 꾼 꿈 중에서 제일 좋은 꿈은 ______

		22. 나를 가장 슬프게 하는 것은 ____________ 26. 나를 가장 화나게 하는 것은 ____________ 28. 내가 꾼 꿈 중에서 제일 무서운 꿈은 ____________ 30. 나는 커서 ____________ (이)가 되고 싶다. 31. 내 소원이 마음대로 이루어진다면 ____________ 32. 내가 만일 먼 외딴 곳에서 혼자 살게 된다면 ____________ 와 제일 같이 살고 싶다. 33. 내가 만일 동물로 변할 수 있다면 ____________ 이(가) 되고 싶다. 왜냐하면 ____________

출처 : 위영희 외(2017), p. 227.

(5) 한국판 아동용 주제통각 검사(K-CAT : Korean Children Apperception Test)

- 검사대상 : 6~9세
- 개발자 : Bellak(1949)
- 한국판 표준화 : 김태련 · 서봉연 · 이은화 · 홍숙기

한국판 아동용 주제통각 검사는 특정 장면이 그려진 도판을 제시하여 아동이 이야기를 꾸며보도록 하여 이를 통해 아동의 심리적 특성을 파악하는 투사검사이다. 아동용 주제통각 검사와 같은 종류의 성인용 검사인 TAT(Thematic Apperception Test)가 CAT에 앞서 개발되었으나, 이는 성인들에게 알맞은 자극들로 구성되어 있어 아동에게는 적합하지 않았다. 이에 벨락(Bellak)은 아동이 쉽게 자기의 내면세계를 투사할 수 있도록 도판의 자극 장면을 동물과 일상생활을 소재로 하여 그림을 바꾸어 제작하였다(www.guidancepro.co.kr).

검사의 구성은 표준도판 9매와 보충도판 9매로 이루어져 있으며, 보충도판은 모두 사용할 필요는 없으며 아동의 문제와 관련하여 필요한 경우 선별적으로 사용한다. 검사 실시 방법은 "지금부터 그림들을 보여줄 것입니다. 이 그림들을 가지고

이야기하는 놀이를 해보아요. 그림들을 잘 보고 여기서 어떤 일들이 일어나고 있는지 말해보세요. (이야기를 들은 후) 그럼, 이런 일이 일어나기 전에는 어떤 일들이 있었을까요? (이야기를 들은 후) 이 다음에는 어떻게 될까요?"라고 현재, 과거, 미래의 순서로 이야기를 구성해 보도록 한다. 필요한 경우 아동의 이야기를 들으면서 아동의 감정, 이야기 속의 상황 등에 대해 질문하여 추가적인 정보를 더 들어볼 수 있다. 그러나 이때 아동이 자발적으로 이야기를 하지 않을 경우 격려할 수는 있으나 강압적으로 현재, 과거, 미래의 이야기를 모두 들으려 하지 않도록 주의한다. 검사의 해석은 아동의 이야기를 토대로 주제, 동일시 내용, 주요 욕구, 주위 인물에 대한 지각, 주요 갈등, 불안, 방어기제, 초자아의 적절성, 자아의 강도, 임상적 특징 등을 중심으로 이루어질 수 있다.

[도판 1]

[도판 2]

[도판 6]

[도판 7]

| 그림 4-7 | K-CAT의 도판 예시

〈표 4-9〉 한국판 아동용 주제통각 검사의 도판 내용

도 판		내 용
표준 도판	도판 1	엄마의 보살핌과 형제 간 경쟁에 대한 지각
	도판 2	동일시의 대상, 갈등과 좌절에 대한 대처와 해결
	도판 3	권위에 대한 지각
	도판 4	두려움과 불안, 성에 대한 호기심
	도판 5	부모의 동침장면에 대한 태도, 부모의 관계에 대한 지각
	도판 6	공격에 대한 두려움과 대처능력
	도판 7	가족 간의 관계, 누가 처벌적이고 누가 인자한지, 가족 속의 자기 역할
	도판 8	죄와 벌에 대한 태도, 자위와 대소변 훈련문제, 청결문제
	도판 9	도덕성(죄와 벌에 대한 개념)
보충 도판	보충도판 1	친구 간의 경쟁에 대한 지각
	보충도판 2	학교에서의 경쟁과 과시
	보충도판 3	성인에 대한 욕구, 가정 내의 대인관계
	보충도판 4	형제 간의 질투, 엄마에 대한 애정
	보충도판 5	학교에서의 적응
	보충도판 6	신체적 상해
	보충도판 7	자기표현, 과시, 청결
	보충도판 8	질병
	보충도판 9	호기심, 훔쳐보기

출처 : 정문자 외(2017), p. 238.

3) 행동 영역 검사

(1) 한국판 아동·청소년 행동평가 척도(K-CBCL : Korean-Child Behavior Checklist)

- 검사대상 : 1.5~18세(고3)
- 개발자 : Achenbach & Rocorla(2000/ 만 1.5~5세)
  Achenbach & Rocorla(2001/ 만 6~18세)
- 한국판 표준화 : 오경자 · 김영아(2008/ 만 1.5~5세)
  Achenbach & Rocorla(2010/ 만 6~18세)

한국판 아동 · 청소년 행동평가 척도는 아동의 주양육자가 자녀의 적응상태와 문제행동을 평가하기 위해 고안된 검사이다. 검사의 구성은 큰 범주로 내재화 문제(불안/ 우울, 위축/ 우울, 신체증상), 외현화 문제(규칙위반, 공격행동), 사회적 미성숙, 사고문제, 주의집중문제, 기타문제, 그리고 이들 문제의 총합을 의미하는 총 문제행동 영역을 포함하는 120문항으로 이루어져 있다. 한국판 아동 · 청소년 행동평가 척도는 결과에서 보여주는 이 같은 광범위한 영역의 정보들로 인해 아동의 상담과정은 물론, 학교나 일상생활에서의 객관적인 평가자료와 연구자료로도 널리 활용되고 있다.

검사의 실시는 아동의 부모 혹은 주양육자에게 검사지를 제시하고 주어진 검사지에 3점 리커트 방식(0점 : 전혀 해당되지 않음, 1점 : 가끔 그런 일이 있음, 2점 : 자주 그런 일이 있음)으로 체크하도록 안내한다. 시간제한은 없으나 너무 오랫동안 생각하지 말고 떠오르는 대로 체크하도록 하고, 필요한 경우 괄호 안에 자세한 내용을 적을 수 있음을 알려준다. 검사의 해석은 OMR 방식의 답안지에 표기하면 전산으로 처리된 결과를 출력하여 사용할 수 있다.

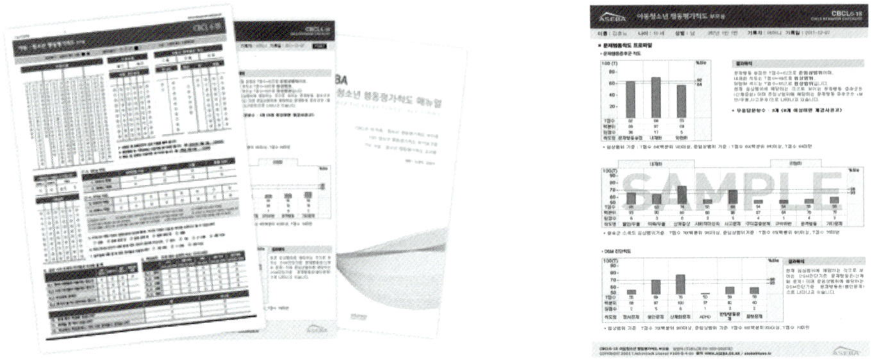

| 그림 4-8 | K-CBCL(6~18세)의 검사지 및 결과지 예시

출처 : www.aseba.co.kr

(2) 주의력결핍 과잉행동장애 평정 척도(ADHD Rating Scale)

- 검사대상 : 6~12세
- 개발자 : DuPaul(1990)

주의력결핍 과잉행동장애 평정 척도는 주의력결핍 과잉행동장애(ADHD)라고 의심되는 경우 가정이나 학교 등 일상 생활을 중심으로 부모나 교사가 점검해 볼 수 있도록 돕기 위하여 개발되었다. 검사의 구성은 주의력 문제, 과잉행동, 충동성을 포함하는 14개 문항으로 이루어져 있으며 4점 리커트 방식이다(0점 : 전혀 그렇지 않다, 3점 : 매우 그렇다). 검사의 모든 문항에서 2~3점으로 평정되는 경우 ADHD의 문제를 어느 정도 가지고 있는 것으로 가정한다. 듀폴(DuPaul)은 미국판 표준화 과정에서 남아의 경우 14문항 가운데 10문항 이상에, 여아의 경우는 8문항 이상에 2~3점으로 평정되면 ADHD의 가능성을 의심해 보아야 한다고 하였다.

〈표 4-10〉 주의력결핍 과잉행동장애 평정 척도

각 문항을 읽고 아동을 가장 잘 나타내는 점수에 ○표 하시오.					
번 호	문 항	전혀	조금	꽤	매우
1	의자에 가만히 앉아 있지 못하고 손장난을 하거나 발가락을 꼼지락거린다.				
2	가만히 자리에 앉아 있어야 할 때 앉아 있지 못한다.				
3	외부 자극에 쉽게 산만해진다.				
4	게임을 할 때나 집단생활에서 차례를 기다리는 것이 어렵다.				
5	질문이 끝나기도 전에 불쑥 대답을 한다.				
6	지시를 따르는 데 어려움이 있다. 예를 들면, 일상의 일을 끝내지 못한다.				
7	과제나 놀이를 할 때 지속시간이 짧다.				
8	한 가지 일을 끝내기도 전에 다른 활동을 한다.				
9	조용하게 노는 데 어려움이 있다.				
10	지나치게 말이 많다.				
11	다른 사람이 하는 일을 방해하거나 간섭한다. 예를 들면, 다른 아이들의 놀이에 말참견을 한다.				
12	남의 말에 귀를 기울이지 않는다.				
13	학교에서나 가정에서 과제나 어떤 행동을 하는 데 필요한 물건을 자주 잊어버린다.				
14	가끔 일어날 결과를 생각하지 않고 신체적으로 위험한 행동을 한다. 예를 들면, 살펴보지도 않고 도로로 뛰어간다.				

출처 : 윤치연(2016).

3. 심리평가보고서 작성

심리평가보고서는 심리평가의 최종 산물이다. 보고서에는 심리검사를 의뢰한 이유와 심리검사 결과를 포함한 전 과정이 일목요연하게 제시되어야 한다. 심리평가보고서는 아동상담 방향 결정과, 진단을 위한 목적으로도 활용될 수 있다. 심리평가보고서에는 다음과 같은 내용을 포함하도록 한다.

1) 배경정보 및 의뢰사유

배경정보 및 의뢰사유는 연령, 성별, 가족관계 등의 인적사항을 비롯하여 아동이 심리평가를 의뢰한 이유와 관련된 주요 문제 및 문제의 변화과정, 발달력, 사회적 관계 등을 기록한다.

2) 심리평가의 과정

심리평가의 과정은 실시된 검사의 내용, 검사별 시행 날짜 및 소요시간(시작 및 마침시간), 구조화 정도, 특이사항 등을 기록한다. 이 외에 부모나 교사 등 주변 사람들의 면담자료 등을 포함할 수 있다.

3) 행동관찰

행동관찰은 아동의 전반적인 외모나 인상, 행동적 특성을 기록한다. 예를 들어, 아동의 옷차림이나 위생상태, 체형, 독특한 행동, 특별히 좋아하거나 싫어하거나 어려워한 내용, 검사자와의 눈 맞춤 정도, 동행한 부모 또는 보호자와의 대화 모습 등을 포함할 수 있다. 기록 시에는 검사자의 추상적인 느낌보다는 관찰된 행동을 중심으로 기록하는 것이 좋다. 가령 '위축되어 있다'는 표현보다는 '목소리가 작고, 고개를 숙이고 있거나 어깨와 팔이 경직되어 있다'는 식의 표현이 좋다.

4) 검사결과

검사결과는 실시된 검사의 순서대로 개별적인 결과를 제시해 주는 것이다. 이때 검사의 하위척도 혹은 소검사가 있을 경우 이들을 포함하여 기록하는 것이 좋다. 투사적 검사의 경우 그림을 그린 순서, 소요시간, 지우개의 사용 등을 함께 기록하면 해석 시 도움을 받을 수 있다.

5) 결과 해석 및 소견

검사결과 해석 및 소견란에서는 검사결과를 아동이 의뢰한 이유와 연관되도록 해석해 주고 검사자의 소견을 덧붙여 준다.

결과해석 제시의 순서와 관련하여 일반적으로 아동의 인지능력은 성격 등 다양한 면을 살펴보는 기초가 될 수 있다는 점에서 처음에 논의되는 경우가 많다. 인지능력에는 기억력, 문제해결력, 추상적 개념화, 주의집중 등의 분석을 제시하고 잠재적 능력이나 강점 혹은 약점, 평균적인 수준 등을 참고치로 함께 제시하는 것도 좋다. 인지능력 제시 후에는 정서적 특징, 대인관계 양상, 의사소통 양식 등을 포함하고 상담이나 치료와 관련해서도 예후에 대한 소견을 덧붙이기도 한다(박 경 · 최순영, 2010, 위영희 외, 2017 재인용).

6) 권고사항

권고사항은 심리검사의 결과와 해석을 바탕으로 아동에게 권장할 만한 교육적 · 상담적 노력을 기록하는 곳이다. 권고사항에서 강한 권고가 주어지는 경우 검사자의 소견상 아동에게 그만큼 더 필요한 사항이라고 여겨지므로 권고사항은 신중하게 선택되어야 한다. 권고사항을 기록할 때에는 검사결과를 토대로 아동의 특징과 환경 등을 고려하여 실제적이고 구체적으로 기술하는 것이 바람직하다. 강문희 등(2003)은 권고사항을 통해 재검사나 추가평가의 필요성, 치료나 개입의 구체적 형태, 미래 행동에 대한 예측 등을 포함할 수 있다고 하였다.

7) 검사자 및 기관 확인

심리평가보고서의 내용이 이와 같이 작성되고 나면 보고서의 하단에 검사자와 기관의 확인서명을 넣고 마무리하게 된다. 검사자의 서명에는 검사자의 공식적인 자격증 명칭이나 학위 등의 전문성을 확인할 수 있는 내용을 제시할 수 있으며, 이는 전체적인 결과에 대한 신뢰를 높여준다.

심리평가보고서

- 이름 : ■ 성별 : ■ 생년월일(연령) :
- 검사실시일 : ■ 보고서 작성일 :
- 실시한 검사 :

Ⅰ. 의뢰사유

Ⅱ. 심리평가 과정

Ⅲ. 행동관찰

Ⅳ. 검사결과

Ⅴ. 결과 해석 및 소견

Ⅵ. 권고사항

검사자 : (인)

○○○ 심리검사기관

| 그림 4-9 | 심리평가보고서 양식 예시

CHAPTER 05

치 료

아동 심리검사를 실시한 후에는 적절한 기법을 활용하여 개별, 집단, 가족상담을 진행하게 된다. 이때 주요 상담치료기법으로 놀이치료, 미술치료, 음악치료, 모래놀이치료, 독서치료 등을 적용하게 된다. 이 장에서는 특히 아동상담에 유용하게 활용되고 있는 놀이치료와 미술치료에 대해 다루어 보고자 한다.

1. 놀이치료

1) 놀이치료의 정의

놀이치료는 놀이활동을 주 매체로 활용하여 아동이 가지고 있는 심리적인 문제를 스스로 극복하고 최적의 발달을 이루도록 도와주는 치료상담의 한 형태이다(김광웅 · 유이숙 · 유재령, 2004). 아동상담에서 가장 일반적으로 사용되는 기법인 놀이치료는 훈련된 상담사가 심리적 갈등과 적응 문제를 가진 아동을 대상으로 놀이를 활용하여 아동과 의사소통을 하며 관계를 맺고 아동의 잠재적 발달 가능성을 최대한 발현시키는 과정이다.

국제놀이치료학회(1997)에서는 "놀이치료는 내담자들의 심리사회적 어려움을 방지 혹은 해결하고 최적의 성장과 발달을 돕기 위해, 훈련된 치료자가 심리적인 문제를 가진 내담아동을 돕기 위해 체계적으로 이론적 모델을 사용하는 것이다"라고 정의하고 있으며, 오코너(O'Conner, 1991)는 "놀이치료는 훈련된 치료자가 심리적 문제를 지닌 내담자를 돕기 위해 체계적으로 놀이의 치료적 힘을 적용시키는 대인관계 과정이다"라고 하였으며, 액슬린(Axline, 1969)은 "놀이치료는 아동이 가장 호의적이고 알맞은 조건에서 성장할 수 있는 경험의 기회를 제공해 주는 것이다"라고 하였다.

아동은 성인과 달리 자신의 생각과 감정에 대한 자각을 언어화하기 쉽지 않으므로 아동의 놀이는 아동의 생각이고 감정이자 언어이다. 치료자는 아동과 놀이 상호작용을 통해 아동의 행동, 사고, 감정의 메시지를 이해하고 의사소통하게 되는데, 이 과정에서 아동의 기쁨, 슬픔, 고통, 외로움, 소망 등을 나누게 된다.

2) 놀이의 치료적 가치

치료적 관계라는 대인관계 맥락 안에서 놀이라는 매개체를 통해 아동의 어려움을 표현하고 감정을 발산시킴으로써 직면, 조절을 통해 자신의 문제를 해결해 가는 과정이다.

놀이치료의 이론적 근거는 놀이를 매개로 하여 치료자와 아동 간의 인간관계가 형성되어 이것이 아동의 장애를 개선시킨다는 것이다. 또한 놀이는 카타르시스 효과를 가지고 아동의 스트레스를 해소시킨다. 그 외에도 놀이를 통해서 학습의 조건화가 새로이 형성되는 경우도 있다.

놀이치료에서 아동이 단순히 논다고 해서 치료가 되는 것은 아니다. 놀이의 치료적 가치에 대해 여러 학자들이 의견을 제시하고 있다. 게르니(Guerney, 1983)는 "놀이는 아동의 욕구를 만족시켜 주는 매체의 역할을 하며, 아동에게 인상 깊었던 사건이나 경험이 놀이 속에 반복적으로 재현되므로 그 상황에 숙달되거나 동화되어 욕구가 해결된다"고 하였다. 브렘스(Brems, 1993)는 놀이의 기능과 마찬가지로 놀이의 치료적 기능을 자기노출, 치유, 관계형성의 기능으로 설명하고 있다.

〈표 5-1〉 **놀이의 치료적 기능**

기 능	내 용
자기노출 기능	놀이를 통해 표현된 자기노출을 통해 다양한 정보를 상담자에게 제공
치유 기능	자유로운 감정의 발산과 정화가 가능한 놀이는 카타르시스와 정화를 촉진하여 치유를 도움
관계형성 기능	상담자와 아동 간의 신뢰관계 발달을 촉진시켜 효과적인 상담과 치료에 도움

쉐퍼(Schaefer, 1993)는 놀이의 치료적 가치를 놀이의 치료적 요인과 치료의 긍정적인 성과로 설명하고 있다.

〈표 5-2〉 **놀이치료의 치료적 가치**

치료적 요인	긍정인 성과	내 용
저항극복	치료동맹 애착형성	놀이를 통해 상담에 대한 저항을 완화시키고 치료자와 친숙해짐으로써 유대관계 형성
의사소통	자신의 감정 이해	아동의 제한적인 의사소통을 보완하고 아동의 이해를 돕는 자기표현의 방법 제공을 통해 표출된 감정이나 욕구를 이해
아동의 능력 발현	유능감 경험, 자아존중감	놀이를 통해 주의집중하고 성취하며 자신의 능력을 발현하고 성장시킴으로써 환경을 통제하며 놀이과정에서 유능감을 경험하여 자아존중감 향상

정 화	정서적 이완	놀이는 직면하기 어렵거나 중요한 감정 및 정서를 발산함으로써 카타르시스를 경험하고 감정분화 촉진
소산(消散)	정서적 외상 적응	외상적 경험의 재연을 통해 사건을 재경험하며 외상을 극복하여 정신적으로 해소 가능
공상, 시각화	공상적 보상	자신이 처한 고통스러운 환경을 이해하기 위해 상상력을 이용하거나, 현실에서 이루지 못한 소망이나 욕구가 놀이를 통해 충족되어 현실적인 기대를 갖게 됨
긍정적인 정서	스트레스 해독, 자아활성화	놀이의 재미와 자발성을 통해 안정감을 느끼고 놀이의 과정에서 느낀 행복감과 즐거움의 긍정적인 정서가 부정적인 감정이나 스트레스를 해독하며 자아활성화 촉진
역할놀이	새로운 행동 습득, 공감	안전하게 새로운 행동을 연습하여 유용한 기능을 습득하고 타인의 입장이나 감정, 이해 등 공감능력 향상, 사회화
게 임	자아강화, 사회화	게임놀이를 통해 자신감이 향상되며 사회화 연습을 하므로 사회적 유능함 형성
창의적 사고	문제해결력	스스로 자연스럽게 문제해결 방법을 발달시켜 힘든 상황에서도 극복할 수 있는 방법 터득
은유적 가르침	통찰력	대상, 사물 등에 비유하여 갈등과 두려움을 직면함으로써 통찰을 얻음
발달상 두려움 극복	성장, 발달	반복되는 놀이를 통해 불안과 두려움 감소
관계증진	자아실현, 친밀감	자기실현을 위해 타인과 친밀해지려고 노력하며 관계를 맺어감

3) 놀이치료의 접근방법

1920년대 초, 허머스(Hermus, 1919)가 놀이상황을 아동치료에 이용하며 놀이치료의 계기를 열었으며, 1920년대 말 안나 프로이트(Anna Freud)는 아동을 관찰하고 진단하는 데 놀이를 이용했고, 클레인(Klein)은 아동에게 놀이상황을 경험하게 하여 관찰한 후 해석하며 놀이치료가 발전하였다. 1930년대 말에는 치료자가 아동에게 몇 개의 장난감을 선택하여 아동이 지닌 감정을 표출하도록 유도하는 적극적인 놀이치료로서 어려운 상황에 대한 감정 발산을 하는 레비(Levy, 1939)의 발산치료와, 치료자가 아동의 놀이에 제한을 두지 않고 자연스럽게 표현하도록 하는 수동적 놀이치료로서 아동의 현재 감정과 행동에 초점을 두고 아동의 완전한 자유를 주장하는 랜크(Rank)의 관계치료가 진행되었다. 1940년대는 아동이 정서적 문제를 해결하도록 치료자는 경청해 주고 반응해 주며 자신의 삶을 계획할 수 있게 해야 한다는 로저스(Rogers)의 비지시적 치료가 액슬린(Axline, 1947)의 놀이치료로 발전하였다.

| 그림 5-1 | **놀이치료의 발전**

놀이치료는 치료자 한 명당 아동 한 명의 개인적인 인간관계로 성립되는 방법인 개인놀이치료와, 치료자 한 명과 아동 몇 명의 조합으로 이루어지는 집단놀이치료가 있다. 개인놀이치료에는 자유놀이치료와 제한놀이치료가 있으며, 자유놀이치료는 비지시파, 정신분석파, 학습이론파로 나누며 제한놀이치료는 인형놀이, 모래상자놀이, 핑거페인팅으로 나눈다. 집단놀이치료도 자유놀이치료와 제한놀이치료로 나눌 수 있는데, 집단놀이치료의 자유놀이치료는 비지시파, 정신분석파, 학습이론파로 나누고, 집단놀이치료의 제한놀이치료는 심리극과 역할연기로 나눈다.

놀이치료의 방법은 대표적으로 프로이트 이론에 근거한 정신분석적 놀이치료, 융의 이론에 근거한 분석적 놀이치료, 아들러학파의 놀이치료, 로저스의 이론에 근거한 아동중심 놀이치료 등이 있는데, 놀이치료자가 어떤 심리학적 이론을 지향

하느냐에 따라 달라질 수 있으며, 최근에는 넬(Knell, 1998)에 의해 시도된 인지행동적 치료, 가족놀이 치료, 치료놀이가 활용되고 있다. 또한 놀이치료에서 활용되는 매개체에 따라 모래놀이치료, 게임놀이치료, 미술놀이치료 등이 있다.

〈표 5-3〉 놀이치료의 구분

이 론	매개체	참여자
정신분석 놀이치료 아들러학파 놀이치료 아동중심 놀이치료 인지행동 놀이치료 게슈탈트 놀이치료	모래놀이치료 게임놀이치료 치료놀이	개인놀이치료 집단놀이치료 가족놀이치료

(1) 정신분석 놀이치료

정신분석 놀이치료에서는 아동에게 지시하거나 교육하지 않으면서 놀이를 관계 수단으로 활용하며, 관찰과 근거의 출처이며 해석을 위한 통찰도구의 기능으로 보고 있다. 1990년 프로이트가 한스라는 아동을 치료하면서 아동심리치료의 시초를 마련하게 되고 허그-헬무스(Hug-Hellmuth, 1921)가 아동분석에 있어 필수적 요소를 놀이로 보았으며, 프로이트와 클레인이 놀이치료를 더욱 발전시켜 나가게 되었다.

정신분석 놀이치료에서는 아동의 삶을 상처, 내적 갈등으로 인한 발달 이상을 건강한 발달로 변화시켜 나가는 본질적인 측면에의 변화에 중점을 둔다.

(2) 아동중심 놀이치료

1940년대에 칼 로저스(Carl Rogers)는 내담자중심 치료를 발달시켰다. 로저스는 심리치료란 잠재능력을 갖춘 사람에게 내재해 있는 성장의 힘을 발굴해 내는 것이라고 보고, 이를 위해서는 치료자의 태도가 가장 중요하다고 보았다. 로저스의 제자였던 버지니아 액슬린(Virginia Axline)은 로저스의 이론을 아동치료에 적용하여 지금의 아동중심 놀이치료로 발전시키는 기초를 만들었다. 아동중심 놀이치료의 목표는 자기실현을 위한 성장을 촉진시키도록 아동과 환경 간의 부조화를 해결하는 것이다. 아동의 문제들은 자기(self)에 대한 태도의 반영이고, 놀이는 아동에게 환경과 자기(self)에 대한 태도를 수정할 기회를 제공하며, 그로 인해 정서적인 성숙이 이루어지게 된다.

아동중심 놀이치료는 자신의 성장과 성숙을 향한 능력이 아동에게 있다는 기본 철학과 아동에게는 건설적인 방향으로의 자기 안내 능력이 있다는 믿음을 전제로 한다. 아동의 내부에는 적응, 정신건강, 발달적 성장, 독립, 자율성에 대한 지향성이 있고, 자기실현을 향해 가는 고유한 경향이 있다. 또한 아동 삶의 기본적인 특징을 바탕으로 한 활동이므로 이런 경향은 놀이를 통해서 나타난다.

(3) 인지행동 놀이치료

인지행동 놀이치료란 인지치료, 합리적 · 정서적 · 행동지료, 인지적 행동수정 또는 인지 · 정서 · 행동요법라고 불리는 것들과 유사한 치료적 접근이다. 1950년대 심리치료학에서 정신분석은 치료기간이 길고, 비교적 과학적이지 못하다는 것과, 행동주의는 지나치게 행동에만 초점을 두어 인간의 내면 과정을 무시했다는 점에 대해 비판을 받았다. 앨버트 엘리스(Albert Ellis)는 1956년 합리적 정서치료(RET : Rational Emotive Therapy)를 새롭게 주장하였고, 코시니(Corsini, 1995)가 행동(Behavior)을 추가하면서 합리적, 정서적, 행동요법(REBT : Rational Emotive Behavior Therapy)으로 지칭되기에 이르렀다. 인지행동 놀이치료는 아동이 변화에서 적극적인 참여자가 되는 것을 강조한다. 특히 인지적 개입과 행동적 개입들을 통합함으로써 각 접근법들의 장점들을 조합하는 효과를 제공할 수 있다. 넬(Knell, 1998)에 의하면 인지

행동 놀이치료는 인지치료, 행동요법, 놀이치료 접근들을 통합한 새로운 놀이치료의 접근법으로, 아동의 부적응행동을 비교적 단기간 내에 효과적으로 해결할 수 있고 취학 전 아동의 문제에도 적용할 수 있는 놀이치료기법이다.

(4) 아들러학파 놀이치료

아동은 자신의 주관적 관점에서 삶을 경험하고 창조적이며 독창적이며 목표 지향적이라는 전제하에 아동의 부적응행동도 목적이 있다고 본다. 아동의 생활양식을 탐색하여 놀이라는 안전한 매체를 통해 대안적 행동을 배우고 연습하여 잘못된 행동을 변화시켜 잘못된 행동과 열등감을 긍정적으로 구성하도록 돕는다. 생활양식을 깨닫고 긍정적 행동목표로 바꾸면서 사회적 관심을 증가시키고, 소속감 욕구를 채우며 열등감을 극복하여 창조성을 극대화시켜 나가야 한다.

4) 놀이치료의 실제

놀이를 매개로 이루어지는 놀이치료를 전반적으로 이해하기 위해 놀이치료실의 환경과 놀잇감의 종류와 특성, 놀이치료자의 역할, 기법 및 놀이치료의 과정들에 대한 이해가 필요하다.

(1) 놀이치료실의 환경

놀이치료실은 아동이 편안한 느낌을 받을 수 있도록 구성되어야 한다. 놀이치료실의 공간의 넓이는 정해져 있지 않지만 대근육 활동이 가능할 정도의 공간을 확보하여 아동이 심리적 압박감을 가지지 않으며 고립감이나 상실감을 느끼지 않을 정도의 크기(3.5m×4.5m)여야 한다. 놀이치료실은 아동이 자신을 위한 특별한 공간임을 느끼고 가능한 한 금지를 당하는 일이 없이 자유롭게 행동할 수 있도록 할 필요가 있다. 또한 상담자가 관찰이 가능해야 하며 아동이 상담자와 분리될 수 있음과 동시에 공존하는 것이 가능해야 한다.

놀이치료실의 비밀보장을 위하여 대기실의 부모에게 아동의 목소리나 놀이장면이 노출되지 않도록 하며 놀이에 방해가 되지 않도록 화장실은 가까운 곳에 배치한다. 부드럽고 밝은 톤의 벽지와 장판, 놀잇감을 정리하는 선반이 딸린 장을 준비한다. 선반은 아동이 쉽게 사용 가능한 높이가 적당하며 물을 사용하여 놀이할 수 있도록 싱크대 시설을 갖추는 것도 좋다. 놀이실의 창문은 아동의 손이 닿지 않아야 하며 안전을 대비해 안전유리나 창살이 구비되어야 한다.

| 그림 5-2 | **놀이치료실 환경**

출처 : 온맘언어심리상담센터, 김미란 놀이치료.

(2) 놀잇감

놀잇감은 상담자의 이론적 지향이나 경험에 따라 종류에 차이는 있으나 아동의 표현을 도와주고 확장된 놀이를 제공하는 데 중요하므로 적절한 놀잇감이 구비되어야 한다. 아동의 연령과 개인적인 특성을 고려하여 다양한 감정을 표현할 수 있도록 구조화된 놀잇감과 비구조화된 품목을 골루 갖추어야 한다. 구조화된 놀잇감에는 인형, 칼, 가면, 자동차, 총 등이 있으며, 비구조화된 놀잇감으로 모래, 물, 종이, 물감, 찰흙 등이 있다.

랜드레스(Landreth, 1991)는 놀잇감 준비를 위해 고려해야 할 요건을 제시하였다.

〈표 5-4〉 Landreth의 놀잇감과 놀이도구의 7가지 필수요건

필수요건	특 징	놀이도구
1. 사회적 관계 형성	• 가족관계 표현 • 인간관계 표현 • 의사소통 표현	가족인형, 사람인형 등
2. 정서표현	• 기쁨, 분노, 좌절, 희망 등 개인의 감정을 표현 • 감정을 쉽게 표현할 수 있음	퍼펫 인형과 무대, 음악놀이도구, 동물인형 등
3. 역할연습, 실생활 경험	• 일상생활을 표현, 자신의 문제를 표출, 극복, 경험하게 함	소꿉놀이 도구, 역할놀이 도구, 자동차놀이 도구, 병원놀이 도구 등
4. 긍정적인 자아개념	• 나도 할 수 있다는 자신감을 경험하게 함	아동이 쉽게 조작, 편하게 대할 수 있는 놀이도구 등
5. 자기이해	• 자신의 경험을 현실과 연결 지어 탐색하고 표현하면서 자신을 이해함	펀치백 인형, 미술놀이 도구, 점토놀이 도구 등
6. 자기통제력	• 스스로 선택, 결정, 책임감을 지는 과정을 배우게 됨	모래놀이 상자 등
7. 치료적 제한점에 대한 현실검증 기능	• 현실세계에서 자신의 책임을 인식하고 자아조절 능력을 배우게 됨	다트 던지기, 화살 등

출처 : 오영희 · 박창옥(2006). 정서 및 행동장애아 교육의 이해.

놀잇감은 또한 다양한 상황, 기법, 환경에 맞도록 구비되어야 하는데, 가능한 한 너무 복잡하지 않고 내구성이 강하며 치료적 의미에 부합되는지 등을 고려하여야 한다. 아동의 창의적인 표현과 정서표현이 가능하며 아동의 관심과 발달수준에 적절하고 모호한 놀이 또한 가능한 놀잇감을 구비하는 것이 바람직하다.

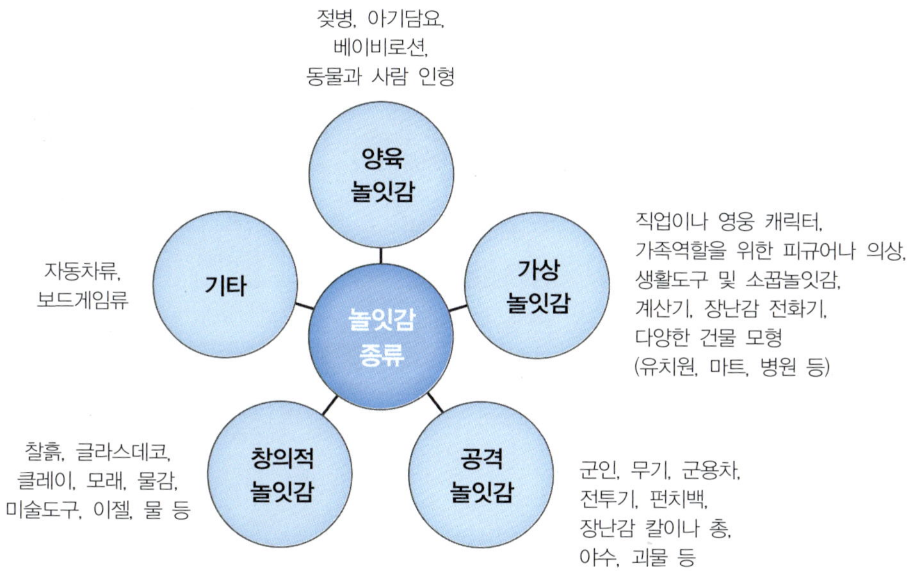

| 그림 5-3 | 놀잇감의 분류

퍼즐 놀잇감

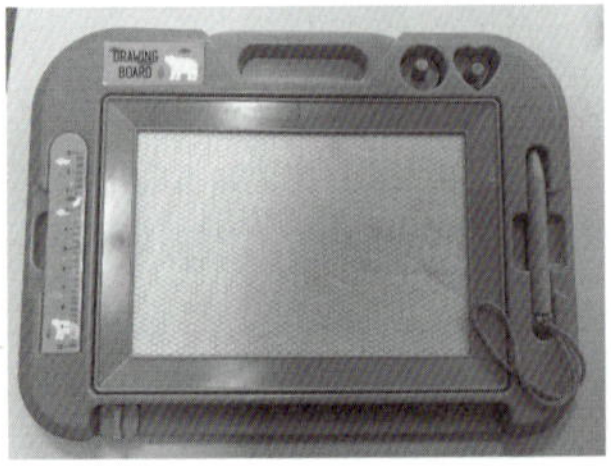
그림 그리기 놀잇감

블록 놀잇감

인형 놀잇감

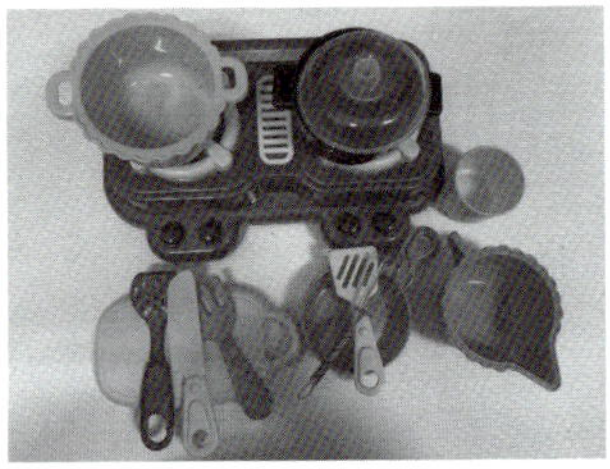
소꿉 놀잇감

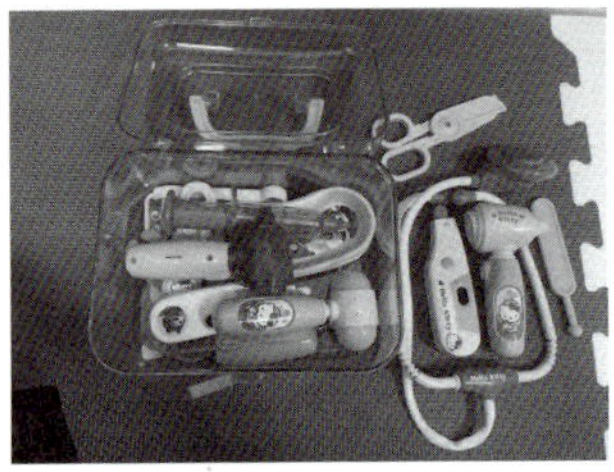
역할놀이 놀잇감

다양한 피규어 놀잇감

다양한 게임놀잇감 및 모래놀잇감

| 그림 5-4 | **놀잇감의 종류**

출처 : 온맘언어심리상담센터, 김미란 놀이치료.

(3) 놀이치료자의 역할과 태도

놀이치료에서 놀이실의 환경 및 놀잇감도 중요하지만, 더욱 중요한 것은 아동을 상담하는 치료자이다. 상담과정은 치료자의 경험과 인격적 성숙의 영향을 받게 되므로 이는 매우 중요하다.

액슬린(Axline, 1969)은 놀이치료자가 아동을 대하는 자세와 필요를 8가지 비지시적 놀이치료의 원칙으로 언급하였다. 이 원칙은 인간중심 이론을 바탕으로 하였으며 지금까지도 놀이치료에서의 기본적인 치료자의 태도로 활용되고 있다.

액슬린(Axline, 1969)의 놀이치료자의 8가지 원칙은 다음과 같다.

첫째, 치료자는 아동과 따뜻하고 친밀한 관계를 형성해야 한다.

둘째, 치료자는 아동이 지니고 있는 모습 그대로 수용해야 한다.

셋째, 치료자는 아동의 감정을 자유롭게 표현할 수 있도록 허용해야 하며 분위기와 환경을 제공해야 한다.

넷째, 치료자는 아동의 감정을 민감하게 인지하고, 아동이 표현하는 것을 그대로 받아들이고 인정하며, 그것을 아동에게 반영시켜 줌으로써 아동 스스로 자신의 행동에 대해 통찰을 느끼도록 한다.

다섯째, 치료자는 아동에게 자신의 문제를 해결할 수 있는 에너지가 있음을 존중해 아동 스스로 자기변화의 길을 인도하고, 치료자는 이에 따른다.

여섯째, 치료자는 아동에게 말과 행동으로 지시하지 않는다. 다만, 아동을 따라갈 뿐이다.

일곱째, 치료자는 치료가 점진적인 과정임을 인식하고 급하게 서두르거나 재촉하지 않는다.

여덟째, 치료자는 치료가 현실세계에 있음을 알고 치료를 현실세계와 연결시키고, 아동이 현실적 관계에서 자신의 책임을 인식하게 하는 데 필요한 경우에만 제한을 가할 수 있다.

(4) 놀이치료의 기법

놀이상담자의 이론적인 배경과 관계없이 상담자가 사용하는 기본적인 놀이치료의 기법들이 있다. 아동의 상담과정에서 사용하는 가장 기본적이고 대표적인 기법으로 추적하기(tracking), 내용 재진술하기, 감정 반영하기, 아동에게 책임감 돌리기, 아동의 은유 사용하기, 제한하기 등이 있다.

① 추적하기

추적하기(tracking)는 아동에게 아동의 행동을 설명하여 아동이 하고 있는 것이 중요한 것임을 알게 하는 것이다. 이는 아동들을 특별하고 소중하다고 느끼게 하기 때문에 관계형성을 촉진시킨다. 일부 아동들은 자기 결정을 할 때 다른 사람의 허용(permission)을 필요로 하지 않지만, 상담자가 특정한 이름을 붙이거나 사용할 때 억눌리거나 다그친다는 느낌을 받는다. 그러므로 행동추적을 할 때는 치료실 안에서의 특정적인 행동과 물건을 제한하고 대상이나 행위에 이름 붙이기를 피함으로써 아동의 창의성과 선택의 자유를 촉진시킬 수 있다.

아동의 행동을 추적하는 것은 아동과의 관계를 만들기 위해 처음 몇 회기 동안 매우 도움이 된다. 그러나 아동이 행동할 때마다 추적을 하는 것은 거북하고 인위적으로 느껴지므로 항상 사용하는 것은 피해야 한다.

아동의 행동을 추적하여 관찰하기

아 동 : (동물인형을 집는다)
상담자 : 그것을 집었구나.
아 동 : (그림을 그린다)
상담자 : 무언가를 그리려고 하는구나.

아동의 창의성과 선택의 자유 촉진시키기

아 동 : 윙윙~ (블록을 허공에서 움직이고 있다)
상담자 : 비행기를 가지고 재미있게 놀고 있네.
아 동 : 이건 비행기가 아니고 벌이에요.

이와 같은 상황에서 치료자는 자신의 가정을 투사하여 블록을 비행기라 말하였는데, 이때는 비행기라 이름 붙이는 것을 피하고 '윙윙거리는 소리가 나네' 등으로 표현함으로써 치료자가 아동과 같은 편임을 전달할 수 있다.

② 내용 재진술하기

내용의 재진술하기 기법은 아동이 이야기한 것을 다시 아동에게 말하는 것이다. 이 기법을 사용할 때에는 아동이 사용한 단어와 억양을 단순히 되풀이하는 것이 아니라 아동이 이해할 수 있는 어휘의 문맥 안에서 상담자 자신의 언어를 사용해야 한다. 내용 재진술하기는 자신이 말하는 것이 중요함을 아동이 알게 함으로써 아동과의 관계를 형성시키는 것이 목적이므로 아동의 이야기 안에 들어 있는 명백한 메시지에 반응해야 한다.

많은 어른들이 아동의 말이나 행동에 관심을 깊게 두지 않는 것과는 대조적으로 진정으로 아동에게 귀를 기울여 그들의 말을 재진술함으로써 치료자가 다른 어른들과 다름을 느끼고 관계를 형성하게 된다. 대부분의 치료자들이 초기상담 단계에서 아동과의 관계 형성을 위해 추적하기와 내용 재진술 기술을 사용하나 이는 관계형성 후 더욱 깊은 관심을 갖게 하기에는 부족하므로 상담이 진행되어 감에 따라 다른 종류의 반응과 기법을 사용해야 한다.

내용 재진술하기

아 동 : (강아지 인형을 만지며) 이건 내 강아지야, 잘 돌봐줄 거야.
상담자 : 네가 이 강아지의 주인이구나. 그래서 잘 돌봐주려고 하는구나.
아 동 : (펀치백을 발로 차며) 발로 막막 찰 거예요. 얘는 나 못 차요. 내가 더 세거든요.

상담자 : 너는 그 아이를 때리려고 하는구나. 하지만 네가 힘이 세고 강해서 그 아이는 널 때릴 수가 없겠구나.

상담자가 아동의 메시지를 다시 진술할 때, 아동의 언어를 그대로 반복하면 아동은 "왜 선생님은 항상 똑같이 따라해요?"라고 반응할 수 있다. 아동의 언어수준으로 전달하는 것은 중요하지만 아동에게 집중하고 아동의 말과 행동을 이해하고 있다는 것을 알려주기 위해 정확히 아동이 사용한 언어 외에도 적당한 진술로 바꾸어 사용할 필요도 있다.

③ 감정 반영하기

감정의 반영은 상담기술에서 가장 중요한 기술의 하나이며, 아동의 감정표현을 지도하고 반영하는 것은 아동상담자의 책임이라 할 수 있다. 아동은 끊임없이 언어적 · 비언어적인 방법으로 감정을 표현하나 때로는 자신의 감정에 대한 인식이 부족하고 자신들의 감정을 설명하거나 이해하는 능력이 제한적이므로 감정을 이해하고 표현하는 것을 도와주는 데 유용한 기법이다.

상담자가 정서를 표현하는 아동의 독특한 방법을 이해해야만 비교적 간단하게 적용할 수 있는 기법이 감정의 반영이다. 아동의 감정을 반영할 때 아동이 왜 그런 감정을 느끼게 되었는지 상세하게 분석하거나 아동을 납득시키려고 하지 않는다. 상담자가 감정을 반영할 때 겉으로 명확히 드러나는 감정과 명확히 드러나지 않는 내면에 숨어 있는 감정 모두를 파악하여 상담의 관계를 증가시키고 아동의 자기 이해와 감정적인 어휘를 증가시킬 기회를 마련해 주는 것이다. 아동 스스로가 감정의 소유자임을 인정하고 감정을 자연스럽게 표현할 수 있도록 도와주어야 한다.

감정 반영하기

• 감정 반영의 진술

"네가 책상을 두드리는 것을 보니 화가 난 것 같구나."

"오늘 매우 즐거워 보이는구나. 수목원에 가서 재미있는 일이 있었나 보구나."

"누나가 그렇게 말을 해서 많이 속상했겠구나. 지금 누나가 많이 밉지는 않니?"

• 아동이 표현했던 명확한 감정의 반영

아 동 : (그렸던 그림을 검은색 크레파스로 칠하며) 아니야 아니야, 이 그림이 싫어. 이게 아니야.

상담자 : 네가 그린 그림이 마음에 들지 않는구나. 이렇게 그리려고 한 것이 아니어서 이 그림을 지워버리고 싶은 거구나.

• 표면적인 감정과 명확하지 않은 감정 반영

아 동 : 그 선생님 우리 학교에 계속 있나요? 제가 학교로 어떻게 돌아갈 수 있겠어요?

상담자 : 두려워서 어떻게 돌아가면 좋을지 방법을 걱정하고 있구나.

아 동 : 예, 학교로 돌아갈 때 저와 함께 가줄 수 있으신가요?

상담자 : 학교로 돌아가는 것이 두려운가 보구나.

• 인물이나 장난감으로 표현된 감정 반영

아 동 : (부모 인형이 서로에게 큰소리를 내는 동안, 아이 인형을 옷장 뒤로 움직인다)

상담자 : 너는 엄마 아빠가 저 인형들처럼 소리를 크게 지르면 겁이 나는구나.

• 아동이 이해 가능하며 어휘를 확장시킬 수 있는 언어 사용

아 동 : (슬픈 얼굴로 눈물을 흘리며 고개를 숙인다) 오늘 내 생일인데요… 내가 동생을 괴롭혀서 엄마가 선물 안 사준다고 했어요…

상담자 : 네 생일인데 정말 슬픈 일이 있었구나. 선물도 못 받고… 그래서 울고 있는 거구나.

아동들은 슬픔, 화남, 무서움, 기쁨의 주요 네 가지 감정을 인식하고 이후 성장하며 좌절, 실망, 질투 등의 감정까지 인식하게 된다. 그러나 이해하고 인식하는 것과 달리 어휘로 정확히 표현하지 못할 수도 있으므로 상담자가 아동의 감정을 나타내 준다면 아동이 어휘를 확장시킬 수 있는 기회를 갖게 된다.

④ 아동에게 책임감 돌리기

책임은 누가 가르쳐서 배우는 것이 아닌 경험을 통해서 배울 수 있다. 아동에게 기회가 주어지지 않으면 아동은 자신의 내적 자원을 발견하거나 개발할 수 없으며 자신의 잠재력을 발휘할 수 없다. 성인이 아동을 대신해서 결정한다면 아동은 잠재적 창의력을 사용할 기회를 박탈당하게 되고, 이는 아동의 책임감 발달을 방해하게 되는 것이다. 랜드레스(Landreth, 1991)는 아동기 동안 자기신뢰와 독립심을 촉진시키기 위해 상담자가 책임감을 갖게 하는 다양한 전략들을 사용할 수 있다고 하였다.

아동의 자기 책임감을 발달시키는 것이 치료의 중요한 목표 중 하나라고 보고 아동에게 책임감 돌리기 기법을 활용함으로써 아동에게 성취감을 맛보게 하고 상황을 관리, 통제하도록 하여 아동의 자기확신과 의사결정 기술을 강화시킨다.

질문으로 아동에게 책임감 전가시키기

아　동 : (선반의 놀잇감 중 하나를 가리키며) 이게 뭐예요?
상담자 : 그게 뭘까? 네게 원하면 그건 무엇이든 될 수 있지.
아　동 : (그림을 그리며) 내가 뭘 그리는 것 같아요?
상담자 : 그건 네가 알 수 있을 것 같은데?
아　동 : 아니~ 선생님이 맞혀보세요.
상담자 : 네 그림이니 그건 너만 알 것 같아. 네가 결정하는 거지. 내가 알 수 있는 방법은 네가 가르쳐 주는 것뿐인데 나한테 말해줄 수 있겠니?

이 방법은 책임을 회피하고 상담자에게 책임을 전가하려는 아동에게 사용할 수 있다. 아동은 상담자에게 어떠한 대답을 듣기를 좋아하지만, 아동에게 그 대답을 하게 하는 것이 좋은 방법이다.

아동에게 책임감을 전가함으로써 행동을 성취할 수 있게 하기

아 동 : 선생님, 지퍼 올려줄 수 있어요? 엄마는 해주시는데 유치원 선생님은 자꾸 스스로 하라고 해요.
상담자 : 네가 할 수 있는 일이니까 스스로 하라는 말인 것 같구나.
아 동 : 선생님 이 뚜껑 좀 열어주세요. 못 하겠어요.
상담자 : 우리가 함께 열 수 있을 것 같은데, 한번 해보자. 어떻게 하면 좋을까?

아동이 행동을 성공적으로 실행할 수 있다는 것을 확신하고 책임을 전가할 수도 있고, 성공에 대한 확신이 없거나 아동이 혼자 하기를 거부하는 상황에서는 제안함으로써 책임감을 전가할 수 있다.

⑤ 아동의 은유 사용하기

아동의 자신의 현실에서 편안히 이야기할 수 없는 문제나 상황에서 주로 은유를 사용한다. 놀이치료 상황에서 은유적 대화 외에도 대부분의 의사소통이 비지시적 은유로 이루어지기 때문에 비언어적인 행동에 주의해야 한다. 상담자는 해석하려 하기보다는 아동과 의사소통하면서 아동의 은유를 사용하는 것이 좋다.

아동의 은유 사용하기

아 동 : (곰인형을 만지작거리며) 오늘은 곰 가족이 기분이 좋지 않은 날이에요.
상담자 : 그렇구나. 가족이 기분이 좋지 않은 날이구나? 왜 기분이 좋지 않은 날인지 곰 가족에게 물어봐도 되겠니?

아동이 곰 가족에게 자신의 가족 이야기를 은유적으로 표현할 때 은유를 깨지 않고 자연스럽게 곰 가족에 대해 이야기함으로써 편안하게 대화할 수 있도록 해야 한다.

⑥ 제한하기

기노트(Ginott, 1961)에 의하면 제한하기는 상담자가 아동에게 감정이입적 태도와 수용의 태도를 지속하게 하며 놀이실에서 아동과 상담자가 신체적 안정성을 갖게 하고 자기통제를 강화시키며 사회적 책임을 갖게 한다고 한다. 아동과의 상담에서 관계의 경계선과 규칙을 위해 제한하기는 필수적이다. 놀이실에서 제한해야 할 상황은 다음과 같다.

- 자기 자신, 다른 친구, 상담자에 대한 신체적 공격
- 놀이세팅이나 놀이도구의 파괴
- 놀이세팅에서 장난감이나 놀이도구를 가져감
- 회기가 끝난 후에도 머물러 있음

놀이상담에서 제한을 실행하기 위한 대안을 기노트(Ginott, 1961)는 다음과 같이 설명하고 있다.

첫째, 아동의 감정과 욕구를 인정한다.

둘째, 비판적인 방법이 아니라 소극적(수동적)인 방법으로 분명하게 설명한다. 즉, "너는 나를 때릴 수 없어"라고 말하기보다 "나는 맞기 위해 있는 것이 아니야"라고 말한다.

셋째, 인정받을 수 있는 행동으로 고쳐서 행동하도록 재지시한다.

넷째, 제한을 초래하게 하는 적의감을 표출하도록 도와준다.

또 다른 제한하기의 형태로 코트먼과 존슨(Kottman & Johnson, 1993)은 다음과 같이 설명하고 있다.

첫째, 비판적이지 않은 방법으로 제한 말하기

둘째, 아동의 감정과 행동의 목적을 반영하기

셋째, 아동이 행동을 고치는 데 관여하게 하기

넷째, 세 번째 단계를 어기려고 할 시, 아동이 실시할 수 있는 논리적인 결과 제시하기

제한하기

아 동 : 난 선생님이 싫어. (뿅망치를 휘두르며) 이걸로 때릴 거야.

상담자 : 나에게 화가 많이 났나 보구나.

아 동 : 그러니까 막 때릴 거예요.

상담자 : 나는 맞기 위해 있는 것이 아니야. 저기 서 있는 펀치 인형을 "나"라고 생각하고 때릴 수 있어.

아 동 : 아니요. 난 선생님을 때릴 거예요.

상담자 : 나는 때려도 되는 사람이 아니야. 네가 원하는 것을 할 수 없게 해서 더 화가 나나 보구나.

(5) 놀이치료의 과정

놀이치료는 아동의 세계로 들어갈 수 있도록 기회를 제공해야 하며 치료적으로 적절한 제한을 주어 자기조절을 배울 수 있도록 해야 한다. 아동의 발언과 행동에 적극적으로 반응해야 하며, 아동을 존중하고, 정직하며 솔직하게 대해야 한다.

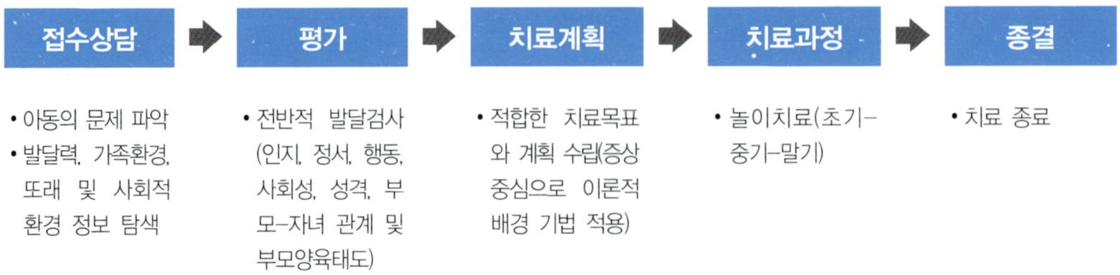

| 그림 5-5 | **놀이치료의 과정**

치료의 전 과정은 최초 전화접촉, 접수상담, 사정평가, 첫 회기, 초기과정, 중기과정, 말기과정, 종결로 나누어 볼 수 있다.

① 접수상담

아동의 문제를 파악하고 가족환경, 발달과정, 생활상태, 또래 및 사회적 환경 등의 정보를 수집하고 탐색한다.

② 평가

아동의 인지, 정서, 행동, 사회성, 정서, 성격, 부모-자녀 관계, 양육태도 등에 대한 객관적인 판단을 위해 아동에게 적합한 심리평가를 실시한다. 아동의 현재 문제를 보다 정확히 파악할 수 있고, 적합한 치료목표 및 계획을 세우는 데 도움이 된다.

③ 치료계획

아동의 주요 증상을 중심으로 평가를 참고하여 적합한 이론적 배경의 기법 적용과 치료목표 및 치료계획을 세운다.

④ 치료과정

첫 시간에 아동은 낯선 장소에서 낯선 성인을 처음 만난다. 첫 시간의 목표는 아동의 저항, 불안, 위축을 감소시키고 치료적 관계를 형성하는 데 있다. 치료자에 대한 소개, 놀이방에 대한 소개, 놀이치료 및 제한된 시간과 장소에 대한 소개 등을 한다.

■ 초기과정

놀이치료는 건강한 놀이실의 분위기와 치료자의 수용과 따뜻함을 아동이 정기적, 지속적으로 경험하게 구조화시킨다. 치료 초기의 가장 중요한 목표는 상담자와 아동이 신뢰 관계를 맺는 것이다. 이 시기는 서로 탐색하는 시기이다. 상담자는 아동의 행동을 관찰함으로써 아동의 전반적인 능력, 기능수준, 대인관계 패턴, 심리적 갈등에 대해 평가할 수 있다.

■ 중기과정

이 시기의 목표는 아동이 과거 자신의 양육자와의 관계에서 결핍되었던 욕구를 충족시키고 과거의 외상적 경험을 재경험하도록 돕는 것이다. 지금까지 가지고 있던 부적절하고 부정적인 감정을 녹여 버리고 아동 자신의 긍정적인 성장의 힘을 현재 생활에서 잘 활용하도록 돕는다. 치료실에서 과거의 부적절한 경험에 대한 재경험을 '교정적인 경험(corrective experience)'이라고 한다(O'Connor, 1991). 이는 아동이 과거에 경험했던 상처와 결핍을 극복하고 현재의 생활에 맞게 활동할 수 있는 새로운 경험으로 재창조하는 것이다. 중기과정은 아동, 부모, 치료자 모두에게 가장 길고, 힘든 시기이다.

■ 말기과정

놀이치료자들은 아동이 발달수준에 맞게 최적으로 기능할 수 있게 되고 일상생활에서 긍정적 행동변화를 유지할 능력이 생기면, 종결을 고려할 수 있다.

일상생활에서 아동의 행동이 안정을 찾고 자기 연령에 맞게 잘 기능하게 된다. 또래들과도 보다 원만한 관계를 이루고, 놀이치료실이나 가정에서 보다 성숙하고 자신감 있고 자발적인 태도를 보인다. 어떤 사정으로 치료를 오래 하기 어려운 경우 주호소문제가 해결되고 치료 목표들이 달성되면 바로 치료를 종결하기도 한다.

⑤ 종결

종료는 신중한 계획하에 실시한다. 종결은 아동에게 더 창의적이고 행복한 생활을 하기 위한 시작임을 알도록 돕는다. 관계의 종결은 서로가 준비되었을 때 진행해야 하며 아동의 감정에 대한 수용과 배려가 있어야 한다. 아동이 심한 저항과 거부를 보인다면 종결에 대해 다시 생각하고 의논해야 한다. 처음 상황과 현재의 상황을 비교해 볼 수 있게 이야기를 나눈다. 앞으로 도움이 필요하면 언제든지 연락할 수 있음을 아동과 부모에게 전한다.

참 고

놀이 경험의 중요성

놀이는 선(善)의 모든 원천(源泉)이다. 피곤하고 지칠 때까지 놀이에 열중하는 아이는 어른이 되면 타인의 행복을 위해 헌신적으로 노력하게 되며 자기 자신도 행복한 사람이 된다. 놀다가 지쳐 곤히 잠드는 아이의 모습은 우리 아이의 모습 가운데 가장 아름다운 모습이다. 놀이는 그 사람의 생애를 결정짓는 작은 나무와도 같다. 그 아이의 마음이 깨끗한가 아니면 오염되었는가, 온순한가 아니면 난폭한가, 성실한가 아니면 게으름뱅이인가는 모두 아동기 시절에 어떻게 보냈는가에 의해 결정된다.

출처 : Fröbel(1826). 인간교육.

2. 미술치료

1) 미술치료의 정의

예술치료(arts therapy)는 미술치료, 음악치료, 무용치료, 드라마치료, 놀이치료 등 여러 분야의 예술을 사용한 치료들을 망라하여 일컫는 말이나 일반적으로 미술치료를 예술치료로 사용하고 있다. 울만(Ulman, 1961)은 미술치료는 교육, 재활, 정신치료 등 다양한 분야에서 널리 사용될 수 있으며 어떤 영역에서 사용되고 있든지 공통된 의미는 시각예술이라는 수단을 이용하여 인격의 통합 혹은 재통합을 이루는 시도라고 하였다.

미술치료는 한 마디로 미술과 심리학의 결합이라고 할 수 있다. 말로써 표현하기 어려운 경험이나 감정을 미술활동을 통해 경험하게 하고 내면의 마음을 돌아볼 수 있도록 하며 자아성장을 촉진시키는 치료법이다. 즉, 미술치료란 궁극적으로 심신의 어려움을 겪고 있는 사람들을 대상으로 미술작품이나 창작활동을 통해 그들의 심리상태와 문제를 진단할 뿐만 아니라 그들의 증상이나 문제를 해결하기 위해 다양한 예술영역 중 미술영역만을 치료에 도입한 것이라고 정의할 수 있다.

2) 미술의 치료적 가치

놀이치료가 아동에게 편안함과 익숙함을 주는 것과 같이 미술치료도 아동에게 매력적이고 재미있는 치료적 요소를 제공한다. 미술치료는 미술작품을 만드는 것이 아닌 미술작품을 치료적 매개체로 하여 자기세계를 표현하고 그 과정을 상담자가 함께하여 자기발전을 도와주는 과정이다. 이러한 미술활동의 치료적 가치를 다음과 같이 정리할 수 있다.

- 미술은 현재의 사건과 관계되는 생각이나 감정뿐 아니라 미래에 대한 생각까지도 표현할 수 있게 한다.
- 미술은 자신의 분노나 적대감을 사회적으로 수용될 수 있는 방식으로 해소시킬 수 있도록 한다.
- 미술은 스스로 주도하고 조절하는 자율적 활동을 하게 한다.
- 미술은 소심하거나 위축되어 있는 내담자와의 친밀감을 형성하게 하여 상담자에게 유용한 치료관계를 맺을 수 있게 한다.
- 미술은 상담자로 하여금 내담자의 마음을 다치게 하지 않거나 방어기제를 제거하지 않고도 무의식의 세계를 알 수 있게 해준다.

미술의 치료적 가치를 통해 미술치료는 아동에게 선택과 표현의 자유를 주어 잠재되어 있던 소망을 표현할 수 있고 힘들었던 경험을 통합시킬 수 있으며 적개심이나 공격심을 안전하게 나타낼 수 있게 한다. 또한 아동상담에 적합한 미술의 장점들로 인해 미술치료는 현재까지 계속 연구되고 활용되어 왔다. 아동상담에 부합하는 미술의 치료적 장점들을 정리하면 다음과 같다.

첫째, 아동에게 미술은 친숙하고 편안한 표현방법이다. 아동들은 미술에 대한 흥미도가 높기 때문에 거부감 없이 치료가 이루어질 수 있고 언어로 다 표현하지 못한 내면의 미묘한 감정까지도 표현할 수 있다. 그래서 미술표현은 편안하게 아동의 감정, 생각 등을 전달하는 도구가 된다.

둘째, 미술 자체가 가진 정화기능이 아동의 손상된 감정을 완화시키는 데 도움을 줄 수 있다. 물론 정화기능이 치료의 전부는 아니지만 내면에 억압된 내용이 많으면 그 억압 때문에 아동이 성장 발달하는 데 사용되어야 할 에너지를 낭비하게 된다. 따라서 적절한 미술재료를 통한 정화 활동은 아동의 에너지 소통을 원활히 하는 데 큰 도움을 줄 수 있다.

셋째, 결과물(구체적 자료)이 있어서 변화를 관찰하고 진단하는 데 도움이 된다. 아동이 만들어 낸 작품들은 그들의 분신들이다. 아동의 모든 작품들은 소중히 다루어져야 하고, 치료자는 작품의 변화과정을 보면서 아동의 변화과정을 이해하고 적절한 치료를 할 수 있다. 아동 스스로도 자신의 달라진 모습들을 느끼면서 자기를 존중하는 마음을 높일 수 있다.

넷째, 다양한 재료를 경험하고 조절하면서 성취감을 느끼고 자신감을 가질 수 있다. 아동은 몸을 통해 사물을 경험하면서 스스로를 알고 사물의 개념을 습득하면서 자신이 살고 있는 현실을 파악하게 된다. 따라서 아동의 신체적 경험은 모든 발달의 바탕이 되고 그것이 부족하면 성장하여 성인이 되어도 현실을 파악하고 적응하는 능력이 떨어질 수밖에 없다.

미술은 그 자체가 다양한 사물을 재료로 하여 아동의 신체적 경험을 풍부히 하는 데 도움을 준다. 예를 들어, 젖은 모래와 마른 모래의 결합은 그 자체가 물의 양의 변화에 따른 인과관계에 따른 인지적 경험을 제공한다. 또한 적절한 촉감의 충동적이면서도 이완된 느낌과 파삭한 촉감의 칼칼하고 매끄러운 느낌을 통한 감정을 경험하여 아동의 전체적 성장을 도모할 수 있다.

3) 미술치료의 접근방법

미술치료의 기원은 구석기시대 동굴의 벽에 종교적 · 주술적 의미를 가지고 그린 벽화에서부터 찾을 수 있다. 벽화에는 종교와 정신과 신념이 담겨 있었고, 이를 통해 질병의 치료를 기원하기도 하였다. 이러한 미술이 치료적인 의미로 부각된 것은 19세기 아동과 정신질환자의 그림에 관심을 가지면서부터 비롯되었다. 1887년 이탈리아 시인 리치(Ricci)가 최초로 아동화에 관심을 가졌으며 바너스(Barners)가 유전학 잡지에 '아동화 연구'를 발표하면서 아동화는 심리학자들의 연구대상이 되었다.

19세기 말경이 되어서 미술의 치료적인 측면에 관심을 가지고 이해하기 시작하였으며, 미술치료라는 용어는 1961년 「Bulletin of Art Therapy」의 창간호에서 울만(Ulman, 1961)이 논문에서 미술과 치료가 결합된 개념으로 정의하면서 처음 사용하였다. 울만은 미술치료는 교육, 재활, 정신치료 등 다양한 분야에서 널리 사용하고 있으며, 어떤 영역에서 활동하고 있든지 공통된 의미는 시각예술이라는 수단을 이용하여 인격의 통합 혹은 재통합을 돕기 위한 시도라고 진술하였다.

이후 20세기 초 인간의 감정, 무의식 간의 관련성에 관심을 가지게 되었고, 20세기 중반 프로이트와 융의 정신분석이론이 현대 미술치료의 토대가 되어 미술표현이 인간의 내면과 정신세계를 이해하는 방법이 된다고 인식되면서 정신의학 분야에서 환자들의 미술활동으로 인한 치료의 효과가 인정되고 발전하게 되었다.

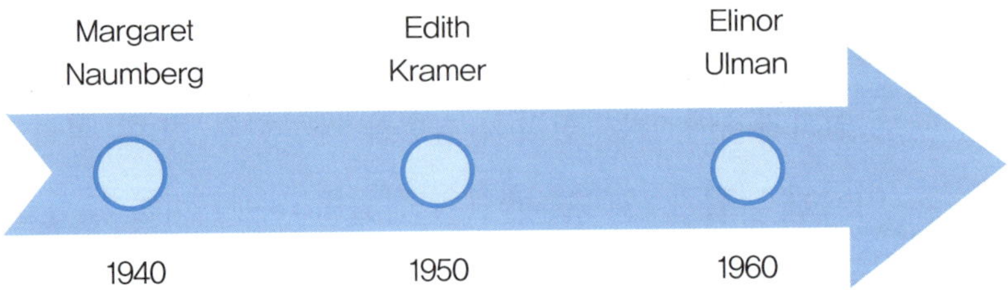

| 그림 5-6 | 미술치료의 발전

(1) 마가렛 나움버그(Margaret Naumberg)의 정신분석적 미술치료 모델

현대 미술치료의 창시자인 나움버그는 뉴욕정신분석학교에서 행동장애 아동에게 미술치료를 시행하며 1940년대에 정신분석적 치료모델을 정립하였다.

나움버그는 그림활동 속에 내담자의 환상이나 내적 세계가 표현되므로 미술활동 자체가 치료과정이라고 하였다. 미술활동을 통해 상담자와 치료적 관계를 형성하고 내담자가 가지는 전이와 역전이 그림을 통한 자유 연상, 내담자의 자발적 그림 표현과 해석 등을 할 수 있다고 보았다. 정신분석과 경험에 입각하여 그림들이 상징적 언어가 된다는 전제하에 내담자들에게 꿈과 환상 및 내적 경험 등의 무의식 사고와 감정들을 그림에 자발적으로 표현하게 하였다. 그림의 상징성에 중점을 두고 내담자의 그림을 해석함으로써 내담자를 치료하는 상징성을 통한 해석을 강조하는 접근 방법이라 할 수 있다.

마가렛 나움버그
(Margaret Naumburg, 1890~1983)

참 고

나움버그의 미술치료의 장점

- 그림이 꿈이나 환상 또는 언어보다 내적인 경험을 보다 직접적으로 표현하도록 한다.
- 무의식적인 표현인 투사는 언어적 표현보다 쉽게 표현될 수 있다.
- 모든 작품들은 영구 보존이 가능하다.
- 전이의 해결이 보다 용이하다.

(2) 에디트 크래이머(Edith Kramer)의 창조적 행위로의 미술치료 모델

나움버그의 견해와는 다른 이론적 주장을 내세운 크래이머(Kramer)는 심리치료에 있어서 미술치료의 독특한 기여도를 정의하는 데에 '미술'을 더 강조한다. 상징성을 통한 해석보다는 미술활동 과정을 통해 어떻게 내담자의 감정이나 욕구를 표출하게 하고 창조적 에너지로 승화시킬 것인지에 관심을 가진다. 크래이머는 그림 자체에 치료적 속성이 있고 그림활동을 하면서 정화와 통합, 승화를 통해 치료가 이

에디트 크래이머
(Edith Kramer, 1916~2014)

루어진다고 했다. 즉, 미술활동의 창조적 행위 그 자체에 중점을 두고 미술작품을 만드는 그 과정 자체가 심리치료라고 하였다. 그러므로 상담자의 그림에 대한 해석보다는 내담자가 자유연상을 통해 자신의 감정이나 욕구를 잘 표현하고 이를 긍정적인 에너지로 바꿀 수 있도록 도와주어야 한다고 본다.

(3) 엘리너 울만(Elinor Ulman)의 절충적 미술치료 모델

엘리너 울만
(Elinor Ulman, 1910~1991)

미술치료는 미국을 중심으로 발전하였는데, 1960년대에 엘리너 울만이 나움버그와 크래이머의 심리치료를 통합하는 절충적인 미술치료 접근법을 고안하면서 미술치료를 독립된 분야로 발달시키게 되었다. 즉, 치료에서의 미술(art in therapy)인 나움버그의 입장과 치료로서의 미술(art as therapy)이라는 크래이머의 입장의 타당성을 통합하여 미술치료를 시행하였다.

울만은 미술과정을 인간의 성숙과정과 비교하면서 미술과정도 일반적인 인간이 성숙하는 과정에서 갈등하는 충동과 통제, 공격과 사랑, 환상과 실제, 무의식과 의식 간의 통합을 요구한다고 본다. 삶의 과제는 훈육된 자유를 얻는 것인데, 이는 미술과정에서도 나타나며 성숙과정이 성격 내의 반대되는 힘의 통합 또는 개인 욕구와 외부 세계 요구 간의 화해 과정인 것처럼 미술도 통합적인 기능을 요구한다는 것을 강조한다.

이후 1970년도에 들어서면서부터 미술치료에 몇 가지 변화가 이루어졌다. 키아코스카(Kwiatkowska)는 크래이머의 집단치료 원리를 확장하여 미술치료를 가족 간의 역동적 심리관계가 일차적으로 강조되는 가족집단 치료까지 응용시켰다(Ulman, Kramer, & Kwiatkowska, 1978). 린(Rhyne, 1973) 또한 미술을 '정상적'인 집단에 적용시켜 삶을 풍부하고 폭넓게 하는 데 도움이 되도록 하는 원리를 소개하였다. 미술활동을 통해 자신을 표현하고 자기를 자각하며 집단 간의 상호작용을 북돋워 주도록 하는 것이다. 따라서 미술치료란 인간성이나 삶의 방법에 건전한 변화가 오도록 도와주는 방법으로, 이는 치료실 밖의 실제 상황에서도 전이시킬 수 있는 방법으로 여겨진다.

(4) 우리나라의 미술치료

1961년 울만의 미술치료 용어 사용 이후 미국에서는 1969년 미술치료학회(AATA : American Art Therapy Association)가 창립되면서 미술치료에 대한 관심이 확산되기에 이르렀다. 현재 미국에서는 학술단체와 전문 연구진의 연구뿐만이 아니라 전문인 양성에 힘을 쏟고 있다.

우리나라도 현재 미술치료가 병원과 임상에서 진행되고 있으나 그 역사는 길지 않다. 처음에는 병원에서 환자들을 대상으로 하는 작업활동의 하나로 미술활동을 시작하였으며, 1992년 한국미술치료학회가 창립되어 미술치료에 대한 본격적이고 체계적인 활동이 시작되었다고 볼 수 있다. 현재 미술치료 강좌, 미술치료사 양성과정이 생겨나면서 구체적이고 전문적인 연구와 함께 질적 · 양적 성장이 이루어지고 있다.

4) 미술치료의 실제

(1) 미술치료실의 환경

미술치료실은 적당한 공간과 충분한 채광이 있는 곳으로 내담자가 편안하게 느낄 수 있어야 한다. 미술활동을 하기에 적절한 공간과 다양한 미술도구 및 다양한 미술재료들이 구비되어야 하며 물을 쉽게 사용할 수 있는 곳으로 작업한 것을 전시할 수 있도록 벽면이 편안하고 밝은색으로 구성되는 것이 좋다. 청소가 용이하고 보관실이나 음악을 들을 수 있는 시설을 갖추는 것도 좋다.

출처 : www.pghtherapy.co.kr

출처 : www.icenter.or.kr

| 그림 5-7 | 채광과 세면대가 구비된 미술치료실

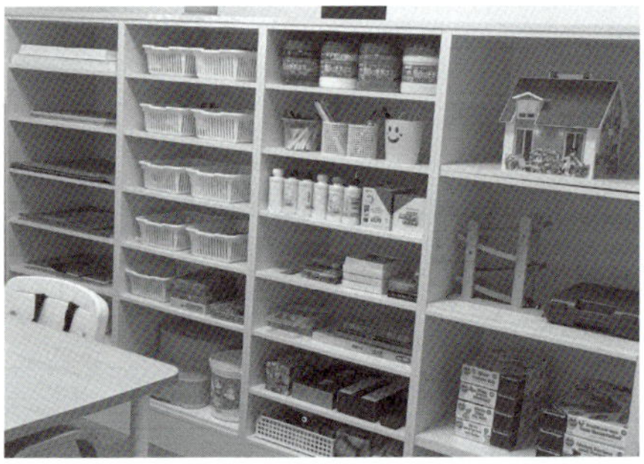

출처 : www.dasol1.com

출처 : pjpc.co.kr/program/program_child_art.jsp

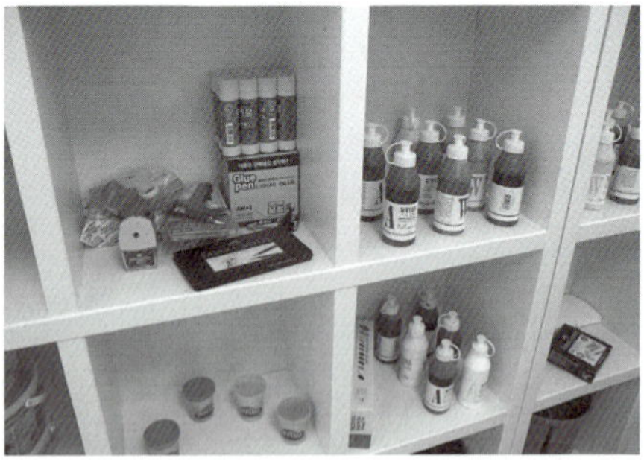

출처 : www.blisschild.co.kr

| 그림 5-8 | 다양한 미술매체

(2) 미술치료의 매체

효과적인 미술치료를 위해서는 치료시간의 구성 및 다른 요소들에 따라 다양한 매체를 사용할 수 있다. 매체는 내담자의 욕구에 따라 제 시간에 작품을 완성할 수 있도록 간단하고 다루기 적절한 것이 좋다. 지나치게 많은 매체를 사용하면 내담자가 선택의 어려움으로 미술활동 참여 자체를 피할 수 있으므로 적절한 매체의 활용은 미술치료의 중요한 요소이다.

〈표 5-5〉 미술매체의 분류

회화 재료	연필, 색연필, 색 사인펜, 크레파스, 파스텔, 물감, 붓, 도화지, 한지, 스케치북 등
조소 재료	흙, 찰흙, 지점토, 밀가루 반죽, 클레이, 색모래, 종이죽, 목재, 스티로폼 등
공예 재료	신문, 잡지, 천, 리본, 스펀지, 단추, 털실, 노끈, 빨대, 자연물, 곡식, 풀, 칼, 글루건 등

랜드가튼(Landgarten, 1981)은 통제 정도에 따른 미술매체의 특성을 제시하였는데, 가장 낮은 통제를 하는 순서부터 제시하면, 젖은 점토 – 그림물감 – 부드러운 점토 – 오일 파스텔 – 두꺼운 펠트지 – 콜라주 – 단단한 점토 – 얇은 펠트지 – 색연필 – 연필 순이다. 즉, 젖은 점토의 경우 낮은 통제력을 지닌 재료로서 강박관념이나 경직된 내담자에게는 적합하며 퇴행을 촉진시킬 수 있는 재료이지만, 충동적인 성향을 가진 내담자에게는 적합하지 않을 수 있다. 반면에 색연필이나 연필과 같은 딱딱한 재료는 높은 통제력을 지닌 특성을 가지고 있기 때문에 충동적인 성향을 가진 내담자들에게 적당하다고 볼 수 있다.

이처럼 내담자의 성격과 반대 성향의 미술재료를 제공하는 이유는 내담자의 내면 세계의 억압되어 있는 부분을 재통합할 수 있는 기회를 제공하기 때문이다. 또한 똑같은 매체를 사용하더라도 내담자에게 전혀 다른 경험을 줄 수 있다. 예를 들면, 쉽게 찢어지는 신문지를 이용할 경우, 강박관념이나 스트레스가 많은 내담자에게는 이 신문지를 마구 찢어서 사용하게 하여 강박 성향이나 스트레스를 풀 수 있는 기회를 제공할 수 있지만, 내담자가 쉽게 좌절하는 성향을 가진 경우에는 이러한 신문지의 특성이 오히려 좌절을 더 경험하게 만들 수도 있다. 그러므로 내담자의 성격을 고려하여 적당한 미술매체를 선택해야 한다.

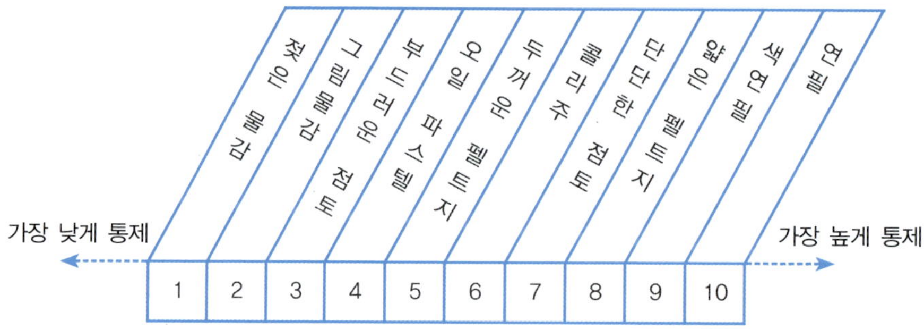

| 그림 5-9 | 미술매체의 특성

출처 : Landgarten(1981).

(3) 미술치료의 기법

미술치료는 다양한 기법을 통해 실행된다. 진단을 위한 기법과 치료를 위한 기법으로 나눌 수 있으나 일반적으로 구분 없이 치료목적과 과정에 따라 적절히 활용한다.

① 인물화 검사

인물화는 지능을 진단할 뿐 아니라 아동의 무의식적 욕구, 갈등, 인격적 특성을 해석하는 투사적 기법으로 사용되고 있다.

아동에게 사람을 그리게 하며 검사를 위한 지시로는 "한 명의 사람을 그리세요", 그 다음은 "다른 성을 가진 사람을 그리세요"라고 한다. 시간제한은 없으며 그림을 그리는 데 아동을 격려해 줄 필요가 있다.

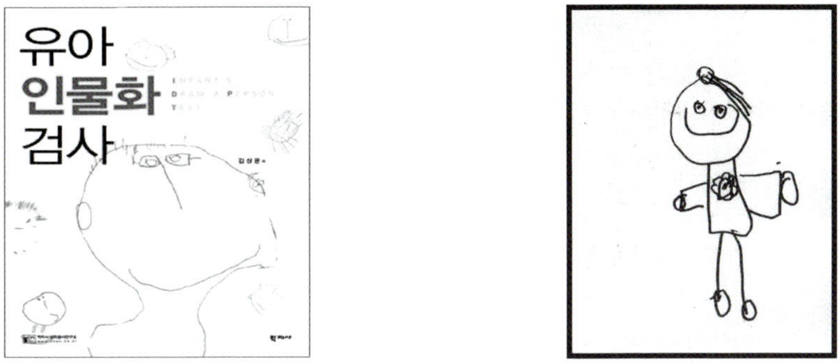

| 그림 5-10 | 인물화 검사

② 집-나무-사람(HTP) 검사

아동이나 성인 모두에게 사용 가능한 검사이며 친밀감 있게 받아들여 다른 과제보다 솔직하고 자유로운 언어표현이 가능한 기법이다. 세 장의 종이를 준비해 두고 아동에게 각각의 종이에 집, 나무, 사람을 그리게 한다. 반드시 먼저 집을 그리고 다음은 나무를 그리며 마지막으로 사람을 그리게 한다.

③ 가족화(DF : Draw a Family)와 동적가족화(KFD : Kinetic Family Drawing)

움직임의 포함 여부에 따라 가족화와 동적가족화로 구분된다. 가족화와 동적가족화는 지시가 다르며 후자가 가족의 역동성 파악에 좋다. 동적가족화는 "당신의 가족 모두가 무엇인가를 하고 있는 그림을 그려보세요"라고 지시하여 그린 후에 각 인물상이 누구인가, 몇 살인가, 무엇을 하고 있는가를 질문한다.

출처 : 오마이뉴스(m.ohmynews.com/NWS_Web/Mobile/at_pg.aspx?CNTN_CD=A0001085432#cb)

| 그림 5-11 | 가족화(DF)와 동적가족화(KFD)

④ 학교생활 그림 그리기(KSD : Kinetic School Drawing)

학교생활 그림은 아동의 학교생활을 파악하는 데 유용하며, 가족화와 함께 해석하면 아동생활 전체를 이해하는 데 도움이 된다. 교사, 친구, 본인을 포함해서 그리게 한다. 대부분의 아동은 생활에 대한 그림을 거부하는 경향이 적다.

| 그림 5-12 | 학교생활 그림 그리기

⑤ 감정그림 그리기(feeling drawings)

전통적인 미술치료의 주제이다. 감정을 표현하도록 하되 가능한 한 아동이 자유롭게 표현하도록 지시는 최소화한다. 구체적인 대상을 그려도 되고 추상적으로 표현해도 된다. "자신의 감정이나 느낌을 그림을 통해 표현하세요"라고 지시한다. 오코너(O'Connor, 1983)의 인생 색칠하기, 감정차트기법이나 감정 하트 만들기 등으로 실시되고 있다.

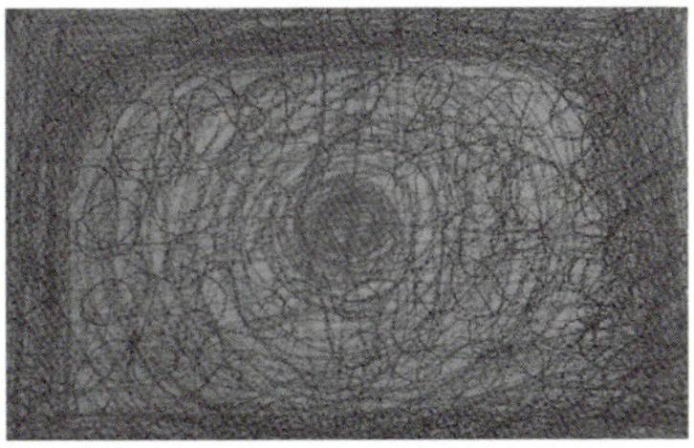

출처 : 난민인권센터(nancen.org/645)

| 그림 5-13 | 감정그림 그리기

⑥ 신체윤곽 그리기(body outline drawings)

신체윤곽 그리기는 스테인하르트(Steinhardt, 1985)가 처음 제안한 기법으로 큰 종이 위에 아동을 눕히고 선을 따라 그린다. 인물에 대한 느낌이나 생각들을 알 수 있고 신체개념이나 자아개념이 부정적일 경우 사용된다. 자기의 손을 도화지에 놓고 본을 떠서 각 손가락에 자기가 하고 싶은 말을 적어 표현하게 하기도 하고 손도장 찍기, 발도장 찍기 등의 활동을 한다. 이러한 활동으로 긍정적인 신체 이미지나 자아존중감을 갖게 할 수 있다.

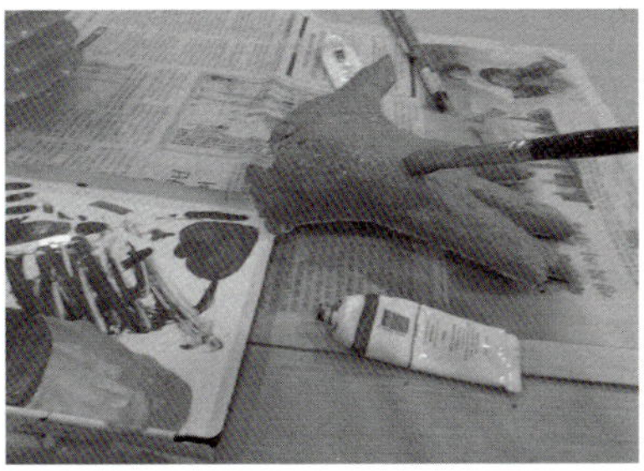

| 그림 5-14 | 신체윤곽 그리기

⑦ 난화 그리기(scribble)

특별한 양식이 필요 없이 긁적거리기를 통해 자유롭게 표현하는 기법으로 아동이 긁적인 후 그 안에 숨어 있는 이미지를 찾아보고 표현하기도 한다. 개인 또는 집단으로도 실행하기 용이하며 이를 그리면서 자신의 생각과 감정들을 의사소통하게 된다.

| 그림 5-15 | 난화 그리기

⑧ 만다라(mandala) 기법

최근에 많이 활용되는 기법으로 자아정체감 확립이나 심리적인 통합에 유용하다. 도화지에 속이 빈 원이나 다양한 문양이 그려진 원을 제시한 후 자유롭게 색을 채워 나간다. 개인 및 집단으로 실시할 수 있으며 과잉행동이나 주의 산만한 아동에게 효과적이다.

| 그림 5-16 | 만다라 기법

⑨ 자유화와 주제화의 제시

자유화는 아동이 미술재료와 방법을 스스로 결정하여 그리게 하는 것으로 진단과 치료에 모두 활용한다. 아동이 자신이 그리고 싶은 것을 그리기 때문에 아동의 의식과 무의식을 모두 볼 수 있다. 무엇을 그려야 할지 어려워하는 아동의 경우 가보고 싶은 곳, 지금 느낌, 즐거웠던 일 등의 간단한 주제를 정해주는 것도 좋다.

⑩ 꿈 그리기

말로 표현하는 것보다 그림으로 자기 의사를 잘 전달할 수 있는 아동의 경우에는 꿈을 그리게 할 수 있다. 꿈을 그리게 함으로써 악몽을 통한 경험을 명료화하고 이야기를 함으로써 꿈에서 상징화된 분노와 충동들을 잘 이해하도록 도울 수 있다.

⑪ 콜라주(collage)로 표현하기

콜라주는 신문이나 잡지, 사진 등에 있는 그림을 오려 붙여 구성하는 기법으로 미술과정에 대한 부담을 줄이고 몰입하도록 해준다. 미술능력이나 상상력에 대한 자신감이 부족한 아동에게 편안하게 제시될 수 있어 최근 미술치료로 가장 많이 사용되는 기법이다.

| 그림 5-17 | 콜라주로 표현하기

⑫ 풍경 구성하기(LMT : Landscape Montage Technique)

풍경구성법은 도화지에 강, 산, 밭, 길, 집, 나무, 사람, 꽃, 동물, 돌, 첨가하고 싶은 것을 순서대로 불러주며 그림을 그리게 한 후 채색을 하는 기법이다. 완성 후 그림 속의 계절, 시간, 강의 흐름, 사람과 집, 밭 등 여러 요소의 관계에 대해서 이야기한다.

⑬ 협동화 및 그림대화하기

가족이나 소집단들이 크레용을 한 개씩 쥐고 한 장의 종이에 함께 그림을 그리게 한다. 그림대화는 상담자와 아동이 비언어적으로 상호 역할을 교환해 가면서 실시함으로써 편안한 가운데 자기 감정을 나타내고 상대의 감정을 이해하는 훈련을 할 수 있다.

⑭ 계란화와 동굴화

상담자가 타원형의 곡선을 그려주거나 동굴형의 곡선을 그려준 후 그 형태 안에 아동이 그림을 그리고 서로 이야기를 만들어 나간다. 동그라미, 동굴이나 계란이라는 무의식적인 요소를 도입하여 아동의 내면을 표현할 수 있게 하는 기법이다.

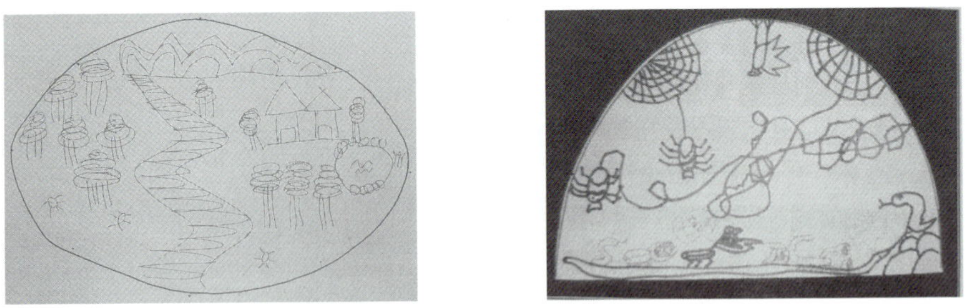

| 그림 5-18 | 계란화와 동굴화

⑮ 테두리 기법(동그라미 기법)

테두리 선이나 동그라미를 도화지에 미리 그려주고 그림을 그리게 하는 방법이다. 이러한 기법은 심리적으로 허약한 아동에게 도움이 될 수 있으며, 동그라미를 그린 후 그 안에 점을 하나 찍어주어 표현을 촉진할 수 있고 동그라미 안에 자신의 얼굴을 그려 자신이 중심인물이 되게 하여 자신감을 갖도록 할 수 있다.

⑯ 출발 그림(starter sheet)

상담자가 얼굴, 사람의 몸 등을 도화지에 직접 붙여주거나 그려준 후 아동이 나머지 부분을 완성해 가는 기법으로, 그림 그리는 것에 저항감이 있거나 수줍음이 많은 경우에 사용한다. 아동으로 하여금 그림 그리기에 흥미를 갖게 할 수 있다.

⑰ 9분할 통합 회화법

상담자가 도화지에 검은색 펜으로 9칸의 분할된 테두리를 그린 후 제시한다. 그림의 주제는 다양하게 제시할 수 있으며 그림의 순서를 오른쪽부터 혹은 중심부터 등으로 제시한 후 순서대로 그리게 하고 색칠을 원하면 하게 한다.

| 그림 5-19 | 9분할 통합 회화법

(4) 미술치료의 과정

모든 심리치료의 과정에는 기본적으로 진단하고 평가하는 단계가 선행되어야 한다. 현재 아동과 그에게 영향을 미치는 다양한 요인에 대해 탐색하고 진단하여 분석한 후 치료방법과 목적에 대해 계획을 세운다. 미술치료의 진행과정도 도입 – 활동 – 토론의 과정을 거쳐 종결하게 된다.

① 도입

서로 친밀해지면서 편안한 분위기를 조성한다.

- 탐색 및 규칙 정하기
- 검사 실시하기
- 분석하기
- 라포 형성하기

② 활동

아동이 적극적으로 활동하는 단계이므로 활동 자체에 몰입하고 집중하여 깊은 경험을 할 수 있도록 분위기를 조성하고 불필요한 대화를 하지 않는다.

③ 토론

완성된 작품을 관찰하고 감상하는 과정에서 상담자와 아동, 아동과 작품 사이에 상호작용이 일어나는데, 관계가 신뢰롭고 안정되어 있을수록 작품 안에서 더 많은 정보와 느낌을 가질 수 있다.

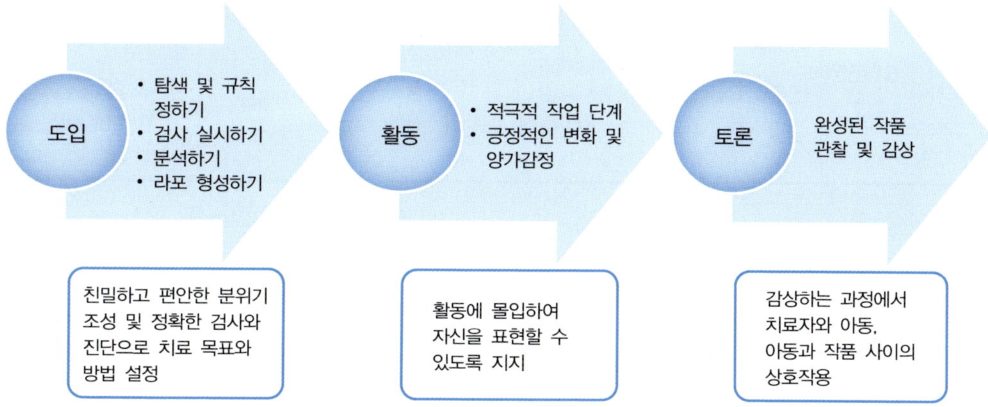

| 그림 5-20 | 미술치료의 과정

〈표 5-6〉 **미술치료 프로그램 구성의 예**

단계	회기	과제(프로그램)	내 용	기대효과
초기	1~12 회기	자유화, 콜라주, 색종이 오려 꾸미기, 공 굴려 표현하기, 끈놀이, 난화	• 자유롭게 재료를 탐색할 수 있는 기회와 치료 환경에 대한 적응 • 치료자와의 친밀감 형성을 위한 프로그램 • 발달단계에 맞춘 간단한 놀이적 접근	친밀감 형성 및 재료에 대한 이해
중기	13~50 회기	자유화, 난화, 찰흙놀이, 거울 보고 그리기, 콜라주, 풀그림, 데칼코마니, 바디페인팅, 물총놀이, 비눗방울 그림, 불기, 찍기, 판화, 연필화, 크레파스 자유화 치료자와 함께 그리기, 포스터칼라 표현, 매직으로 꾸미기, 상상화, 손바닥 찍기, 공동벽화 꾸미기	• 소근육 미발달로 인한 자기조절의 한계를 많은 자극과 자유로운 표현으로 자신감을 갖게 하고, 손발 등 인체 부위를 직접 표현하는 경험과 자기인식의 기회 제공 • 치료자와의 상호작용을 통하여 지지자로서 발달에 도움이 되도록 원조 • 여러 가지 흥미 있는 자극을 통하여 정서적으로 충분한 만족과 즐거움을 경험할 수 있도록 기회를 제공하여 자발적인 접근 지원 • 눈·손 협응력 작업으로 집중력 강화 심리상태 파악 및 상호 이해 증진의 기회(그룹활동의 경험) 제공 • 긍정적 자기 신체 이미지 형성	눈·손 협응, 소근육 강화, 자기인식하기, 기초적 재료 이해하기, 표현 기초 익히기, 상호작용하기, 상상력 자극, 인지적 접근에 의한 표현 익히기, 자신감 고취, 자유표현력 개발, 자아성장, 긴장이완과 감정순화

후기	51~60 회기	잡지 오려 꾸미기, 연필로 그리기, 사인펜화, 찰흙놀이, 크레파스화	• 기본조형능력 강화를 위한 자료 제공과 격려에 의한 자발적인 표현의 기회 • 다양한 표현 경험 • 반복에 의한 강화	사실적 접근, 인지 발달자극, 자기 통제, 조절력 강화하기, 모방에 의한 표현력 자극

(5) 아동그림 해석

미술활동을 통해 상담목표를 달성하려면 상담자는 아동의 행동과 완성작품이 나타내는 바를 이해하고 아동이 투사하고자 하는 바를 정확히 해석하도록 노력해야 한다. 활동의 과정을 통한 주의 깊은 관찰과 완성작품의 형태와 내용을 통해 신중히 해석되어야 한다. 그림의 요소들이 의미하는 바를 여러 연구가(최영희 외, 2002; 주리애, 2000; 이 숙 외, 2002)들의 해석지침에 따라 정리하였다.

① 그림의 크기

종이 크기의 2/3 정도에 그려진 그림은 아동이 자신에 대해 적절하게 느끼며 건강한 것을 나타낸다. 그림을 지나치게 크게 그려 도화지를 넘쳐 색칠하는 경우는 공격성이나 충동조절에 문제가 있다. 반대로 그림이 종이 크기의 1/3 이하인 경우 열등감, 부적절감이 있거나 자신감이 부족함을 나타낸다.

② 위치

만일 그림의 사용공간이 2/3 이상인 경우는 중요한 문제가 아니다. 그림이 종이 한가운데 그려진 것은 정상적인 것이고 오른쪽에 치우친 것은 아동이 안정되어 있고 행동 통제를 잘하며 지적인 만족감을 선호하는 경향을 나타낸다. 왼쪽에 치우친 것은 충동적으로 행동하려는 경향성, 욕구와 충동의 즉각적인 만족을 추구하려는 경향성, 변화에 대한 욕구, 외향성 등을 반영할 수 있다. 아래쪽에 치우친 것은 종종 우울감, 불안정감을 나타내기도 하며 외부의 지지를 필요로 한다. 위쪽에 치우친 것은 자신의 침체를 숨기려고 하거나 생각이 불안정한 것을 나타낸다.

③ 대상의 크기

주요 대상의 크기는 자아강도와 중요도를 나타낸다. 지나치게 크게 그린 경우는 충동통제가 잘 안 되고 멋대로 구는 경향을 나타낸다. 지나치게 작게 그려진 경우는 열등감이나 부적절감, 불안감, 낮은 자존감과 과도한 방어기제, 자기만의 세계에 함몰, 우울, 퇴행, 의존적인 태도를 나타낸다.

④ 필압

필압이 일관되면 이는 정상적이고 안정적인 반응이다. 지나치게 자주 변하는 필압은 산만한 성격, 긴장, 불안장애가 있는 경우에 나타난다. 강한 필압은 긴장, 고양된 기분, 공격적, 자기주장적, 반항적인 경우이며, 간혹 심한 스트레스로 위축, 불안한 경우를 나타낸다. 미약한 필압은 소심, 겁을 먹은 경우, 우유부단함, 우울, 기분이 가라앉은 경우, 의지상실 등을 나타낸다.

⑤ 선

선을 단번에 길게 그린 경우는 태도가 단호하며 주장이 강하거나 실패를 두려워하지 않는다는 것을 보여준다. 선이 연결되지 않는 경우는 현실접촉의 문제, 정신지체나 기질적 손상으로 인한 정신질병을 고려해야 한다. 선이 불분명한 경우는 자신감이 없거나 불안한 상태를 나타낸다. 스케치하듯이 짧은 선을 반복하여 긴 선을 그린 경우는 소심함이나 불안정성, 정확한 것에 대한 지나친 욕구, 자신감의 결핍 등을 나타낸다.

⑥ 왜곡이나 생략

아동에게 왜곡이나 생략은 정상적인 것으로 간주되며, 특히 그림의 발달단계에서 자연스럽게 나타나는 것이다. 그러나 지나친 강조로 인한 왜곡이나 상대적으로 과격한 생략은 특히 신체적 학대나 성적 학대로 인한 외상 후 스트레스 장애를 앓고 있는 아동이 그린 그림에서 발견된다.

⑦ 반복

반복된 그림은 의미가 있다. 주제가 반복되면 반복해서 그려지는 대상이나 상황묘사 등에 관심을 기울여야 한다. 색이나 수가 반복되었다면 그러한 반복이 그 사람의 그림 스타일 혹은 도식일 가능성과 반복된 색이나 수가 그 사람에게 특별한 상징적 의미를 가졌을 가능성을 생각할 수 있다(이 숙 외, 2002).

(6) 아동그림의 발달단계

아동의 그림발달 단계를 제시한 많은 학자들이 있으나 가장 대표적인 로웬펠드(Lowenfeld, 1957)의 미술발달 단계를 소개하면 다음과 같다.

① 난화기 : Scribble(2~4세)

난화기는 무질서한 직선과 곡선을 포함한 다양한 선을 끄적거리는 시기이다. 난화기의 후반에 자기가 그린 그림에 이름을 붙이기 시작하며 의도적으로 자기 주변의 인물이나 사물에 대한 상을 형성하기 시작한다. 그러나 색을 의식적으로 사용하지는 않는다.

② 전도식기 : Preschematic(4~7세)

난화기에 비해 형태 표현이 정확해지기는 하지만 아직은 미숙한 수준이다. 자기에게 흥미 있는 것을 반복해서 그리며 한정된 개념을 발달시킨다. 사람을 표현하는 기본 형태가 나타난다.

③ 도식기 : Schematic(7~9세)

도식이란 아동이 반복해서 같은 모양을 그리는 것을 말한다. 아동은 경험에 따라 주요한 부분은 표현하고 그렇지 않은 부분은 축소하거나 생략하는 경향이 있다. 사용되는 색도 그 사물과 관련된 색을 쓰기 시작한다.

④ 형태적 사실기 : Drawing realism(9~11세)

아동의 그림은 고정된 도식의 표현에서 벗어나 다른 표현방법을 모색하고 사물과 환경에서의 미묘한 차이를 인식하고 표현하게 된다. 사물의 표현이 더 객관적이고 세밀화된다. 그리고 자신의 경험에 따라 색을 사용한다.

⑤ 의사실기 : The pseudo-naturalistic stage(11~13세)

이 시기의 아동은 사람의 형태와 주변 환경에 대해 더 비판적인 인식을 가지게 된다. 따라서 대상의 세부적인 표현이 증가하며 미적 표현에서도 정교함이 증가한다. 즉, 객관적인 사실과 어긋나지 않게 자신의 주관적인 감정을 드러내며 색칠한다.

⑥ 결정기 : Decision(청소년기)

표현이 더욱 복잡하고 정교해진다. 환경을 창의적으로 받아들이며 여러 가지 표현유형이 나타나기도 한다. 아동에 따라 그림 그리기를 계속하지 않거나 지지받지 못한 경우 이 단계에 도달하지 못한다.

PART
2

아동상담의 과정

CHAPTER **06**

아동의 내면화 · 외현화 문제행동 유형

아동기는 급격한 발달의 과정에 있는 시기이므로, 연령별 발달 차이가 크고, 질적 변화도 뚜렷하다. 그러므로 성공적인 아동상담을 위한 기초로서 아동의 연령에 따른 발달 특성에 대해 정확히 아는 것이 중요하다. 다음은 아동기를 영아기, 걸음마기, 학령전기, 학령기로 나누어 각 시기별 발달과제와 필요한 환경요소, 결핍 시 이상행동에 대한 내용을 구분한 발달지표이다.

〈표 6-1〉 **아동의 발달지표**

단 계	발달과제	필요한 환경요소	이상행동
영아기 (0~12개월)	• 애착형성 • 기본적 신뢰감, 안정감 • 어머니가 안전기지 • 신체, 중추신경계 성숙	• 충분한 영양 • 질병예방 • 충분한 신체접촉 • 애정에 찬 상호작용 • 민감한 양육 • 영아의 욕구에 반응 • 재미있고 풍부한 자극과 놀이	• 모성결핍증후군 • 아동학대, 방임으로 인한 이상증상 • 반응성 애착장애 • 자폐장애

걸음마기 (1~3세)	• 공격성, 충동의 통제 • 자율성 • 자기주장–자아통제 • 자아의 분리, 개별화	• 다양한 탐색놀이와 운동 • 풍부한 언어자극 • 일관성 있는 행동의 통제 • 욕구충족의 지연, 포기 훈련 • 옳고 그름, 깨끗함과 더러움, 해야 할 일과 하지 말아야 할 일 가르침 • 자기주장의 적절한 수용 • 적절한 대소변 훈련	• 과잉보호, 과잉통제로 인한 문제 • 이식증–반추 • 심한 떼쓰기, 공격성 • 적대적 반항장애 • 발달지연 • 언어발달지연
학령전기 (4~6세)	• 남녀의 성역할 학습 • 주도성–목적의식 • 사회적 역할 학습 • 전통, 문화적 가치관 습득	• 부모의 남녀관계 모범 • 성차와 성에 대한 교육 및 가치관 형성 • 또래관계 격려 • 다양한 사회활동 경험 • 다양한 문화교육 활동 • 전통, 습관, 예절교육	• 분리불안증 • 유뇨증 • 유분증 • 악몽, 야경증 • 과잉운동증 • 공격성 • 자위행위
학령기 (7~12세)	• 우정, 또래관계 수립 • 생산성–근면성 • 효능감, 자존감 • 기초학습능력	• 또래집단 활동 • 학교생활 적응 • 선생님과의 긍정적 관계 • 지적 호기심 충족과 배움의 즐거움 경험 • 성공 경험을 통해 자신감, 효능감 경험 • 스포츠, 게임 등 다양한 신체 활동	• 열등의식, 낮은 자존감, 분리불안, 과잉불안, 우울장애, 신체화장애 • 강박장애, 틱장애 • 품행장애, 반항장애, 주의력결핍 과잉운동장애 • 등교거부증

출처 : 황현주 · 유은정 · 박혜정 · 신현정 · 한주희(2020). 아동상담. 경기 : 양서원, pp. 25-26.

이러한 기준, 즉 발달심리학에서 제공하는 연령별 발달 특성에 비추어 아동의 행동이나 문제를 판단하는 것은 각 아동의 개인차가 있다는 것을 고려하고, 기질 특성, 환경 특성 등을 모두 종합하여 이루어져야 한다. 특히 연령별로 흔히 나타날 수 있는 이상행동에 대해 참고하는 것은 아동의 정서 및 행동 부적응의 원인을 예측하는 데 도움이 될 수 있다.

문제행동(problem behavior)에 대한 정의는 학자들이 문제를 바라보는 관점에 따라 다양하게 정의되고 해석된다. 문제행동이라는 용어도 부적응행동(maladaptive behavior), 행동장애(conduct disorder), 이상행동(abnormal behavior), 정서장애(emotional disturbance) 등 다양하게 표현된다(서경희, 2020).

문제행동이라는 용어는 시대별로 다르게 사용되어 왔는데, 1950년대 초까지는 '사회적 부적응'이라는 용어로 쓰였고, 프로이트의 심리학적 영향을 받은 후에는 주로 '정서장애(emotional disturbance)'라는 용어로 쓰여 왔으며, 1960년대 후기에는 '문제행동'이라는 용어가 강조되었다(이찬숙 · 김경윤, 2008). 아동의 문제행동이란 아동의 연령과 발달에서 보이는 규범적인 행동으로 보기에 부적절한 행동이며, 부모의 일상적인 지도범위를 벗어나서 부모가 어려움을 느끼는 자녀의 행동으로 이러한 행동이 또래 아동과 성인에게까지 영향을 주는 행동 특성이라 볼 수 있다(서경희, 2020).

아동이 보이는 문제행동의 유형은 다양하고 그 행동 특성도 한 가지 유형이 아니라 다양하고 복합적으로 나타난다. 아동의 문제행동은 바라보는 관점에 따라 다양하게 정의될 수 있으며 문제행동 유형에 대한 분류 또한 다양하다. 아동의 문제행동을 바라보는 관점 중 가장 보편적인 것은 내면화 문제행동과 외현화 문제행동의 유형으로 구분하는 것이다. 아켄바흐(Achenbach, 1991)는 아동행동평가척도(CBCL : Child Behavior Checklist)에 의해 아동의 문제행동이 표출되는 방향에 따라 내면화 문제행동(internalizing problem behavior)과 외현화 문제행동(externalizing problem behavior)으로 구분하였다(김춘경 · 배선윤 · 성다겸 · 유지영 · 장효은, 2021).

내면화 문제는 문제행동의 방향이 자신의 내부로 향하는 것을 의미하며, 감정과 행동을 지나치게 억제하거나 자신을 적절히 표현하지 못하는 정서적인 문제로 나타나며, 불안, 우울, 위축 등이 여기에 해당된다(Achenbach & Edelbrock, 1983). 아동에게 흔히 일어나는 정서 부적응으로 문제로 분리불안장애, 선택적 함구증, 우울장애, 반응성 애착장애, 외상 후 스트레스 장애 등을 들 수 있다.

외현화 문제행동이란, 갈등이나 어려움이 행동으로 드러나는 것으로 자기 자신의 행동을 통제하거나 조절이 안 되어 발생하는 것이며 공격적인 행동, 과잉행동 및 주의력결핍 문제를 포함하여 정의하고 있다(Achenbach & Rescorla, 2000). 외현화 문제는 특히 주위 사람과 사물에 대한 공격성과 파괴성이 빈번하고, 소란스럽고, 과장된 행동, 학교와 교사에 대한 부정적인 태도, 자극을 추구하고, 위험에 도전하는 경향이 있다. 아동에게 흔히 일어나는 행동 부적응으로 주의력결핍 과잉행동장애, 간헐적 폭발성장애, 적대적 반항장애, 틱장애, 배설장애 등을 들 수 있다. 이 장에서는 내면화 문제행동과 외현화 문제행동의 내용별 특성, 원인, 치료에 대해 알아보고자 한다.

1. 내면화 문제행동

내면화 문제행동은 자신의 감정을 표현하고 드러내지 못하는 행동 중에 정서적인 것을 의미하며 하위요인으로 정서적 반응성 문제, 불안이나 우울, 신체증상, 위축 등으로 구분할 수 있다.

정서적 반응성 문제는 유아의 내재화 문제행동의 한 측면으로 일상적인 변화에 불안해하고, 신경질적인 움직임 또는 경련을 일으킨다거나, 아무런 이유 없이 공황 상태를 보이거나 슬픔과 흥분 사이의 급격한 기분이나 감정 변화, 자주 뾰로통하기, 새로운 사람들이나 상황에 당황하고 불편해하기, 투덜대기, 걱정 등 유아의 불안정한 내면의 상태를 말한다(배율미 · 조광현, 2018). 불안은 마음이 편안하지 않고 조마조마한 것이며(국립국어원, 2015), 우울은 슬픈 감정이 심한 상태를 뜻하며,

무기력, 무감각한 정서상태를 말하고 자기 비하적 태도와 같은 특성을 나타낸다(조준오 · 나 정, 2016). 신체증상 문제행동은 신체에 여러 가지 문제 상황이 나타나는 증상으로 배변곤란, 설사, 두통, 배앓이, 구토와 같은 신체적 불편함과 관련된 문제행동을 말한다(성다겸, 2018). 마지막으로 위축은 아동 스스로 또래와의 상호작용을 억제하는 성향으로 정의되며(Coplan, Prakash, O'neil, & Armer, 2004), 수줍음, 무관심, 회피 등의 행동을 보인다(고보선 · 성지현, 2019). 따라서 위축된 유아들은 유아교육기관에서 또래와의 원만한 관계를 가지지 못하고 부적응을 경험할 위험이 높다(Rubin, Coplan, & Bowker, 2009). 외현적 문제행동과 함께 내면화 문제행동에도 많은 관심을 가지고 문제해결 방안을 지원하여야 한다.

1) 분리불안

(1) 특성

불안이란 걱정의 대상이 구체적으로 무엇인지 자신도 명확히 모르고 현실상황보다는 미래에 일어날 상황에 대한 염려로 인해 근육 긴장이나 경계심이 증가하는 것을 의미한다. 증상으로는 확연한 기분조절 장애, 분리와 전환 시에 지나치게 어려움을 느끼는 것, 자신이나 타인을 향한 무모한 행동과 공격성이 있다. 어린 아동들의 불안은 보통의 일상적인 상호작용과 일상적으로 반복되는 행동을 하거나 규범적인 발달과제에 직면할 때 불안이나 두려움을 느끼는 것으로 특징지어진다. 유아기에는 분리불안장애, 선택적 함구증 등이 나타나고, 청소년기 이후에는 사회불안장애, 공황장애, 범불안장애 등이 나타난다(이혜란 · 김진이 · 김소연, 2019).

분리불안(separation anxiety)은 유아가 어머니의 부재를 기억할 수 있게 되면서 어머니를 잃게 될지도 모른다는 두려움으로 인해 어머니가 유아의 시야에서 사라질 때 나타나는 일종의 공포반응으로, 애착대상을 잃지 않으려고 애타게 찾으며 울부

짖는 행동으로 표현된다. 이런 분리불안은 자기와 대상의 분리가 가능함을 감지할 수 있는 생후 6개월부터 12개월 사이에 나타나 18개월 이후에 절정기에 이르고 분리개별화기가 끝나는 36개월 이후부터는 서서히 사라진다.

그러나 이와 같은 증상이 계속되어 언제, 어디서나 어머니 옆에 붙어서 떨어지지 않으려 하고 불안해한다면 분리불안장애를 의심해 볼 수 있다. 분리불안장애는 보통 5세 이전에 시작되어 사회적 영역에서 심각한 고통이나 현저한 장애를 일으킨다. 연령이 높아지면서 다른 불안장애로 이행되는 경우가 많고, 우울증과 같은 2차적 심리 문제를 야기할 수 있으므로 조기 개입이 요구된다.

보울비(Bowlby, 1982)는 애착관계와 분리불안은 유아가 갖는 최초의 애착대상인 어머니와의 관계에서 형성되는 감정으로, 성장 후 모든 애정, 대상관계의 원형이 되는 것으로 전 생애를 통하여 변화 가능성이 적다고 하여 인간발달에서 중요한 초기 경험으로 인식하였다. 대상관계이론에서는 유아가 분리개별화기에 이르러 생긴 자율성, 독립성의 욕구를 성취하기 위해서는 자신의 일부분인 어머니로부터의 지지와 격려, 승인이 필요한 데 반해 어머니로부터 심적 에너지를 충분히 공급받지 못할 때 분리불안이 나타난다고 본다. 모든 어머니들은 자신들이 어느 정도의 분리불안을 가지고 있어 충분한 심적 에너지를 자녀에게 공급할 수 없기 때문에 정도의 차이는 있으나 모든 유아들은 분리불안을 갖게 된다는 것이다.

분리불안장애의 DSM-5 진단기준(APA, 2015)

A. 애착 대상과의 분리에 대한 공포나 불안이 발달수준에 비추어 볼 때 부적절하고 지나친 정도로 나타나며, 다음 중 세 가지 이상이 나타난다.

1. 집 혹은 주 애착 대상과 떨어져야 할 때, 과도한 고통을 반복적으로 겪는다.
2. 주 애착 대상을 잃거나 질병이나 부상, 재앙 혹은 죽음 같은 해로운 일들이 그에게 일어날 것이라고 지속적으로 심하게 걱정한다(예 강도, 교통사고).

3. 곤란한 일(예 길을 잃음, 납치, 유괴)이 발생하여 주 애착 대상과 떨어지게 될 것이라고 지속적으로 과도하게 걱정을 한다.
4. 분리에 대한 공포 때문에 집을 떠나 학교, 직장, 혹은 다른 장소로 외출하는 것을 지속적으로 거부하거나 거절한다.
5. 집이나 다른 장소에서 주 애착 대상 없이 있거나, 혼자 있는 것에 대해 지속적으로 과도하게 두려워하거나 거부한다.
6. 집에서 떠나 잠을 자는 것이나 주 애착 대상 곁이 아닌 곳에서 자는 것을 지속적으로 과도하게 거부하거나 거절한다.
7. 분리 주제와 연관되는 반복적인 악몽을 꾼다.
8. 주 애착 대상과 떨어져야 할 때 신체 증상을 반복적으로 호소한다(예 두통, 복통, 오심, 구토).

B. 공포, 불안 회피 반응이 아동 · 청소년에서는 최소한 4주 이상이어야 한다. 성인의 경우는 6개월 이상이어야 한다.

C. 장애가 사회적, 직업적, 또는 다른 중요한 기능 영역에서 임상적으로 현저한 고통이나 손상을 초래한다.

D. 장애가 다른 정신질환으로 더 잘 설명되지 않아야 한다.

(2) 원인

분리불안의 원인은 다양하며 어머니와 아동 사이에 불안정한 애착이 형성된 경우나 부모가 아동에게 과보호적인 양육태도를 가진 경우에 분리불안장애의 발생 위험이 증가한다. 즉, 아동의 기질, 부모의 성격이나 양육태도, 가정환경 등 다양한 원인을 들 수 있다.

기질적으로 어릴 때부터 성격이 예민하거나 낯가림이 심한 경우, 부모의 심리적 불안과 과잉보호적인 양육태도와 맞물려 아동의 분리불안이 나타날 수 있다. 불안장애, 공황장애와 우울증이 있는 부모의 자녀에게서 유전적 요인으로 분리불안장애가 더 많이 나타난다. 또한 가족이나 애완동물의 죽음, 부모의 질환, 동생 출산,

어머니의 직장 출근, 이사, 전화, 부모 간의 불화와 싸움, 그리고 부모와 일시적으로 헤어진 사건이 발병의 계기가 된다.

(3) 치료

분리불안 아동의 치료에는 심리치료, 가족치료, 부모교육 및 상담 등 다양한 치료적 접근이 효과적이며, 증세가 심할 경우에는 약물치료를 하기도 한다. 먼저 분리불안을 가진 아동의 불안을 충분히 공감 및 지지하고 수용해 주는 상담적 접근 후, 분리 상황에 대한 점진적 노출 등의 행동주의적 접근으로 불안이 감소되게 도울 수 있다.

대체적으로 아동에게는 놀이를 통해 불안을 표출하여 문제를 해결하도록 하는 놀이치료와 아동의 부적응행동을 수정하는 행동치료로 체계적 둔감화와 긴장이완법 등이 사용된다.

불안감을 감소시킬 수 있는 방법을 탐색하기 위해서 아동이 느끼는 감정을 충분히 이야기하도록 한다. 불안감으로 인해 일상생활에 지장을 초래하는 영역을 탐색하고 일상적인 일을 과도하게 부정적으로 지각하고 예측하는 것을 찾아 확인해야 한다. 비합리적인 사고가 떠오르면 중지하고 대안적인 사고로 수정하도록 도와야 하며 불안으로 인하여 제한받았던 활동을 확인하고 아동의 진정한 감정을 수용하고 표현하도록 격려해야 한다. 그리고 불안할 때 긍정적인 자기표현을 하여서 자신감을 갖도록 하는 것이 중요하다.

2) 선택적 함구증

(1) 특성

선택적 함구증(selective mutism)이란 말을 알아듣거나 말을 하는 데 아무 문제가 없지만, 특정한 장소나 상황, 사람에게는 말을 하지 않는 경우를 의미한다. 즉, 말할 수 있는 능력이 있는데 말을 하지 않는 것으로 보아 일부러 대화를 거부하는 것으로 볼 수 있다. 이런 경우의 아동은 말을 하지 않는 대신 몸짓, 머리 끄덕임, 또는 말이 아닌 소리 등으로 자신의 의사를 표현하기도 한다.

선택적 함구증 아동은 수줍어하거나 불안해하고, 고집이 세며, 나이에 맞지 않게 철없는 행동을 하거나 지나치게 의존적이고, 화를 잘 내며, 거짓말을 자주 하는 등의 특징을 나타낸다. 때로는 집에서는 대들고 부정적인 모습으로 일관하다가 낯선 환경에서는 두려워하는 이중적인 모습을 보이기도 한다. 이것을 병으로 보지 않아 전문적 도움이 지연되어 증세가 악화되는 경우도 있다.

헤이든(Hayden, 1980)은 선택적 함구증을 유발하는 심리적 정신역동과 행동양상에 따라 다음과 같이 네 가지 유형으로 분류하였다.

〈표 6-2〉 **선택적 함구증의 네 가지 유형**

유형	설명
공생적 함구증 (symbotic mutism)	가장 흔한 유형으로 어머니와 강력한 공생적 관계를 유지하며 아동이 자신의 요구를 얻기 위해 어머니에게 매달리며, 수줍고 예민하게 행동하는 아동에게 흔히 나타남
수동-공격적 함구증 (passive-aggressive mutism)	적대적인 감정을 언어로 표현하는 것에 대한 반항으로 침묵을 무기로 삼음. 아동은 종종 공격적인 행동을 보이며 부모가 반사회적이거나 학대를 할 경우 흔하게 나타남
반응적 함구증 (reactive mutism)	가족이 대인관계에서 소극적인 경우, 아동이 우울증과 사회적 위축을 보임. 학교 입학, 이민, 입원과 같은 환경의 변화나 심리적 · 육체적 외상 후에 갑자기 발병
언어공포증적 함구증 (speech phobic mutism)	남들이 내 말소리를 들으면 이상하다고 느끼지는 않을까? 하는 일종의 말하기 공포증으로서 말하는 것에 대한 강박적 불안

선택적 함구증은 보통 5세 이전에 발병하며 여아에게서 더 많이 나타난다(권석만, 2014). 대부분의 경우 1개월~1년 사이에 회복되는데 10세 이전에 호전되면 예후가 좋으나, 12세 이상까지 지속된다면 예후가 나쁜 경우가 많다. 선택적 함구증 아동

의 50% 이상은 성인기까지 자신감, 독립심, 성취감, 사회적 의사소통능력과 같은 영역에서 어려움이 지속되며, 일부 사회불안장애로 이환된다(이영식 · 김재원, 2014).

선택적 함구증의 DSM-5 진단기준(APA, 2015)

A. 다른 상황에서는 말을 할 수 있음에도 불구하고 말을 해야 하는 특정 사회적 상황(예 학교)에서는 지속적으로 말을 하지 못한다.

B. 장애가 학업적, 직업적 성취나, 혹은 사회적 의사소통을 방해한다.

C. 장애의 기간은 적어도 1개월 이상 지속되어야 한다(학교생활의 첫 1개월은 포함되지 않는다).

D. 사회적 상황에서 필요한 말에 대한 지식이 부족하거나, 언어가 익숙하지 않은 것으로 인해 말을 하지 않는 것이 아니다.

E. 장애가 의사소통장애(예 말더듬기), 자폐스펙트럼장애, 조현증, 다른 정신병적 장애에 의해 발생되는 것이 아니어야 한다.

(2) 원인

선택적 함구증 아동은 말을 하지 않기 때문에 부모들이 쉽게 증상을 인식할 수 있으나, 아동이 낯가림이 심해서 말을 하지 않는다고 생각하고 방치해 두는 경우가 많아 적절한 치료시기를 놓치기도 한다. 선택적 함구증의 원인은 아동의 상황에 따라 다양하다.

첫째, 생물학적 요인이 있다. 수줍음과 두려움을 강하게 느끼는 기질을 가진 아동의 경우, 말하지 않는 행동을 보이기도 한다. 또한 선택적 함구증 아동의 부모가 선택적 함구증 증세와 유사한 기질이나 성격을 가지고 있어서 가족력이 영향을 미친다고 보기도 한다.

둘째, 심리적 요인이 있다. 영아기에 버림받지 않을까 하는 공포심, 또는 지나친 의존성과 관련된 심리적 상처와 정신적인 충격에 의해 말을 하지 않을 수 있다. 예를 들어, 부모의 과잉보호, 폭력, 부모 간의 불화, 어머니의 우울증, 가족의 사회적 고립 등으로 심리적 상처와 정신적 충격에 의해 말을 하지 않을 수 있다. 또한 어머니와의 강한 애착과 정신적인 유대가 형성되어 있는 상황에서 갑자기 어머니와 분리되었을 때도 선택적 함구증을 보일 수 있다.

셋째, 환경적 요인이 있다. 가정 내에서 언어적 상호작용의 경험이 적고, 여러 사람과의 상호작용이 적기 때문에 언어발달이 늦어지고 이로 인해 또래관계에 어려움이 유발되어 의사소통에 문제가 발생하기도 한다.

(3) 치료

아동이 수줍음이나 낯가림이 심해 선생님 또는 또래와 말을 하지 않다가 점차 새로운 환경에 적응하면서 자연히 말을 하게 되기도 한다. 그러나 아동이 6개월 이상 계속 말을 하지 않을 때는 학교 부적응과 학습장애를 예방하기 위해 조기에 치료적 개입을 하여야 한다. 부모가 답답하여 자녀에게 일방적으로 강요하거나 심한 체벌을 하는 경우 스트레스의 가중으로 증세가 더욱 심각해질 수 있으므로 유의해야 한다.

선택적 함구증을 심리적인 문제의 원인으로 보고 미술치료나 놀이치료 등 비언어적인 방법을 이용한 심리치료 접근을 하거나, 가정에서는 아동에게 편안한 환경을 마련하고, 책 읽기, 게임 등을 통해 자연스럽게 대화를 유도하는 것이 필요하다. 또한 정적 강화 기법을 통해 보상을 주어 말하는 횟수를 늘리거나, 처음에는 가장 친숙한 사람과의 대화를 유도하고 점차적으로 친숙하지 않은 사람과 대화를 하도록 확대해 가는 긍정적인 강화 및 행동치료와 언어치료를 병행하는 것이 효과적이다.

3) 우 울

(1) 특성

우울장애(depression disorder)는 심리적 독감이라 알려져 있으며, 현대인들이 가장 많이 경험하는 정서장애 중 하나로 아동기부터 성인기까지 나타날 수 있으나, 아동기 우울증에 대하여 간과하는 경향이 있다. 아동의 경우 내면의 고통보다는 외현화된 행동이 더 주의를 끌기 때문에 우울증이 간과되거나 우울증이 있음을 알아보지 못하는 경우가 많다.

아동기 우울장애에서 흔하게 관찰되는 증상은 슬픈 모습, 신체적 호소, 정신운동 초조, 분리불안과 공포감 등이다. 연령이 높아질수록 무쾌감증, 절망감, 망상 및 정신운동지체의 발현빈도가 증가하며 모든 연령에서 우울장애는 우울감, 집중력 부족, 불면, 자살 사고를 나타낸다. 특히 취학전 아동의 우울 증상은 그 증상이 지속적이거나 재발할 수 있고 후기 아동기 또는 초기 청소년기에 우울장애로 발전할 수 있기 때문에 우울 증상에 대한 빠른 인식과 대처가 필요하다. 아동기의 우울증은 대부분 1년 내에 회복될 수 있으나, 재발하는 경우가 많고 정서장애와 공존병리가 나타날 수 있는 위험을 계속 안고 있다.

(2) 원인

다른 장애들처럼 우울장애의 원인도 한 가지로 정의되지 않는다.

생물학적 관점에서는 우울장애가 유전적 요인, 신경전달물질과 관련이 있다고 본다. 다양한 가계 연구결과를 보면, 우울장애가 직계 가족에게서 유전되고 있음을 알 수 있다(Allen, 1976; Mendlewicz & Rainer, 1977).

정신분석적 관점에서 우울장애는 분노가 무의식적으로 자기에게 향한 현상으로 보고 있다. 프로이트는 우울장애를 기본적으로 사랑하던 대상이 상실될 경우에 분노가 발생하고, 그러한 분노가 외부로 표현되지 않고 내부로 향해서 우울장애를 유발한다고 하였다(Abraham, 1949).

우울장애를 가장 잘 설명하고 있는 인지적 관점에서 벡(Beck, 1976)은 우울장애를 가진 사람들이 부정적이고 비관적인 사고를 더 많이 한다는 사실을 발견하였다. 우울한 사람들이 부정적 사고의 결과로 우울한 기분을 느끼게 되는데, 그들이 하는 부정적 사고는 반복적이고 습관적으로 자각 없이 진행되는 자동적 사고라고 하였다.

(3) 치료

우울증 치료개입 방안으로 아동의 경우 놀이치료를 실시하는데, 특히 어린 아동, 또는 언어발달이 지연된 아동의 경우, 놀이치료를 통해 비언어적인 의사소통을 하고 스트레스를 방출할 수 있고 감정을 표현하고 조절하는 법을 배울 수 있다. 인지행동치료(cognitive-behavior therapy)는 아동에게 발견되는 인지적인 왜곡과 결손을 발견하고 교정하는 데 중점을 둔다. 아동의 치료과정 동안에 부모를 참여시켜 새로운 기술을 습득시키고, 부모가 촉진하는 역할을 하도록 부모를 교육시키고 가족의 의사소통 패턴과 문제해결방법을 적용하여 아동의 우울증상을 변화시킨다. 그러나 아동이 심각한 수준의 자살 사고 및 행동 또는 자기 파괴적 충동과 행동을 보이는 경우, 기타 약물 남용 및 의존이 동반된 경우에는 입원치료가 반드시 필요하다.

4) 반응성 애착

(1) 특성

아동발달에서 정서발달의 기저가 되는 것은 애착(attachment)이다(김춘경 외, 2021). 애착은 주양육자와 아동이 맺는 강한 정서적 유대관계를 의미하는데, 어린 시절 안정 애착을 형성하는 것은 성장 이후의 정서적 안정에 중요한 영향을 미친다. 아동이 주양육자의 이혼이나 가정불화 등의 환경적 문제와 우울, 불안 등의 성격적 특성 등에 의해 안정 애착을 형성하지 못한다면 아동의 정서발달뿐만 아니라 신체, 인지, 사회성 등 다양한 발달 측면에 부정적인 영향을 미칠 수 있다. 이러한 애착이 안정적으로 형성되지 못하면 반응성 애착장애(reactive attachment disorder)가 나타날 수 있다(김춘경 외, 2021).

반응성 애착장애는 아동이 어린 시절에 주양육자로부터 제대로 된 돌봄을 받지 못한 경험의 애착 외상으로 인해 심리적으로 위축되고, 부적절하고 위축된 대인관계를 맺게 된다. 이러한 아동들은 성장 이후에 적절하게 대인관계를 하는 것에 실패하고, 위축되며, 사회성 발달도 제대로 이루어지지 않는 경우가 많다.

반응성 애착장애의 진단 기준(DSM-5)

1. 성인 양육자에 대해서 정서적으로 억제되고 위축되어 있는 지속적인 양상, 이는 다음의 2가지로 나타난다.
   1) 아동이 괴로움을 느낄 때에도 양육자에게 거의 또는 최소한으로만 안락함을 구한다.
   2) 아동이 괴로움을 느낄 때에도 양육자가 주는 안락함에 거의 또는 최소한으로만 응한다.

2. 다음의 3가지 중 최소한 2개로 특징되는 지속적인 사회적 · 정서적 장해
   1) 다른 사람들에게 최소한의 사회적 · 정서적 반응만을 보인다.
   2) 긍정적인 정서가 제한되어 있다.
   3) 성인 양육자의 위협적이지 않은 상호작용 중에도 설명할 수 없는 짜증(과민성), 슬픔, 두려움을 나타낸다.

(2) 원인

반응성 애착장애를 지닌 아동은 후천적인 양육 환경의 결핍에 의해서 발생하는 것이며, 자폐증상과 달리 타인에게 관심은 많지만 버림받을까 두려워서 회피하나 타인에 대한 관심이 없는 것은 아니다.

반응성 애착장애는 안정적인 애착을 형성하지 못한 애착 외상에 의해 발생하며 주양육자가 처한 환경적 요인과 아동이 지닌 기질적 요인으로 인해 발생한다. 아동에게 반응성 애착장애를 유발하는 주양육자의 환경적 요인으로는 이혼, 가정불화, 학대, 방임, 주양육자의 장기간의 입원, 잦은 양육자 교체, 빈곤 등 다양하다. 반응성 애착장애의 증상을 가진 아동은 기질적으로 과민성과 관련이 있으며(Lemelin, Tarabulsy, & Provost, 2002), 이런 기질의 아동은 양육자의 방임과 학대를 유발하기도 하고, 애착 결핍에 대한 과도한 좌절을 나타내기도 한다(권석만, 2014).

(3) 치료

반응성 애착장애는 주양육자와 안정적인 애착관계를 형성하는 것으로 치료할 수 있다. 즉, 주양육자가 아동의 욕구에 민감하고 일관성 있게 반응하면 안정된 애착관계가 형성되어 반응성 애착장애에서 벗어날 수 있다. 주양육자뿐만 아니라 아동과 깊은 관계를 맺는 누구라도 그 아동과 안정적인 관계를 형성한다면 반응성 애착장애를 치료할 수 있다. 이를 위해서 주양육자와 아동과 함께할 수 있는 놀이치료, 미술치료, 음악치료 등의 다양한 치료적 개입이 효과적이다.

5) 외상 후 스트레스

(1) 특성

외상 후 스트레스 장애(PTSD : Post Traumatic Stress Disorder)는 일상의 경험 범위 밖에 있는 압도적으로 충격적인 외상적 사건을 목격하거나 경험한 후 겪게 되는 다양한 부적응적 증상을 의미한다. PTSD를 유발하는 외상으로는 큰 사고(교통사고, 화재 등)나 자연 재해, 유괴, 잔인한 신체적 공격 또는 신체적 및 성적 학대 등 다양하다. 외상은 개인에게 발생한 횟수에 따라 일회적 외상과 반복적 외상으로 구분된다(Allen, 2005).

일회적 외상은 단 한 번의 충격적 사건으로 인해 입게 되는 커다란 심리적 상처를 의미한다. 일회적 외상에는 지진, 홍수와 같은 자연재해, 건물 붕괴, 비행기 추락 등과 같은 기술적 재해, 강도, 유괴 등과 같은 폭력적 범죄, 사랑하는 사람을 잃는 관계 상실이 있다(김청송, 2015). 반복적 외상은 부모나 친인척으로부터 주기적으로 당한 학대, 전쟁터, 강제 수용 같은 것들이 있다.

아동은 외상 사건을 경험한 후에 외상 후 스트레스 장애를 가질 가능성이 성인보다 더 높다. 아동은 성인과 달리 외상을 회피하거나 부인하지 못하는 경향이 있으며, 심리적인 충격을 분리불안, 신체화 증상, 비행 행동 등으로 나타낼 수도 있다(김청송, 2015).

외상 후 스트레스 장애의 진단 기준(DSM-5)

1. 실제적인 것이든 위협을 당한 것이든 죽음, 심각한 손상, 또는 성적인 폭력을 다음의 1가지 이상의 방식으로 경험한다.
   1) 외상 사건을 직접 경험하는 것
   2) 외상 사건이 다른 사람에게 일어나는 것을 직접 목격하는 것
   3) 외상 사건이 가까운 가족이나 친구에게 일어났음을 알게 되는 것
   4) 외상 사건의 혐오스러운 세부 내용에 반복적으로 또는 극단적으로 노출되는 것(전자매체, TV, 영화, 사진을 통한 것은 아님)

(2) 원인

외상 후 스트레스 장애는 심리적 상처를 유발하는 외상 사건이 그 원인이 된다. 그러나 동일한 외상 사건을 경험했다고 하더라도 모든 사람에게 외상 후 스트레스 장애가 발병하지는 않는다.

김춘경 등(2021)은 외상을 경험했을 때 외상 후 스트레스 장애를 유발하는 외상과 관련된 요인을 3가지로 나누었다.

〈표 6-3〉 **외상 후 스트레스 장애 유발 요인**

외상 전 요인 (pretraumatic factor)	아동의 기질적 요인, 정신장애에 대한 가족력, 아동기의 다른 외상 경험, 의존성이나 정서 불안	아동이 가진 개인적인 특성과 환경적 배경이 외상 사건을 경험했을 때 그것을 극복하지 못하고 외상 후 스트레스 장애를 유발
외상 중 요인 (peritraumatic factor)	외상 경험 자체의 특성	외상 사건의 강도가 심하고, 외상 사건에 자주 노출되었을수록 외상 후 스트레스 장애를 나타낼 가능성이 높음
외상 후 요인 (posttraumatic factor)	사회적 지지 체계나 친밀한 관계의 부족, 추가적인 생활 스트레스 등	외상 사건 이후의 경험이 부정적일수록 외상 경험자가 심리적 안정을 찾는 데 방해

또한 생물학적 입장에서는 외상 후 스트레스 장애를 가진 사람들은 유전적으로 스트레스에 취약하다고 주장하고, 인지적 입장에서는 외상 후 스트레스 장애를 경험하는 사람들이 외상 후 스트레스 장애를 유발하는 외상을 처리하는 과정에서 기억과정과 관련하여 적절한 인지 기능을 사용하지 못하거나 왜곡한다고 주장하며, 정신분석학적 입장에서는 외상 사건이 억압된 무의식적 갈등을 다시 불러일으켜서 외상 후 스트레스 장애가 유발된다고 보고, 행동주의적 입장에서는 회피하는 행동이나 감정 반응을 둔감화시켜서 외상 사건으로 인해 느끼는 심리적 불안을 감소시키는 부적 강화의 원리로 외상 후 스트레스 장애를 설명하고 있다.

(3) 치료

외상 후 스트레스 장애를 치료하는 방법 중에서 가장 효과적인 것은 지속적 노출치료다(Foa, Keane, & Friedman, 2009). 지속적 노출치료(prolonged exposure)는 외상 사건을 단계적으로 떠올리게 하여 불안 기억에 반복적으로 노출시킴으로써 외상 사건에 큰 불안 없이 직면할 수 있도록 유도하는 것이다. 외상 경험에 반복적으로 노출되면 외상과 관련된 공포가 둔감화되고, 외상 기억을 회피하려는 시도가 줄어든다. 또한 안전한 이완 상태에서 외상 자극에 반복적으로 노출하는 것은 공포기억구조를 재활성화시키게 되어 그와 불일치하는 정보가 제공됨으로써 공포기억구조가 수정되고, 기존의 인지 체계와의 통합을 촉진하게 된다(권석만, 2014).

2. 외현화 문제행동

행동 부적응은 또는 외현화 문제행동의 특징으로는 거짓말, 도벽, 공격성, 가학적 행동, 방화, 반항, 무단결석 등을 들 수 있다. 이는 나아가 다른 사람의 권리를 침해하고 사회적 규범이나 규칙을 지키지 않고 남에게 해를 끼치는 행동을 되풀이하는 것도 포함한다. 보건복지부(2013)는 외현적 문제행동을 부정적 정서 표출, 충동적 행동, 주의력 결핍, 조절능력 부족, 공격성, 거짓말 등으로 구분하였다.

1) 주의력결핍 과잉행동장애(ADHD)

(1) 특성

주의력결핍 과잉행동장애(ADHD : Attention Deficit Hyperactivity Disorder)는 지속적인 주의력 산만(attention deficit)과 과다활동성(hyperactivity) 및 충동성을 특징으로 하는 소아청소년기의 정신과적 장애이다. ADHD 아동들은 주의 집중과 충동 조절이 어려운 특징으로 인해 학교에 부적응하거나 학업 성취가 낮거나 다른 또래들과의 상호작용에 어려움을 겪기도 한다. 미국 소아과학회에 의하면 학령기 아동에게서 대략 5~10% 정도로 추정되며 보통 여아보다 남아에게 많이 발견되는 것으로 알려져 있다. 또한 4~5세, 즉 학령기 이전의 아동들에게서는 진단하는 것이 어려운데, 이는 유아기에는 주의가 요구되는 상황이 흔하지 않고 대 · 소근육 발달을 돕기 위한 활발한 움직임이 장려되는 시기이기 때문이다(김춘경 외, 2021).

주의력결핍 과잉행동으로 어려움을 겪는 아동을 이해하기 위해서는 이것을 어떤 고정된 기준이 있는 질병으로 여기기보다 사회문화적인 맥락에 따라 구성된 개념으로 볼 필요가 있다. ADHD는 아동이 기존 사회질서와 교육제도에 적응하고 사회화되는 과정에서 평균적인 범위를 벗어난 행동들을 사회적 필요에 의해 어떤 증세로 규정하고 있다. 최근 급속도로 증가하는 ADHD의 유병률에 관해 대안학교 진영과 같은 일각에서는 현대의 의료시스템이 ADHD 진단을 남용하는 것은 아닌지, 제도교육이 ADHD를 더 부추기고 있는 것은 아닌지 의문을 제기한다(박상희 외, 2018). 따라서 이러한 어려움을 겪는 아동을 대할 때는 그 아동이 놓인 사회적 맥락과 환경을 주의 깊게 살펴야 할 필요가 있다.

주의력결핍 과잉행동장애의 진단 기준(DSM-5)

1. **부주의 및 과잉행동 충동성의 지속적인 패턴이 나타난다. 이러한 패턴은 개인의 기능과 발달을 저해하며, 다음 1)항과 2)항 중 1가지 이상에 해당되어야 한다.**

1) 부주의 : 다음 중 6개 이상의 증상이 6개월 이상 지속적으로 나타나고, 이러한 증상이 발달 수준에 맞지 않으며, 사회적 · 학업적/ 직업적 활동에 직접적으로 부정적인 영향을 미친다.

- 세부적인 것에 세밀한 주의를 기울이지 못하고, 부주의한 실수를 자주 함
- 과제나 놀이 시 지속적으로 주의 집중하는 데 자주 어려움을 보임
- 다른 사람이 앞에서 말할 때 귀 기울여 듣지 않는 것처럼 보임
- 학교활동이나 집안일, 숙제 등 해야 할 일에서 지시를 따르지 못하고 끝마치지 못함
- 과제나 활동을 체계적으로 조직하는 능력이 부족함
- 지속적인 정신적 노력을 필요로 하는 과제를 피하고 싫어하며 하기를 주저함
- 과제나 활동에 필요한 것들을 자주 잃어버림
- 외부 자극에 쉽게 주의가 분산됨
- 매일 하는 일상적인 활동을 자주 잊음

2) 과잉행동–충동성 : 다음 중 6개 이상의 증상이 6개월 이상 지속적으로 나타나고, 이러한 증상이 발달 수준에 맞지 않으며, 사회적 · 학업적/ 직업적 활동에 직접적으로 부정적인 영향을 미친다.

- 가만히 앉아 있기가 어렵고 손발을 계속 움직이거나 몸을 꿈틀거림
- 교실 혹은 유사한 장소에서 가만히 앉아 있지 못하고 일어나 돌아다님
- 장소에 적절하지 않게 과도하게 뛰어다니거나 기어오름
- 놀거나 여가 활동을 할 때 조용히 하는 데 어려움을 보임
- 마치 모터가 달려서 돌진하는 것처럼 계속적으로 움직임
- 말을 너무 많이 함
- 질문이 끝나기도 전에 대답을 불쑥 해 버림
- 차례를 기다리지 못함
- 자주 다른 사람을 방해하거나 불쑥 끼어듦

(2) 원인

주의력결핍 과잉행동장애의 원인에 대해서는 정확히 밝혀지지 않았지만 많은 전문가들은 신경전달물질의 불균형이나 뇌의 생리학적 발달의 취약성, 뇌의 일부가 기능하는 방식의 차이와 같은 생물학적 요인 등에 주목한다. 이에 대해서 신경해부학적으로는 전두엽의 이상을, 신경생화학적으로는 중추신경계의 신경전달물질의 이상을 그 원인이라고 추측한다. 신경생물학적으로는 전전두엽 피질(prefrontal cortex), 시상(thalamus), 도파민 중피질 돌기(dopaminergic mesocortical projection)의 기능 이상이 원인이라고 알려져 있다(박상희 외, 2018). 또한 ADHD가 직계가족에서 더 흔히 발견된다는 연구들과 ADHD 아동들의 부모들에게서 과잉행동과 우울증, 알코올 의존이 나타나는 경우가 많다는 것은 이 장애에 대한 유전적, 기질적 요인을 짐작케 한다(김춘경 외, 2021). 또한 ADHD 아동의 임신과 출산 시 부모의 임신 및 출산 환경과 관련된 요인도 생각할 수 있는데, 어린 나이 임신과 고령 임신, 임신중독증, 난산 등의 출산 중 어려움이 태아와 신생아에게 특정한 뇌손상을 일으켰

을 가능성도 있다. 마지막으로는 아동의 성장배경이나 생활환경과 같은 환경요소를 생각해 볼 수 있다. 여러 가지 질병에 의한 신경계 손상, 납 중독, 알코올 중독, 알레르기 등이 그 예다. 이러한 ADHD의 원인은 단일한 한 가지 원인에 의한 영향보다는 여러 복합적인 요인이 작용하는 것으로 보인다.

(3) 치료

주의력결핍 과잉행동장애는 약물치료가 일반적인 것으로 알려져 있다. ADHD 아동은 약물치료에 80% 정도가 증세 호전을 보이는데, 산만함과 과잉행동과 충동성이 감소되고 집중력, 기억력 등 학습태도와 능력이 전반적으로 향상된다(박상희 외, 2018). 그러나 이 약물을 투여할 경우 피곤함과 무기력 등의 부작용이 나타나기도 하므로 약물치료에는 반드시 전문가와의 상담이 필요하다. 약물치료제는 ADHD 아동 중에서도 그 증세가 심하여 일반학교에 적응하기가 매우 어려워 본인과 다른 친구들의 삶에 영향을 미치는 경우에 복용을 고려하는 것이므로 약물의 효과를 믿고 남용하는 것은 매우 위험한 일이다. 이러한 약물치료는 ADHD의 원인기제를 신경생리학적인 것으로 보았을 때에 시행된다. 아동의 주의력결핍 및 과잉행동증의 원인을 심리적인 것으로 보거나 생태학적 이유로 생각한다면 이와는 다른 방식으로 접근해야 할 것이다. ADHD 아동이 가지는 문제와 행동 특성은 그 원인이나 증상의 정도가 다양하기 때문에 개별 아동에게 적절한 다양한 치료 및 지도의 방식이 필요하다.

ADHD 아동이 함께 생활하는 통합교실의 교사는 아동의 개별성과 특징을 잘 파악할 수 있도록 아동을 관찰하며 해당 아동에게 도움이 되는 방식으로 지도하고 개입해야 한다.

2) 간헐적 폭발성

(1) 특성

간헐적 폭발성장애(intermittent explosive disorder)는 공격적 충동이 조절되지 않아 폭발적으로 파괴적 행동이 반복해서 나타나는 것이다. 이 장애를 지닌 아동은 언어적 공격 행동과 함께 재산 파괴와 신체적 공격을 포함하는 파괴적 행동을 보인다. 간헐적 폭발성장애를 지닌 아동들의 분노는 다른 사람들이 보기에 정당한 근거가 없어 보이며 주변에 심각한 고통을 준다. 분노 폭발을 보이기 전에 심한 긴장 상태를 경험하고, 공격적 행동을 한 후에는 긴장감이 풀리면서 안도감을 느끼지만, 분노가 폭발된 후 일정 시간이 지나 진정이 되고 나면 자신의 행동을 후회하거나 당황스러워한다. 이러한 행동이 반복되다 보니 간헐적 폭발성장애를 지닌 아동들은 또래와 관계가 원만하지 못하고, 학교 적응이 어려우며, 가정에서조차 부모에게 자주 혼이 나서 외톨이가 되거나 고립감을 느끼는 경우가 많다.

간헐적 폭발성장애의 진단 기준(DSM-5)

1. 공격적 충동을 통제하지 못해 다음의 2가지 중 1개로 드러나는 반복적인 행동 폭발
   1) 3개월 동안 매주 평균 2번 재산, 동물 및 다른 사람을 향한 언어적 공격(욱하는 짜증, 장황한 비난, 언어적 논쟁이나 다툼)이나 신체적 공격을 나타냄(신체적 공격은 재산 피해나 파괴를 초래하지 않으며, 동물이나 다른 사람의 신체적 손상을 초래하지는 않음)
   2) 3가지의 재산 피해나 파괴를 초래하는 행동적 폭발, 그리고(또는) 동물이나 다른 사람을 대상으로 신체적 손상을 입히는 신체적 공격이 지난 12개월 이내에 발생함

(2) 원인

간헐적 폭발성장애의 원인은 분명하게 밝혀진 것이 별로 없으나 이 장애에 영향을 미칠 수 있는 요인으로 어렸을 때 부모와 다른 사람들에게서 당한 신체적 · 정

서적 학대, 어린 시절 가정 환경의 폭력성, 충동적인 공격적 행동과 관련된 유전적 취약성 등이 있다. 어렸을 때의 학대 경험으로 인해 정서적으로 안정되지 못하고 긴장과 불안한 상태에서 오랜 시간 지내다 보면 어느 순간부터는 그러한 불안이 분노로 바뀌어서 조그만 자극에도 폭발을 하게 된다. 아동이 자신의 욕구나 감정이 수용되지 못하고 지속적으로 무시되면 화가 나고, 그러한 분노 감정이 해소되지 못하고 억압되다 보면 사소한 자극에 폭발을 하게 된다. 유전적으로 충동적이고 공격적인 행동을 하는 기질을 가진 아동들은 스트레스 역치 수준이 낮고, 통제력이 약하기 때문에 사소한 자극에도 충동적으로 폭력적인 공격 행동을 할 가능성이 높다(김청송, 2015).

(3) 치료

간헐적 폭발성장애 아동을 지원하기 위해 다양한 치료적 전략을 활용할 수 있다. 우선, 간헐적 폭발성장애가 심각해서 아동 자신뿐만 아니라 타인에게도 심한 손상을 입힐 경우는 약물치료가 우선적으로 도움이 될 수 있다. 아동 스스로 분노 감정을 통제하지 못하기 때문에 약의 도움으로 통제능력을 향상시켜 줄 수 있다. 약을 통해 크게 눈에 띄는 행동문제를 해결한 후에 근본적으로 억압된 분노 감정을 충분히 견디고 다루는 것을 돕는 개입이 필요하다(김춘경 외, 2021). 아동의 분노 감정을 충분히 표현하도록 돕는 것과 더불어 적절하게 자신의 분노 감정을 다루는 감정 조절 연습을 위해 놀이치료, 미술치료, 음악치료, 이야기치료, 모래놀이치료 등 다양한 심리치료가 필요하다. 이와 더불어 가정환경을 건강하게 바꾸기 위해 부모가 가진 문제를 해소하도록 돕는 상담적 개입과 아동을 올바르게 양육할 수 있도록 돕는 양육 코칭도 지속적으로 이루어져야 한다.

다음과 같은 분노 피하는 방법을 아동에게 가르치는 것도 효과적이다.

〈표 6-4〉 아동의 분노를 줄이는 방법

생각 중단하기	'그만!' 혹은 이와 비슷한 주문 같은 것을 통해 부정적인 생각을 멈추도록 한다.
타임아웃 사용하기	감정이 심하게 격해져서 어떤 식으로도 조절이 안 될 때는 타임아웃을 갖는 것이 좋다. 다만, 타임아웃은 개입된 양자가 더 이상의 상황을 유발하지 않기 위해 잠시 시간을 가질 필요성을 인식하고 있다는 전제하에 사용되어야 한다. 준비가 되어 있다면 다시 문제상황에 대해 이야기해 본다.
관심 바꾸기	계속 주목하고 있음으로써 자신의 분노가 더 상승하는 경우도 많다. 분노를 일으키는 문제가 교정 불가능한 경우이거나 교정이 꼭 필요한 것이 아니라면 다른 대상으로 관심을 바꾸는 것이 분노감을 줄이는 데 도움이 된다.

3) 적대적 반항

(1) 특성

적대적 반항장애(oppositional defiant disorder)는 어른의 말을 잘 따르지 않고, 적대적이고, 거부적이며, 반항적인 행동이 주 특성으로 나타나는 장애다. DSM-5에서는 이 장애가 분노하며 짜증내는 기분, 논쟁적이고 반항적인 행동, 복수심의 핵심 증상을 가지고 있다고 한다.

적대적 반항장애를 가진 아동들은 어른들의 지시에 불응하는 경우가 많고, 따지는 경우가 많아서 버릇없는 아이로 여겨진다. 또한 항상 화가 나 있고, 언어적으로 논쟁하기를 좋아하며, 규칙을 지키거나 지시에 응하지 않고, 자신이 부당한 대우를 받았다고 생각되면 반드시 같은 방법으로 타인을 괴롭히는 경우가 많다. 적대적 반항장애 아동들은 이러한 행동 특성 때문에 항상 주변 사람들과 갈등을 유발하고, 또래관계가 원만하지 않으며, 부모와 갈등을 겪는다. 보통 여아보다 남아에게서 더 일반적인 것으로 보고되고 있으며(American Psychiatric Association, 2013), 증상이 발병하는 시기는 3세부터 시작되기도 하지만, 평균 발병 시기는 8세 무렵이다(김청송, 2015).

적대적 반항장애의 진단 기준(DSM-5)

1. 분노 · 짜증 내는 기분, 논쟁적 · 반항적 행동, 악의적인 복수심의 3가지 범주의 8가지 중에서 4개 이상의 증상이 최소한 6개월 이상 지속되는 행동 양상, 이러한 행동이 형제자매가 아닌 최소한 한 사람 이상의 상호작용에서 나타난다.

2. 이러한 행동 장해가 가까운 사회적 환경(예 가족, 또래집단, 직장 동료)에 있는 개인이나 다른 사람들에게 고통을 주거나 사회적, 교육적, 직업적 또는 다른 중요한 기능 영역에 부정적인 영향을 미친다.

3. 이러한 행동이 정신증, 물질 사용, 우울 또는 양극성 장애의 경과 중에만 나타나는 것은 아니어야 한다. 또한 파괴적 기분조절곤란 장애의 기준에 부합되지 않아야 한다.

(2) 원인

적대적 반항장애의 원인은 간헐적 폭발성장애의 원인과 비슷하다. 적대적 반항장애를 가진 아동들은 유전적으로 좌절을 참는 인내력이 부족하고, 충동적이며, 통제력이 약한 기질적 요인이 있다. 부모에게 충분히 공감 및 지지를 받지 못하거나, 부모가 아동에게 일방적인 지시, 통제, 심한 체벌을 하는 잘못된 훈육 방법을 사용하거나 가정불화, 이혼, 학대 등의 가정환경적 요인이 작용하기도 한다.

(3) 치료

적대적 반항장애를 가진 아동들은 기본적으로 사람에 대한 불신감이 깊기 때문에 심리치료에서 상담자와 안정적인 신뢰관계를 형성하여 안정 애착을 재형성함으로써 자신이 있는 그대로 수용되고 존중되는 경험을 통해 타인에 대한 분노나 반항심을 줄일 수 있다. 이와 함께 자신의 감정이나 욕구를 분명한 언어로 전달하도록 돕는 의사소통 훈련과 적절한 대인관계 경험을 위해 규칙을 지키고, 타인의 욕구과 감정을 인식하도록 돕는 사회기술훈련이 병행되어야 한다. 이를 위해 다양한 매체를 활용한 치료가 도움이 될 것이다. 특히 사회적 상황을 따르고 규칙을 지키도록 돕기 위해서는 게임 놀이치료가 효과적이라고 할 수 있다.

4) 틱장애

(1) 특성

틱장애(tic disorder)는 자신이 원하지도 않고 의도하지도 않았는데 자신도 모르게 눈, 얼굴, 목, 입, 어깨, 팔, 다리 등을 빠르게 반복적으로 움직이거나 갑자기 이상한 소리를 내는 행동을 반복하는 것이다. 틱장애는 아동들에게 흔하게 나타나고, 특히 일시적인 틱 증상이 가장 흔하게 나타난다. 보통 7~11세에 가장 많이 나타나고, 전체 아동의 10~20%가 일시적인 틱 증상을 경험하는 것으로 나타났다(김청송, 2015). 틱장애는 여아보다 남아에게서 더 흔하게 보고되는 장애다. 틱장애에는 두 가지 증상이 있는데, 주로 행동으로 나타나는 운동틱(motor tic)과 소리로 나타나는 음성틱(vocal tic)이다. 운동틱은 눈 깜빡이기, 얼굴 찡그리기와 같이 하나의 근육 집단이 수축되어 나타나는 단순 운동틱(simple motor tic)과 고개 끄덕이며 코 찡그리기 등과 같이 여러 근육 집단의 수축과 관련지어서 나타나는 복합 운동틱(complex motor tic)으로 구분된다. 음성틱 또한 헛기침하기 등과 같은 한 가지 소리만 내는 단순 음성틱(simple vocal tic)과 특정 문장을 반복해서 말하거나 욕하기 등과 같은 복합 음성틱(complex vocal tic)으로 나뉜다(김춘경 외, 2021).

일반적으로 틱장애를 가진 아동들은 불안, 긴장, 스트레스, 흥분 상황에서 증상이 더욱 심해지고 마음 편한 활동을 할 때에는 증상이 감소한다. 이러한 틱 증상은 일시적으로 생겼다가 사라지기도 하고, 사라졌다가 다시 나타나기도 하지만, 오랫동안 지속될 경우에는 우울증이나 불안, 학습장애, 또래관계 곤란 등 다양한 문제를 가질 수 있다.

틱장애는 증상의 특성에 따라 투렛장애와 지속성 운동 또는 음성 틱장애, 일시성 틱장애로 구분된다.

투렛장애(Tourett's disorder)는 여러 가지 운동틱과 한 가지 이상의 음성틱이 1년 이상 지속적으로 나타나는 것이다. 투렛장애와 운동틱과 음성틱이 동시에 나타나기도 하고, 운동틱이 나왔다가 다시 음성틱이 나타나기도 한다. 투렛장애는 틱장애의 종류 중에서 가장 심각한 유형에 속하기 때문에 치료가 쉽지 않고 예후가 좋지 않은 특성이 있다.

지속성 운동 또는 음성 틱장애(persistent motor or vocal tic disorder)는 운동틱 또는 음성틱 중에 한 가지의 틱 증상이 1년 이상의 기간 동안 거의 매일 또는 간헐적으로 하루에도 몇 차례씩 나타나는 것이다. 지속성 틱장애의 경우에는 투렛장애와 달리 운동틱과 음성틱이 함께 나타나지 않는다.

일시성 틱장애(provisional tic disorder)는 운동틱이나 음성틱이 일시적으로 나타나는 것이다. 일시성 틱장애는 한 가지 또는 여러 가지의 운동틱이나 음성틱이 최소 4주 동안 거의 매일 하루에 수시로 나타나지만 이 기간이 1년을 넘지 않는 경우다.

틱장애의 진단 기준(DSM-5)

1. 투렛장애
   1) 여러 가지 운동틱과 1가지 이상의 음성틱이 반드시 동시에 나타나지는 않더라도 장애의 경과 중 일부 기간 동안 나타난다.
   2) 더 흔히 나빠지거나 좋아질 수 있지만, 처음 틱이 나타난 이후 1년 이상 지속되어야 한다.

2. 지속성(만성) 운동 또는 음성 틱장애
   1) 1가지 또는 여러 가지의 운동 또는 음성틱이 장애의 경과 중에 존재하지만, 운동틱과 음성틱 둘 다 나타나는 것은 아니다.
   2) 틱은 흔히 나빠지거나 좋아질 수 있지만, 처음 틱이 나타난 이후 1년 이상 지속되어야 한다.

3. 일시성 틱장애
   1) 1가지 또는 여러 가지의 운동틱 또는 음성틱이 있다.
   2) 틱이 처음 발병한 지 1년 미만이다.

(2) 원인

투렛장애의 원인으로는 유전적 요인을 들 수 있다. 투렛장애와 지속성 틱장애가 동일한 가족 내에서 흔히 발생하거나, 투렛장애를 가진 어머니의 자녀 중 아들에게서 투렛장애가 나타나는 비율이 높으며, 쌍둥이 연구에서 일란성 쌍둥이에서의 일치율이 이란성의 경우보다 현저하게 높게 나타나는 등의 연구 결과들(김춘경 외, 2021)에 의해 투렛장애의 발생이 유전적인 영향을 받는 것으로 본다. 투렛장애의 또 다른 원인으로는 뇌의 구조적 또는 기능적 이상, 뇌의 생화학적 이상, 호르몬의 이상, 임신 및 출산 과정에서의 뇌손상 등이 있다(김청송, 2015).

지속성 운동 또는 음성 틱장애의 원인은 투렛장애와 유사하게 유전적 요인에 의해서 발생한다. 쌍둥이 연구에서 일란성 쌍둥이가 이란성 쌍둥이보다 더 높은 일치율을 보였다(권석만, 2014).

일시성 틱장애의 원인은 신체적인 요인과 심리적인 요인, 또는 이 두 가지의 원인이 복합적으로 작용해서 발생한다. 신체적인 요인에 의해서 발생한 틱장애는 점점 증상이 심화되어서 투렛장애로 발전하는데, 대부분 유전적인 요인에 의한 것이기 때문에 가족력이 있다는 특징이 있다. 심리적인 요인에 의한 틱장애는 심리적으로 불안하거나 긴장될 때, 스트레스가 심할 때 나타났다가 자연스럽게 사라지기도 하지만, 틱장애를 유발하는 불안이나 긴장, 스트레스 환경이 변하지 않고 지속될 경우에는 증상이 더욱 악화된다.

(3) 치료

투렛장애와 심각한 수준의 지속성 운동 또는 음성 틱장애에는 약물치료가 가장 효과적이며 행동을 수정하는 행동치료도 틱장애 치료에 유용하게 적용될 수 있다. 틱장애는 뚜렷하게 드러나는 행동상의 문제가 있기 때문에 틱 증상이 나타날 때 다른 긍정적인 행동으로 대체하는 훈련인 습관반전법과 같은 행동훈련을 지속적으로 실시하면 증상의 완화에 도움이 된다. 그 외에 틱 증상이 나타나기 전의 심리적 불안이나 긴장 상태를 완화하는 긴장이완훈련도 틱 증상의 감소에 도움이 된다(김춘경 외, 2021).

일시적 틱장애의 경우에는 가벼운 틱 증상이 나타났다가 자연스럽게 사라질 수 있으므로 그냥 두면 된다. 그러나 증상이 심할 경우에는 심리적 불안이나 긴장을 감소시키는 심리치료가 도움이 된다. 일시적 틱장애를 가진 아동들은 자신도 모르게 그러한 증상이 나타나는 것이기 때문에 아동의 증상에 대해서 지적하거나 혼을 내면 안 된다는 것을 부모교육을 통해 알려주어야 한다.

5) 배변장애

(1) 특성

유뇨증(enuresis)이란 대소변 훈련이 완성될 연령이 지나서도 밤이나 낮 동안 침구나 옷에 반복적으로 소변을 지리는 것이다. 단, 의학적 질병, 배뇨에 영향을 주는 약물에 의해 생긴 것이 아니어야 한다.

유분증(encopresis)이란 기질적인 병리도 없으면서 옷이나 마루같이 적절하지 않은 장소에 반복적으로 대변을 보는 것이다.

유분증이 있는 아동은 수줍음이 많고, 난처한 일이 생기는 것을 피하기 위해 비의도적으로 일어날 수 있으며, 의도적인 경우에는 반항성 장애나 품행장애가 나타날 수도 있다. 5세 유아에게 나타나는 경향이 있으며, 남아에게서 더 많이 나타난다.

유뇨증은 성공적으로 훈련이 되었다가 다시 소변을 보게 되는 경우(퇴행)가 있는데, 원인은 방광 조절을 할 수 있으나 급성질병 또는 생리학적인 현상의 변화와 심리적 행동적 요인에 의해 나타난다. 특징과 발달 경로는 야간 유뇨증이 더 많고, 문제를 치료하지 않아도 자연적으로 치료가 되는 경향이 있다. 그러나 아동의 유뇨증이 지속되는 경우에는 자존감 형성에 부정적 영향을 주고 부모-자녀 관계에 손상을 받을 수 있기 때문에 부모의 면밀한 관찰과 적절한 개입이 필요하다.

유뇨증 진단 기준(DSM-5)

A. 침구나 옷에 반복적으로 소변을 봄(불수의적이든 고의적이든)

B. 적어도 연속해서 3개월 동안 주 2회의 빈도로 일어나고, 사회적, 학업적(직업적 또는 다른 중요한 기능) 영역에서 임상적으로 심각한 고통이나 장해를 일으킴

C. 생활연령이 적어도 5세(또는 이에 해당되는 발달수준)임

D. 전적으로 물질(예 하제)이나 일반적인 의학적 상태(예 당뇨병, 척수, 이분증, 경련 질환)의 직접적인 생리적 효과로 인한 것은 제외함

(2) 원인

4~6세의 아동에게서 스트레스에 대한 반응으로 나타난다. 주간 유뇨증은 부모들과 아동 사이의 힘겨루기, 동생 출산이나 스트레스로 인해 발생하는 경우가 많

고 괄약근 조절기능이 약하거나 소변을 봐야 하는 필요성에 대한 아동의 인식 부족과 같은 요소들에 의해 나타나기도 한다. 아동의 유뇨증은 과잉 활동적, 공격적, 훈육에 대해 부정적, 새로운 상황에 적응하는 데 저항이 심하거나 의존적, 비주장적 낮은 성취동기, 숙달동기를 가진 경우에 더 많이 나타난다고 알려져 있다.

(3) 치료

배설장애 치료개입 방안은 약물치료가 효과적이나 약 복용을 중단할 경우 재발할 가능성이 많다. 아동의 증상이 이차적 유뇨증인 경우에 아동의 심리적인 원인으로 인해 정서적 안정과 손상된 부모-자녀 관계를 증진하기 위해 놀이치료나 심리치료가 필요하다. 또한 가정에서 유뇨증과 유분증을 개선하기 위한 방안으로는 행동치료가 적용되며 효과적인 방법으로 활용되고 있다. 행동치료 행동기법으로는 소변경보, 패드-벨 방법, 소변 알람, 긍정적인 습관(훈련), 참기 스케줄, 건조상태에 대한 강화, 보유조절 훈련, 우연성 회피, 청결 훈련, 잠깨기 스케줄, 그리고 정지 · 시작 훈련이 활용된다.

CHAPTER 07

유아교육기관 상담사례 유형

유아교육기관에서는 아동의 다양한 문제에 대한 상담이 이루어진다. 신경발달장애 또는 매우 심각한 수준의 병리적 증상이 있을 경우에는 객관적인 관찰내용을 전달하고, 전문적인 검사 및 치료를 권하게 된다. 그러나 유아교육기관에서 빈번하게 나타나는 다소 경미한 증상은 유아교육기관에서 이루어지는 상담과 조치만으로도 많은 부분 개선이 가능하다. 이 장에서는 예비유아교사가 알아두면 도움이 될 만한 유아교육기관 상담사례 유형 몇 가지에 대해 다루어 보고자 한다.

1. 등원 거부

1) 증상 및 행동 특성

아동이 어린이집 또는 유치원에 등원하기를 거부하는 경우가 있다. 신학기 초에는 낯선 공간과 낯선 사람을 마주해야 하는 아동의 입장에서 볼 때, 불안하고 긴장이 되어 등원하기 힘든 것은 당연하다. 따라서 주변 상황에 어느 정도 익숙해지고,

담임교사와 같은 반 친구들과 안정적인 라포를 형성하기까지 기다려 주고 안심시켜 주는 과정이 필요하다. 다만, 적응을 할 수 있는 충분한 기간이 지났음에도 불구하고 몇 달, 길게는 1년도 넘게 등원을 거부하는 사례들이 종종 있다. 이 경우에 아동은 매일 아침, 등원을 위해 씻고 옷을 갈아입는 과정부터 순탄치 않다. 일부러 꼼지락거리며 느리게 움직이기도 하고, 여러 가지 핑곗거리를 만들어 등원 거부 의사를 밝힌다. 등원 차량에서 또는 기관 앞에 도착해서까지 큰 소리로 울고 떼쓰며 매달리는 행동을 보이고, 가기 싫다고 애원하거나 도망을 다니면서 위험한 상황이 연출되기도 한다. 우여곡절 끝에 기관에 출석을 하더라도 두통, 복통 등의 신체적 고통을 호소하기도 하고 교사나 또래 친구들과의 상호작용을 거부하는 모습을 보이기도 한다. 활동 거부뿐만 아니라 급식 및 간식까지 거부하기도 한다.

2) 원인 및 지도

원 인	지도 및 상담 방향
• 양육자와 분리되는 것에 불안감이 있는 경우 • 기관을 자주 옮기면서 기관 규모가 커지거나 학급 인원수가 늘어난 경우, 환경적인 불안함을 가지는 경우 • 또래관계에 대한 심리적 부담감이 있는 경우 • 주로 가정에서만 머물면서 사회적 경험과 갈등을 경험해 보지 못한 경우 • 교사에게 꾸중을 들었을 때 자신을 싫어한다고 생각하는 경우 • 목표 달성이나 결과에 대한 부담감이 큰 경우 • 기관에서의 활동에 흥미를 느끼지 못하는 경우 • 자신의 장난감을 가지고 노는 것이 기관에서 친구들과 노는 것보다 재미있다고 느끼는 경우 • 기관에 있는 동안 자신의 놀잇감을 다른 사람이 만지거나 버릴 것이라는 두려움이 있는 경우	• 새로운 환경과 교사에 익숙해지고 안정감과 신뢰감을 가질 수 있도록 지도 • 특정 사건과 관련된 등원 거부라면 부모-교사 간 정보공유 후 대응방법 모색 • 분리불안이 원인이라면 주양육자와의 애착형성이 우선되어야 하며, 기관에 노출되는 시간은 점진적으로 늘려 나가도록 안내 • 일관성 있는 반응 • 기관 초기 적응 프로그램 • 관찰과 면담을 통한 또래관계 문제점 파악 후 적절한 개입과 중재를 통해 사회적 관계 형성에 도움 • 교사와의 관계가 원인이라면 온정적 태도를 통해 아동이 관심과 사랑을 받는다고 느낄 수 있도록 함

• 먹기 싫은 메뉴가 있거나 급·간식이 입에 맞지 않을 경우	• 아동 발달수준과 개별 차의 특성을 파악하여 수준에 맞는 적절한 경험을 할 수 있도록 지도 • 목표 달성 또는 실수에 대한 부담감이 원인인 경우 실수에 대한 부담을 덜어주고 즐길 수 있도록 도움

출처 : 황현주 외(2020). 아동상담. 경기 : 양서원, pp. 203-205.

2. 식습관

1) 증상 및 행동 특성

아동기는 신체적 성장도 급격하게 이루어지기 때문에 건강한 신체발달을 위해 균형 잡힌 영양 공급이 필요하다. 영아기의 다양하고 건강한 식재료의 경험이 이후의 성장 및 발달에도 긍정적인 영향을 미칠 수 있다. 그러나 신선하고 건강한 식재료를 다양하게 경험해 보지 못하고 자극적이거나 불균형적인 음식을 자주 접한다거나 선천적으로 후각 또는 미각이 예민하여 아동기 식습관 문제로 고착되는 경우도 있다. 음식을 가리는 편식문제, 음식섭취를 거부하는 문제, 과한 열량을 섭취하는 비만문제 등이 대표적으로 나타나게 된다. 편식이라는 것은 특정 식품을 먹지 않는 것도 포함하지만, 그 밖에도 음식물을 섭취할 때 정상적인 식사량보다 과자나 음료를 섭취하는 비중이 더 큰 경우에도 해당된다. 이는 영양 불균형을 초래하여 발육과 성장에 방해가 된다. 또한 최근에는 소아비만의 비율이 높아지고 있는데, 이는 성인병으로 이어지고 성장기 내내 열등감과 같은 부정적 심리상태를 유발할 수 있다. 섭취량이 많을 뿐만 아니라 잘 움직이지 않아서 에너지 소비량이 줄어들기 때문에 살이 찌는 악순환이 계속될 수 있다. 고열량의 음식 섭취, 습관적인 섭취 등의 증상이 있다.

2) 원인 및 지도

원 인	지도 및 상담 방향
• 이유기에 미각과 촉각 경험이 부족한 경우 • 영아기 혀 근육 발달이 늦는 경우 • 후각 또는 미각에 유독 예민한 경우 • 식사시간, 주양육자의 강압적 태도와 음식에 대한 지나친 간섭, 과잉보호 • 부모의 식성과 식품 기호의 영향을 받은 경우 • 성인의 관심이나 주의를 끌기 원할 경우 • 경제적인 어려움으로 다양한 식품군 경험의 부재가 있을 경우 • 식사시간 전에 간식 섭취가 많은 경우 • 너무 빨리 먹거나, 너무 느리게 먹는 경우 • 수저 사용이 서툰 경우 • 식사시간에 영상 시청이나 장난감을 가지고 노는 경우	• 새로운 맛이나 식재료를 아주 조금씩 맛볼 수 있게 도움 • 조리법을 다양하게 하여 음식에 관심을 갖도록 도움 • 개별차를 고려하고 식사량을 파악하여 적정 수준으로 제공 • 직접 재료를 손질하거나 만들어 보는 경험에 참여시킴 • 식사시간 전에 간식, 장난감, 영상물을 제공하지 않으며 정해진 시간 내에 식사를 마칠 수 있도록 정함 • 식사시간이 유난히 긴 경우에는 식사 전 공복감을 주는 것이 필요 • 잔소리보다는 긍정적인 지원 • 부모의 편식부터 개선 노력 안내 • 특정 음식만을 거부한다면 특정 음식에 대한 알러지 반응 검사 요청 • 상, 벌의 수단으로 간식 제공하지 말 것

3. 배변습관

1) 증상 및 행동 특성

평균 15개월 이전에는 기저귀에 배변을 해결하고, 개인차에 따라 이후 배변으로 인한 기저귀의 불쾌한 감촉, 괄약근 조절의 경험을 하게 된다. 대부분 36개월 이전에는 실수가 있고, 다소 미숙하지만 배설 전 용변 의사를 표현하고, 방광 조절능력도 어느 정도 발달하여 소변을 참을 수 있게 된다. 점차 용변 후 스스로 물을 내리고, 뒤처리를 하며, 옷을 입는 것까지 가능하게 된다. 그러나 아동이 낯선 공간에서는 불안감을 느끼므로 배변 자체를 거부하거나 억지로 참는 모습이 나타날 수 있으며, 이 때문에 방광 또는 신장에 문제가 생길 수도 있다. 개인 발달차에 따라 또래보다 조금 늦게 배변훈련을 시작할 수는 있으나, 너무 늦은 시기까지 기저귀를 떼지 못한 경우에는 기관 생활을 하는 동안 악취 등으로 인해 또래로부터 거부를 당하거나 이로 인한 수치심을 경험할 수도 있다. 한편 아동기에 배변습관이 안정적으로 이루어졌으나 심리·정서적인 이유로 유뇨증과 유분증이 나타날 수도 있다. 유뇨증은 5세 이후의 아동이 3개월 동안 주 1, 2회 이상 침대나 옷에 지속적으로 소변을 배설하는 증상이다. 이는 성적 학대 또는 낯선 곳에 대한 두려움, 화장실 사용에 대한 불안 등의 큰 스트레스 때문에 발생할 수 있다. 3, 4세 정도 연령의 아동에게는 주간형 유뇨증이 나타나고, 그 이후의 아동에게서는 야간형 유뇨증이 나타나는 편이다. 유분증은 4세 이상의 아동이 3개월 동안 한 달에 1회 이상 배변 실수를 하는 증상이다. 이 또한 변비의 문제나 학대, 환경 변화 등 심각한 스트레스 상황에 노출될 때 나타나며, 여아보다는 남아에게 더 많이 나타나는 특징이 있다.

2) 원인 및 지도

원 인	지도 및 상담 방향
• 발달지체 또는 배변훈련의 지연 • 화장실 사용에 대한 불안 • 낯선 상황과 공간에서의 스트레스 • 질환이 있는 경우 • 학대 등의 심각한 스트레스에 노출된 경우 • 몸에 꽉 끼거나 긴 치마 등 입고 벗는 데 어려움이 있는 옷을 입은 경우	• 가정과 기관이 의논하여 일관성 있게 배변 지도 실시 • 영아의 발달단계를 고려하여 지도 • 배변 실수에 예민하게 반응하지 않도록 안내 • 영아의 작은 제스처, 표정에도 배변의사를 파악하고 즉각적으로 반응해 줄 수 있도록 안내 • 아기용 변기를 제공하는 등 심리적 안정감을

• 단추, 지퍼 등의 사용이 미숙한 경우 • 주양육자가 아동의 배변 실수에 예민하게 반응하는 경우 • 주양육자가 배변 지도에 어려움과 귀찮음을 느껴 가정에서 계속해서 기저귀를 착용시키거나 옷을 벗고 생활하도록 하는 경우 • 배변지도 시 엄격한 태도를 보이는 경우 • 정상적으로 배변훈련이 되었으나, 사고 또는 충격으로 갑작스러운 문제를 보이는 경우	줄 수 있도록 하고, 놀이를 통해 즐겁게 배변 경험을 해볼 수 있도록 지도 • 배변지도는 일과에 맞춰 규칙적으로 진행하도록 하나, 개인 신체기능을 고려하여 융통성 있게 지도할 수 있도록 안내 • 대·소변을 보게 하려고 장시간 변기에 앉아 있게 하지 않도록 안내 • 스스로 입고 벗기 편한 옷을 입힐 것을 권유 • 자기 전 수분 섭취하지 않도록 안내 • 배변 실수에 위축되지 않도록 격려해 줘야 한다는 사실 안내 • 신체문제로 보일 경우 병원 상담을 권유 • 스트레스 요인을 파악하여 제거

4. 사회적 기술 부족

1) 증상 및 행동 특성

아동기 초기에는 특징적으로 자기중심성이 강하게 나타나나, 가정과 유아교육기관 또는 여러 지역사회에서 만나는 사람들과의 상호작용 경험을 통해 조망수용능력을 얻게 된다. 따라서 다소 어린 시기의 아동은 자기가 좋아하는 물건이나 사람에 대한 강한 집착과 소유욕을 보이기도 하고, 자기 영역을 침해하는 것에 대해 강한 거부반응을 보이며, '나 중심'적으로 사고하고 말하고 행동하는 경향을 보이게 된다. 이 시기에 또래와 함께 지내면서 다양한 갈등상황에 대한 경험, 갈등을 해결해 보는 경험, 양보하거나 양보 받아보는 경험, 서로 의견을 조절하여 최선의 타협을 이끌어 내는 경험 등을 통해 친사회적 행동 기술을 습득할 수 있다. 이렇게 습득한 사회적 기술과 조망수용능력 등은 학령기, 성인기까지 사람들과의 관계에 영향을 끼치기 때문에 매우 중요하다. 공동체, 집단 속에서 긍정적이고 원만한 관계를 이루며 생활할 수 있도록 기초를 잘 다지는 것이 중요하다. 그러나 앞서 말했듯, 영 · 유아기는 사회성 발달이 아직 미숙하여 양보하고, 도와주고, 배려하고, 용서를 구하고, 용서해 주고, 협동하고, 집단의 규칙을 지키는 것이 어려울 수 있다. 이런 어려움이 스트레스가 되어 다소 격한 감정적 반응을 표출하기도 한다. 친구를 밀어버리거나 꼬집거나 할퀴는 등의 공격적 행동으로 나타날 수도 있고, 소리를 지르며 떼를 쓰고 울음을 터뜨리거나 다른 신체적 반응을 나타낼 수도 있다.

2) 원인 및 지도

원 인	지도 및 상담 방향
• 발달지연, 특히 언어발달 지연인 경우 • 사회적 상호작용 경험이 적은 경우 • 본래 공격적 성향이 두드러지게 나타나는 경우 • 미디어 또는 환경적 노출로 인한 공격적 행동이 나타나는 경우 • 모든 경우에 그렇지는 않으나, 외동이거나 늦둥이 막내인 경우 • 자기조절능력이 미숙한 경우 • 친구와의 상호작용 경험이 부정적인 경우 • 스트레스 상황에 노출되어 있는 경우 • 기타 심리 · 정서상의 병리적 원인을 가진 경우	• 발달지연이 의심되는 경우 면밀한 관찰을 통해 내용을 전달하고, 검사 및 치료 권유 • 또래와 지속적으로 만날 수 있는 경험을 제공 • 친사회적 기술에 대해 꾸준히 지도 • 폭력적인 영상 매체 등에 노출되지 않도록 안내 • 공격적 성향의 원인에 대해 파악하여 조치 • 스트레스 요인에 대해 파악하여 제거 • 병리적 원인이 의심될 경우 전문기관 안내 • 자기조절능력을 단계별로 훈련 • 규칙에 대해서는 아이와 의논하여 세우고, 책임을 지도록 지도할 것 • 친사회적 행동에 대해 긍정적이고 즉각적으로 반응할 수 있도록 안내 • 이해의 혼동이 없도록 명확한 의사전달 연습

5. 구강기 고착

1) 증상 및 행동 특성

아동기의 대표적인 구강기 고착 문제는 손가락 빨기와 손톱 물어뜯기가 있다. 영아는 손가락을 빠는 모습을 흔히 볼 수 있고, 그 모습이 자연스럽다. 프로이트가 주장한 심리성적 발달단계에 따르면 해당 시기는 심리성적 에너지인 '리비도'가 구강에 위치하므로 무엇이든 입에 가져가려고 하는 모습으로 설명된다. 실제 어린 시기의 아동은 세상의 다양하고 새로운 것들을 입과 혀의 감각으로 익히는 듯한 특징을 보인다. 따라서 영아가 손가락을 입 속으로 가져가 빠는 행위는 매우 자연스러운 현상이며, 스스로 안정감을 찾으려는 긍정적 시도로 해석될 수도 있다. 그러나 손가락 빨기가 자연스러운 시기가 한참 지났음에도 불구하고 계속해서 이러한 행동을 한다거나 전혀 그렇지 않다가 어느 순간부터 갑자기 손가락을 빨기 시작하는 모습이 나타나기도 한다. 손톱을 물어뜯는 아동의 경우에는 이것이 지속되어 청소년기, 성인기까지 이어지기도 한다. 손톱, 발톱을 모두 물어뜯기도 하며 주로 불안하고 흥분된 상황에서 이러한 증상이 나타난다. 물론 습관적으로 무심코 또는 심심해서 물어뜯는 경우도 있다. 심각한 경우에는 손톱, 피부가 짓무르고, 벗겨지고, 피가 날 때까지 행동을 지속하기도 한다. 두 증상 모두 단기간에 고쳐지기는 어렵다.

2) 원인 및 지도

원 인	지도 및 상담 방향
• 졸리고 피곤해서 손가락을 빠는 경우 • 좌절감이나 불안감을 느껴서 심리적 안정감이 필요한 경우 • 불안한 상황에 지속적으로 노출되는 경우(예 부부 간 불화, 학대 등) • 심심하고 무료하다고 느끼는 경우 • 짜증이 나는 등 신경질적인 증상으로서 손톱을 물어뜯는 경우	• 적절한 수면과 휴식을 취하여 스트레스를 줄일 수 있도록 안내 • 배고픔을 느끼지 않도록 안내 • 해당 행동에 대해 계속 지적하고 예민하게 반응하지 않도록 안내 • 전후에 보이는 심리·행동 특성에 대해 파악하여 지도 • 심심하지 않도록 놀이나 활동 제공 • 손톱에 매니큐어를 바르거나 예쁜 밴드를 발라보도록 조언 • 긴장감을 주는 상황을 파악해서 제거하거나 다른 표출 방법에 대해 고민

6. 울 음

1) 증상 및 행동 특성

영아는 언어로 자신의 의사를 표현하기 어려우므로 주로 울음을 통해 배고픔, 불쾌함, 짜증남, 아픔 등을 표현하게 된다. 또한 영아는 이 울음에도 미세한 차이를 두어 안아달라는 등의 자신의 요구를 관철시키기 위한 가짜울음을 활용하기도 한다. 그러나 이 시기가 지난 이후에는 개인차는 있지만, 언어가 폭발적으로 늘어나게 되고 어느 정도 자신의 욕구를 언어로 표현할 수 있게 된다. 그러나 발달상의 차이로 인해 언어발달이 더딘 경우 여전히 울음을 활용하기도 한다. 따라서 영·유아기 아이들이 울음을 통해 자신의 다양한 감정 상태를 표현하고자 하는 것은 자연스러운 현상이다. 하지만 주변의 관심을 끌기 위해 지나칠 정도로 울음을 보이는 경우에는 문제가 될 수 있다. 언어적 표현이 충분히 가능함에도 불구하고 무조건 운다거나 내 뜻대로 될 때까지 울고, 보채고, 떼쓰는 모습으로 나타난다. 우는 이유는 합당하나 전혀 진정이 되지 않는 경우, 잘못을 무마하기 위해 미리 울어버리는 경우, 너무 의존적인 성향이라 무슨 일에든 울음으로 도움을 요청하는 경우 등이 있다.

2) 원인 및 지도

원 인	지도 및 상담 방향
• 발달이 늦거나 언어적 표현이 미흡할 경우 • 정서나 감정을 조절할 능력이 부족한 경우 • 자신의 요구를 관철시키기 위한 경우 • 주변의 관심을 끌기 위한 경우 • 자신의 생각대로 되지 않아서 화가 나고 좌절하는 경우 • 습관적으로 우는 경우 • 책임을 회피하거나 자기방어를 위해 우는 경우 • 성인에게 의지하기 위한 경우 • 우울함 등의 정서 문제로 평소와 다르게 심각한 울음을 보이는 경우	• 언어발달이 더딘 경우 아동의 감정을 읽어줄 수 있도록 안내 • 아픔, 슬픔, 괴롭힘으로 인해 우는 경우에는 진정될 때까지 위로하고 달래주도록 안내 • 아동이 울음을 멈추고 언어로 표현할 때에는 격려해 줄 수 있도록 안내 • 습관성 울음이라면 가정과 연계하여 우는 상황에 대해 면밀히 파악 • 책임을 회피하거나 방어적으로 우는 경우에는 무시하는 방법을 쓰도록 안내 • 성인의 관심을 끌거나 자신의 요구를 관철시키기 위해 울 때는 잠시 그대로 두었다가 우는 이유에 대해 말해보도록 안내 • 단, 긴 시간 우는 것을 방치하거나 조롱하고 비난하는 투로 지적하면 행동이 더욱 심해질 수 있음 • 우는 방법으로 원하는 것을 얻을 수 없다는 것을 분명하게 가르쳐 주고, 일관성 있게 반응하도록 안내 • 심각한 수준의 분리불안 등으로 인한 울음에는 전문가 상담 권유

출처 : 황현주 외(2020). 아동상담. 경기 : 양서원, pp. 214-216.

7. 수 면

1) 증상 및 행동 특성

아동은 충분한 수면과 휴식 시간을 가져야 건강하게 성장·발달할 수 있다. 0~1세까지는 하루 16시간 이상 잠을 자고, 1세경부터 규칙적인 수면 패턴을 가지게 된다. 2~3세까지는 10~12시간 이상, 4~5세는 8~12시간 정도 수면해야 한다. 보통 일정한 수면 패턴에 따라 잠을 자지만 활발한 신체활동 후, 또는 스트레스가 있을 때에는 수면 요구가 증가하게 되기도 한다. 유아기에는 재미있는 것에 몰두하다 보면 잠자리에 들지 않으려고 하는 경우가 있는데 이는 정상적인 발달 모습 중 하나이지만, 이때 주양육자가 낮잠 등을 유도하여 유아가 충분한 휴식을 취할 수 있도록 조절해 주어야 한다.

한편 어두운 공간에서 잠들기 힘들어하는 경우나 악몽을 자주 꾸는 등의 경미한 증상부터 야경증과 몽유병 등의 증상에 이르기까지 다양한 수면 문제가 나타날 수 있다. 야경증은 수면 중 경악장애라고도 하며 수면 중 갑작스럽게 깨어 비명을 지르며 공황상태를 보이는 것으로 정확한 원인이 밝혀지지는 않았으나, 정서적인 불안, 수면 부족, 고열로 인해 나타날 수 있다고 보고 있다. 흔히 몽유병과 야뇨증이 함께 동반되어 나타나는 경우가 있다. 몽유병은 수면보행증이라고도 하며, 수면 중에 보행을 하거나 알아들을 수 없는 말을 중얼거리기도 한다. 몽유병으로 경험하는 다양한 증상은 잠에서 깬 뒤에는 기억하지 못하는 특징이 있고, 정확한 원인은 밝혀지지 않았지만 유전적인 소인이 있을 것으로 보고 있다. 야뇨증은 5세 이상에서 비뇨기계에 뚜렷한 이상이 없고 낮 동안 소변을 잘 가림에도 불구하고 수면 중 오줌을 지리는 증상이다. 야뇨증의 원인은 다양하게 추측되고 있으나 발달 지연의 한 현상으로도 이해될 수 있다. 이처럼 수면의 문제는 다양한 원인으로 인해 나타날 수 있지만 이를 방치할 경우 아동의 정상적인 성장과 발달을 기대하기 어려울 수 있다. 수면의 질은 곧 뇌 신경 발달과도 밀접한 연관성을 가지고 있기 때문이다.

2) 원인 및 지도

원 인	지도 및 상담 방향
• 혼자 있는 것에 대한 두려움 • 잠들기 전 전자매체 등을 시청한 경우 • 가정에 심각한 문제가 있어 극도의 스트레스를 받는 경우 • 새로운 기관에 적응하면서 정서적 어려움을 겪는 경우 • 충격적인 사건을 경험한 경우 • 유전적 소인	• 일정한 시간, 공간에서 수면을 취할 수 있도록 하며 편안한 분위기를 조성할 수 있도록 안내 • 잠들기 전 전자매체 영상 시청 또는 음식섭취를 하지 않도록 안내 • 수면 중 소변 실수를 했을 때 지적하며 훈계하지 않도록 안내 • 잠에서 깰 때 우는 아동은 안정감을 느낄 수 있도록 충분히 달래주도록 안내 • 갑작스럽게 깨우지 말고, 천천히 일으킬 수 있도록 안내 • 충분한 수면 시간, 수면을 위한 규칙적인 생활 패턴 등을 지킬 수 있도록 안내 • 가정 또는 기관에서의 스트레스나 특정 사건으로 인한 스트레스 증상이라고 의심된다면 충분히 상담하여 원인 제거

8. 폭력성

1) 증상 및 행동 특성

영아는 주로 울음으로 자신의 욕구나 고통 등을 표현한다. 아동기 초기에는 자신의 감정이나 생각을 언어로 표현하는 것에 한계가 있으므로 정상적인 모습으로 볼 수 있으나 때때로 짜증나고, 고통스러운 감정은 울음과 함께 과격한 행동을 동반하기도 한다. 이러한 행동은 습관성으로 굳어지기 전에 다른 표현방법으로 대체한다거나 행동을 스스로 통제할 수 있도록 도와줌으로써 정서조절과 자기통제력을 기를 수 있도록 해야 한다. 한편 원래 폭력성을 보이지 않던 아동이 어느 순간부터 욕설을 한다거나, 마음에 들지 않는 상황에는 물건을 던지거나 사람을 때리고 꼬집는 행동을 보이기도 한다. 이러한 경우, 대개는 기관에서 단체생활을 하면서 교사와 부모의 적절한 지도가 병행된다면 폭력적인 표현방법이 긍정적 형태로 변화될 수 있다.

유아기까지는 조망수용능력이 미숙한 상태이므로 다양한 사람들과의 상호작용 경험을 통해 조금씩 긍정적인 상호작용 방법을 익혀나갈 수 있다. 그러나 폭력성이 개선되지 않고 지속된다거나 적절하지 않은 상황에서 부적절한 형태로 화를 내고 욕설을 하며, 과격한 행동을 한다면 어떠한 원인 때문인지 파악하여 제거하는 것이 필요하다. 폭력적인 아동은 또래뿐만 아니라 관계를 맺는 모든 사람들로부터 소외되는 경험을 할 수 있으므로 이것이 아동의 자존감 등 정서적인 부분에 부정적 영향을 미치게 되므로 반드시 적절한 지도가 필요하다.

타인에게 명백한 피해를 끼칠 정도로 폭력적인 언행을 하는 아동을 '통제가 불가능하다'거나 반대로 '아동의 감정을 우선한다'라는 취지로 그대로 방치하는 경우가 간혹 있다. 그러나 이럴 경우, 아동이 타인의 입장을 전혀 고려하지 못하는 안하무인으로 성장하거나 올바른 감정 표현방법을 익히지 못해 정상적인 사회생활을 영위하지 못하게 될 수 있다. 그러므로 하면 안 되는 행동에 대해서는 단호한 지도가 필요하다는 사실을 알아야 한다. 어느 정도 언어적 소통이 원활한 시기가 되면 적절하지 못한 행동에 대한 훈육이 필요한데, 훈육은 생활의 질서와 규칙을 가르치는 교육이므로 선택사항이 아니라 필수적으로 해야 한다. 또한 아동의 이러한 성격의 형성에 있어 가장 큰 요인은 부모와 가정이다. 따라서 주양육자의 자녀를 향한 지속적인 관심과 사랑이 우선적으로 필요하며, 적극적인 표현을 통해 지도가 가능하다는 사실을 인식시키는 것이 무엇보다 중요하다.

2) 원인 및 지도

원 인	지도 및 상담 방향
• 자율성과 주도성이 성장하는 영아기에 스스로 하고자 하는 기회를 제한하고 박탈할 경우 • 정상적인 범위 내에서 언어사용이 미숙할 경우 • 언어발달지연, 지적장애 등 발달상 문제를 가지고 있을 경우 • 아동이 폭력적 행동으로 원하는 것을 얻어내는 경험을 했을 경우 • 기관, 학원 등의 또래나 형, 누나들로부터 학습된 경우 • 주양육자의 폭력적인 모습을 모방하는 경우 • 영상매체의 영향 • 양육태도의 일관성이 없는 경우 • 사람들의 관심을 끌기 위해 일부러 과격한 행동을 하는 경우	• 아동의 언어 표현이 미숙하다는 사실을 인식하도록 안내 • 영아의 표현에 민감하게 반응할 수 있도록 안내 • 스스로 할 수 있는 기회를 제공 • 발달상의 문제라고 생각되는 경우 전문기관에서의 검사를 권유 • 아동의 긍정적 표현을 강화할 수 있도록 적극적 반응 유도 • 폭력적 행동이 언제, 어디서, 어떤 식으로 나타나는지 관찰하여 원인 파악 및 제거 • 상담을 통한 부모 양육태도 점검 • 자신과 타인의 감정을 인식할 수 있도록 지도 • 훈육은 생활 질서와 규칙을 가르치는 것이니 선택이 아니라 필수라는 것을 안내 • 폭력상황에 즉각 개입하도록 안내 • 자녀를 향한 지속적인 관심과 사랑의 표현 요구 • 다양한 놀이를 통해 자신의 감정을 표현해 볼 수 있도록 기회 부여

9. 고자질과 거짓말

1) 증상 및 행동 특성

아동이 고자질을 하거나 거짓말을 하는 경우가 있다. 학급에서 유독 선생님에게 와서 다른 아이의 잘못을 일러주는 행동을 하는 아이들이 있는데, 이런 고자질은 유아기에 인지 · 사회성이 발달하는 과정 중에 나타날 수 있는 자연스러운 모습이기 때문에 무조건 부정적이라고만 할 수는 없다. 따라서 고자질을 할 때, '그것은 옳지 않은 행동이야'라며 지적을 하는 것은 오히려 유아가 부정적인 자아를 형성할 수 있으므로 주의해야 한다. 다만, 지나친 고자질은 또래관계 형성에 부정적인 영향을 끼치며, 심한 다툼으로 확대될 수 있으므로 문제상황에서 스스로 문제를 해결할 수 있는 기회를 놓쳐 문제해결력 향상에도 도움이 되지 못하므로 고자질 행동은 개선하는 것이 좋다.

또한 유아는 순간의 위기를 벗어나기 위해서 또는 싫은 상황을 피하고 싶어서, 그 밖의 여러 가지 이유로 거짓말을 하게 된다. 아주 터무니없고 황당한 가정을 하는 경우도 볼 수 있는데 대개는 유아의 상상을 진짜인 양 이야기한다. 이러한 유아의 거짓말하는 행동도 인지발달의 한 과정이므로 예민하게 반응할 필요는 없다. 다만, 옳고 그름을 명확하게 알려주는 지도는 필요하다. 만성적인 거짓말은 이후에 반사회적 행동, 비행행동 등으로 연결될 수도 있기 때문에 정직함에 대한 가치를 알려줄 수 있는 꾸준한 지도가 필요하다.

2) 원인 및 지도

원 인	지도 및 상담 방향
• 관심을 얻고 싶은 경우 • 질투나 경쟁심으로 인한 경우 • 문제해결을 어른에게 의존하려고 고자질하는 경우 • 엄격한 규칙준수의 기준을 가져서 고자질을 하는 경우 • 순간의 위기를 모면하고 싶은 경우 • 하고 싶지 않은 일이나 상황을 피하고 싶은 경우 • 단순한 장난으로 인한 경우	• 고자질이나 거짓말을 하지 않아도 충분히 사랑받고 있다는 것을 알려줄 수 있도록 안내 • 질투나 경쟁심으로 인한 고자질에 무덤덤하고 간결하게 반응하며, 정정당당하게 대응하도록 격려 • 문제해결을 어른에게 의존하고자 하는 경우에 마음은 공감해 주되, 스스로 갈등을 해결할 수 있도록 안내 • 아동이 가지고 있는 바람직한 도덕성은 인정해주고, 누구나 같은 기준을 가지고 있지 않으며, 실수할 수도 있으니 타인에 대해 너그러운 시선으로 바라볼 수 있도록 지도 • 정직하게 행동하고 말하는 것이 긍정적인 결과를 가지고 온다는 것을 알려주도록 안내

10. 틱 증상

1) 증상 및 행동 특성

틱은 특별한 이유 없이 자신도 모르게 몸을 움직이거나 소리를 내는 것을 의미한다. 아동 틱장애는 신경발달장애에 속하는 질환으로 보통 6~11세에 가장 많이 발병한다. 눈을 깜빡거리거나 얼굴을 찡그리기도 하고, 코를 킁킁거리거나 신체 일부를 반복적으로 움직이는 운동틱, 또는 특이한 소리를 반복해서 내는 음성틱으로 나타난다. 틱 증상은 파도가 밀려오듯이 갑자기 심해졌다가 며칠 뒤에는 잠잠해지는 양상으로 나타나는데, 증상의 정도에 변화가 많고 발생 위치가 자주 바뀌기도 한다. 일과성 틱장애는 초기에 증상이 미미하고 시간이 흐르면 자연스럽게 없어지기도 하지만, 현재 보이는 증상으로 일과성에 그칠지 아니면 만성 틱장애로 이어질지는 구분하기 어렵다. 처음 아동의 틱 증상을 마주하면 단순히 아이의 장난이라거나 비염 때문이라거나 작은 버릇 같은 것이라고 치부해버리기 쉽다. 그러나 틱은 단순히 버릇과는 다른 것으로 잠깐 증상을 억제할 수는 있어도 결국은 자신의 의지와는 다르게 스스로 조절이 안 되어 다시금 증상이 발현되는 일종의 운동장애이다. 이 증상을 보일 때 절대 간과할 수 없는 이유는 보통 성인 틱장애가 어린 시기 시작되어 없어졌다가 다시 발병되는 경우, 아동기에 발병한 것이 만성 증상으로 이어진 경우가 대부분이기 때문이다. 그리고 아동 틱증상은 또래들 사이에서 놀림거리가 될 수 있어 자존감 형성에 부정적 영향을 끼치며 강박증, 불안장애, 우울증과 같은 질환을 동반할 수 있다. 따라서 아동에게서 보이는 틱 증상은 꾸준히 살펴보면서 전문기관의 상담과 도움을 받을 수 있도록 해야 한다. 기관과 가정에서는 아동의 틱 증상에 대해서 지적한다거나 아동이 계속 그 증상을 인식하게끔 하는 상황을 만들지 않도록 주의해야 한다.

한편 틱장애가 아니라 주변 사람 중 이러한 증상을 보고 따라 하는 경우가 있을 수도 있다. 특히 유아기 아이들은 모방을 하려는 모습이 강하게 나타나는데, 이때 자신에게 영향을 주는 또래들 중에 틱 증상을 보이면 그것을 따라 하는 경우도 간혹 있다.

2) 원인 및 지도

원 인	지도 및 상담 방향
• 뇌 신경 전달 체계의 이상, 유전적 요인, 출산 과정 중 뇌 손상이나 세균 감염과 관련된 면역 반응 이상 등에 의한 틱장애인 경우 • 과도한 스트레스에 노출된 경우 • 다른 사람의 증상이 학습되어 나타나는 단순 모방 증상일 경우	• 틱을 다루는 가장 좋은 방법은 틱 증상을 무시하고 관심을 기울이지 않는 것임 • 나무라거나 비난하지 않도록 안내 • 과도한 학업이나 스트레스를 줄일 수 있도록 충분한 놀이와 휴식을 제공하며, 마음을 편히 가질 수 있도록 도움 • 모방의 형태로 나타나는 단순 행동일 경우 모방대상과 분리되어 생활할 수 있도록 함

CHAPTER 08

상담전문가의 상담과정

아동상담 전문가는 상담가로서의 기본적인 윤리적 자질과 특성을 갖추어야 할 뿐만 아니라, 특별한 배려가 필요한 상담 대상, 즉 아동에 대한 바람직한 이해와 역할이 요구된다. 이 책에서는 주로 영 · 유아기에 해당하는 아동을 대상으로 하는 상담을 다루고 있다. 그러나 이 장에서는 아동복지법에 근거한 18세 미만의 학령기, 청소년기를 포함한 아동을 대상으로 하는 전문상담의 준비와 과정에 대해 다루고자 한다.

1. 아동상담자의 자질

1) 상담기술 역량

- 아동과의 커뮤니케이션 능력
- 수용, 지지, 경청의 능력
- 명확한 언어사용의 능력

- 부모상담 기술
- 아동의 문제출현을 회기별로 분석하고 더 나은 목표를 설정하는 능력
- 심리검사 실시와 해석의 능력
- 적절한 시기에 상담을 종료하는 기술
- 슈퍼바이저와 소통하고 슈퍼비전을 받는 능력
- 슈퍼비전을 할 수 있는 능력

2) 연구자 역량

- 상담활동을 구성할 때에는 참고 서적이나 문헌들을 읽고 아동에게 가장 최적의 프로그램인가를 확인하며 새로운 기법이면서 가장 타당하다고 검증된 활동과 접근법을 구성
- 지속적으로 연구하는 태도

3) 아동에 대한 이해력

- 아동에 대한 이해능력
- 아동의 언어, 행동, 정서발달에 대한 이해력
- 아동의 가족에 대한 이해능력
- 아동의 부모와 가족과의 상호작용, 부모가 처한 사회경제적 · 심리적 상태, 부모의 훈육방법이나 스트레스 정도 등 양육자인 부모에 대한 이해력

4) 아동이 선호하는 놀이활동 매체를 선정하고 제공하는 능력

- 성격, 습관, 가정환경, 선호하는 놀이활동, 표현의 방법이 각기 다른 아동이

어떤 놀이활동을 함으로써 가장 내면을 잘 표현하고 흥미를 느끼는지를 파악하는 능력

- 아동의 놀잇감과 서적, 관련 문헌에 대한 해박한 지식

5) 아동행동을 관찰하는 관찰자, 행동 기록자로서의 능력

- 아동을 행동을 면밀히 관찰하여 행동이 의미하는 바를 잘 파악하는 능력. 행동으로 나타나는 아동의 내면이 무엇을 표현하고 싶어 하는지를 정확하게 파악해 내는 관찰자, 임상자로서의 능력
- 관찰한 내용을 정확하게 기록하는 능력. 정확한 기준으로 관찰하여 기록하고 평가하여 아동의 내면을 이해하는 능력

2. 아동상담자의 바람직한 특성

효과적인 상담자는 일치하고(congruent), 자신의 내면아이와 접촉하며, 수용적이고, 정서적으로 거리를 두어야 한다(emotionally detached)(Geldard, Geldard, & Foo, 2013).

1) 일치하기

상담자는 원만하고 견고하며 진솔하고 일관성 있으며 안정된 성격의 소유자이어야 한다. 그래야 아동과 상담자 간에 신뢰가 형성되고 유지될 수 있다. 아동은 자신의 성격 특성과 일치하지 않는 모습을 가식적으로 보여주려는 사람을 아주 잘 알아본다.

2) 상담자 자신의 내면아이와 접촉하기

상담자가 아동의 세계와 잘 맞는 자신의 어떠한 부분과 접촉하는 것을 의미한다. 아동이 현재감정을 경험하도록 도움으로써 이러한 감정이 저장되고 억압되어 향후 정서장애와 신경증의 기초가 될 가능성을 최소화할 수 있다.

3) 수 용

가장 비판단적인 방식으로 내용에 상관없이 아동이 말하거나 행동하는 것을 모두 수용하는 것이다. '마음 쓰지 마세요'와 같은 말조차 가능하면 피한다. 왜냐하면 이러한 발언은 상담자가 무엇을 좋아하고 싫어하는지에 대한 정보를 아동에게 줄 수 있기 때문이다.

4) 정서적 거리두기

상담자가 내담자와 정서적으로 거리를 두어야 한다. 너무 친밀하고 따뜻한 상담자의 내담아동들은 곤란한 상황에 놓이게 된다. 아동은 상담자가 승인할 것 같지 않은 방식으로 행동함으로써 상담자와의 친밀하고 따뜻한 관계를 잃을 모험을 하길 원치 않기 때문에 아동은 관계 그 자체에 의해 통제될 수 있다. 나아가 상담자가 적절하게 다루기 불가능하거나 힘든 전이 문제가 있을 것이다.

상담자가 내담자에게 자신의 정서적 고통을 보여주지 않는 것이 중요하며 아동의 문제와 관련하여 다른 격한 감정적 반응을 보여주지 않는 것 또한 중요하다.

상담자의 태도

- 인간관계에 대해서 민감해야 한다. 민감성이란 다른 사람의 반응이나 갈등을 민감하게 알아차릴 수 있는 사회적 감수성이다.
- 객관적인 태도를 유지한다. 상담자는 수용적이고 공감적이면서도 지나치지 않아야 하며 어느 정도 통제된 동일시를 할 수 있어야 한다.
- 내담자를 존중한다. 아동을 있는 그대로 수용하고 아동 스스로 자신의 문제를 통찰하고 해결해 나갈 수 있다는 점을 인정하고 도와주어야 한다. 내담자가 어떤 문제를 나타내더라도 내담자만의 고유한 특성과 장점이 있음을 이해하고 존중할 수 있어야 한다.
- 자기 자신에 대해 이해해야 한다. 상담자는 자신에 대한 통찰을 할 수 있어야 하며 자신의 한계와 결점, 정서적 문제 등에 관해 인식하고 이해해야 한다.
- 인간에 대한 기본적인 사랑과 관심이 있어야 한다. 아동의 문제를 다룰 때 그 문제로 고통받는 아동의 내면을 이해하고 도와주려는 긍정적 관심이 필요하다.

출처 : 이 숙 외(2005).

3. 아동상담자의 역할

상담에 있어서 아동상담자는 성인상담자와는 다르다. 아동상담자의 역할은 다음과 같다.

① 아동이 가진 부적응 또는 어려운 문제들을 아동 스스로가 인지하고 잘 풀어나갈 수 있도록 아동 편에 서는 일이다. 아동 편에 선다는 것은 아동을 온전히 지지하고 마음을 읽어주고 아동이 자신의 어려움을 잘 나타내도록 도와주는 역할이다.

② 아동의 문제는 아동 개인의 특성과 함께 부모환경 특성에 의해 발생하게 된다. 아동 개인의 특성이란 아동의 기질이나 유전적 특성이 포함되고, 부모환경

특성에는 양육환경, 부부관계의 질이나 결혼만족도 등이 직간접적으로 서로 영향을 주고받고 있다.

아동상담자는 부모와 아동의 매개체 역할을 한다. 아동이 부모와의 관계에서 자연스러운 관계형성이 되지 않을 때 그에 대해서 부모와 자녀 간의 문제점이 무엇인지 부모가 어떤 역할을 담당하고 있는지를 관찰하고 진단한다.

③ 아동상담자는 아동에 대해 지지자의 역할뿐만 아니라 모델로서의 역할을 한다. 상담자는 언어, 행동, 사회정서 면에서 좋은 모델의 역할을 함으로써 아동이 아동상담자의 행동을 모방함으로도 사회·정서적 안정을 가져올 수 있다.

상담자의 자질과 역할

① 상담자는 상담에 대한 지식, 실습, 교수, 임상, 연구를 통해 전문성을 발달시키기 위해 지속적으로 노력해야 한다.
② 상담자는 자신의 능력 및 기법의 한계를 인식하고, 전문적 기준에 위배되는 활동을 하지 않는다. 만일, 자신의 개인 문제 및 능력의 한계 때문에 도움을 주지 못하리라고 판단될 경우에는 내담자에게 동의를 구한 후, 다른 동료 전문가 및 관련 기관에 의뢰한다.
③ 상담자는 자신의 활동분야에 있어서 최신의 과학적이고 전문적인 정보와 지식을 유지하기 위해 지속적인 교육과 연수에 참여한다.
④ 상담자는 윤리적 책임이나 전문적 상담에 대해 의문이 생길 때 다른 상담자나 관련 전문가들에게 자문을 구한다.
⑤ 상담자는 정기적으로 전문가로서의 능력과 효율성에 대해 자기반성과 자기평가를 해야 하며, 필요한 경우 자신의 효율성을 증진시키기 위해 지도감독을 받아야 한다.
⑥ 상담자는 자신의 질병, 사고, 이동, 또는 내담자의 질병, 사고, 이동이나 재정적 한계 등과 같은 요인에 의해 상담을 중단할 경우, 이에 대한 적절한 조치를 취해야 한다.

출처 : 한국상담학회 윤리강령(counselors.or.kr).

4. 아동상담전문가의 상담 준비와 과정

1) 환경구성

상담에는 물리적 환경구성이 요구된다. 물리적 환경은 공간의 크기, 소음, 습도, 온도, 실내 환경의 색상, 가구, 방음장치 등이다. 공간은 두세 사람이 앉을 때 아늑함을 느낄 수 있는 곳이 좋으며 지나치게 좁은 공간은 상담자와 내담자에게 밀집감을 주어 오히려 답답한 느낌을 준다.

상담실 내부에는 상담할 동안에 필요한 집기들을 두고 동선을 고려하여 일반 사무실과 다르지 않은 평범한 모습으로 꾸민다. 가구나 벽면 색상은 베이지, 노랑, 갈색 등 무난한 톤이 좋다. 전 연령을 포괄하는 심리상담실이라면 편안한 조명과 어두운 조명을 적절히 사용할 수 있어야 하며 아동을 위한 장난감이나 동반한 보호자를 위한 공간의 배려도 필요하다.

언어로 자신을 표현할 수 없는 연령의 아동을 상담할 때는 대부분 놀잇감이 준비된 놀이실에서 진행되며, 언어적으로 충분히 상담을 진행할 수 있는 연령의 상담은 전형적인 형태의 상담실에서 이루어질 수 있다. 따라서 아동상담은 연령별로 아동의 발달수준을 고려하여 구성된 상담실에서 이루어져야 한다. 특히 영 · 유아의 상담이 진행되는 놀이실은 아동의 발달수준에 적합하게 구성한다. 또한 상담실에는 여러 가지 문제와 배경을 가진 아동들의 다양한 행동유형을 촉진할 수 있는 놀잇감과 재료들을 구비한다. 효과적인 상담자는 편안한 상담 환경을 조성하고 내담자의 관계를 구축하며 상담 환경은 내담자의 편안함에 기여해야 한다.

상담 환경을 마련하는 데 우선적으로 고려할 것은 다음과 같다(Handerson & Thompson, 2011 : 86).

- 아동이 자신의 문제가 다른 사람에게 노출되는 것에 대한 두려움 없이 자신의 생각과 감정을 표출할 수 있도록 방음장치를 갖춘다.
- 아이들은 방의 흥미로운 물건에 쉽게 관심을 기울이고 상담 상호작용에서 벗어나므로, 어수선하고 자극적이고 바쁜 방은 아이들을 산만하게 할 수 있다. 불안하고 산만한 어린이는 밝은색의 물체, 이동 장치, 똑딱거리는 시계, 외부 소음 또는 수족관의 물고기에 영향을 받을 수 있다. 상담자 또한 환경의 일부인 만큼, 아이들의 주의를 산만하게 할 수 있는 보석, 화려한 넥타이 또는 무늬가 있는지 점검한다.
- 상담실의 가구는 어른과 어린이 모두에게 편안해야 한다.
- 상담자는 아동과 상담원 사이에 장벽을 만들 수 있는 큰 사이즈의 책상이나 테이블의 의자에 앉지 않는다.
- 아이들은 바닥에 발을 디딜 수 있을 만큼 낮은 의자를 선호한다.
- 아이들은 같은 눈높이의 성인과 이야기하는 것을 선호한다. 따라서 눈과 눈의 접촉과 발을 바닥에 두는 좌석 배치에 주의를 기울여야 한다.

다음의 두 가지 좌석 배치는 되도록 피하는 것이 좋다.

- 상담자와 아이가 마주보며 사이에 책상을 두는 것
- 상담자와 아이 사이에 책상이 없이 의자만 사용하는 것

2) 상담과 윤리적 문제

(1) ACA 상담 윤리강령과 실천 기준

ACA(American Counseling Association)는 상담 윤리강령과 실천 기준(The Code of Ethics and Standards of Practice)의 내용을 다음의 8가지 항목으로 정리하고 있다.

① **상담 관계** : 상담자와 내담자의 관계에 대한 본질적 초점을 규정하고 상담자의 기본적 책임으로서 내담자의 복지를 강조

② **기밀성** : 상담자와 내담자와의 관계에 있어서 프라이버시에 대한 내담자의 권리

③ **전문적 책임감** : 전문적 지식과 능력, 광고와 권유, 자격증명서의 제시, 공적인 책임, 정신건강 분야에 종사하는 타 전문가에 대한 존경

④ **다른 전문가와의 관계** : 타 정신 위생 전문가와 상담자와의 상호작용의 창출, 고용·보수, 자문, 비윤리적인 소개 비용 문제, 기타 서비스 기관 하청업자와의 협상 문제

⑤ **평가, 사정, 해석** : 사정도구의 선정, 사용, 해석

⑥ **교수, 훈련, 슈퍼비전** : 상담 교육가와 훈련자, 상담자교육 프로그램, 학생들과 슈퍼바이저를 위한 가이드라인

⑦ **연구와 출판** : 동의서 실천, 연구결과의 보고, 연구 참가자의 보호, 출판 가이드라인 등 연구자의 책임감

⑧ **윤리적 문제의 해결** : 윤리적 기준에 대해 상담자가 알아야 하는 책임감, 예측되는 위배사항을 처리하는 것, 윤리위원회에 협조하는 일 등

글래딩과 뉴섬(Gladding & Newsome, 2004)은 윤리적인 문제 중에서 내담자의 복지, 비밀보장, 동의서, 내담자의 문제를 다루는 상담자의 능력 및 내담자에 대한 성실성을 강조했다. 개인상담에서도 물론이지만 상담기관에서 윤리적 문제를 다룰 때에 더욱 중요하다.

윤리적 가이드라인을 위한 다섯 가지 도덕적 원칙(Kitchener, 1984)

자율성 : 개인에게 선택과 행동의 자유를 허용한다.
비악의 : 다른 사람을 해치지 않는다.
유익 : 고객의 복지에 기여한다.
정의 : 모든 사람을 공정하게 대한다.
충실 : 고객에게 충실하고, 약속을 존중하며 의무를 이행한다.

(2) 한국상담학회 윤리강령

한국상담학회 윤리강령 중 비밀보장, 상담기록, 상담관계, 사회관계, 홍보의 윤리는 다음과 같다(counselors.or.kr).

제3조(비밀보장)

① 상담자는 사생활과 비밀유지에 대한 내담자의 권리를 최대한 존중해야 할 의무가 있다.
② 상담자는 내담자 또는 내담자의 법정대리인에게 비밀보장의 예외와 한계에 대해 설명해야 한다.
③ 상담자는 제7조 비밀보장의 한계를 제외하고는, 내담자의 서면 동의 없이는 제삼의 개인이나 단체에게 상담기록을 공개하거나 전달해서는 안 된다.

제4조(집단 및 가족상담의 비밀보장)

① 상담자는 특정 집단을 대상으로 집단상담을 시작할 때 비밀보장의 중요성과 한계를 명확하게 설명한다.
② 상담자는 집단 및 가족상담 시 개인의 비밀보장에 대한 권리와 그 비밀보장을 유지해야 할 의무

와 관련해 참여한 모든 사람으로부터 동의를 구한다.

③ 상담자는 자발적인 동의 능력이 불가능하거나 미성년인 내담자를 상담할 때, 부모 또는 대리인의 동의를 받고, 그들이 참여할 수 있음을 알린다.

제5조(전자 정보의 비밀보장)

① 상담자는 컴퓨터를 사용한 자료 보관의 장점과 한계를 알아야 한다.

② 상담자는 내담자의 기록이 전자 정보의 형태로 보존되어 제삼자가 내담자의 동의 없이 접근할 가능성이 있을 때, 적절한 방법을 통해 내담자의 신상이 드러나지 않도록 조치를 취한다.

③ 상담자는 컴퓨터, 이메일, 팩시밀리, 전화, 음성메일, 자동응답기 그리고 다른 전자 테크놀로지를 사용해 정보를 전송할 때는 비밀이 유지될 수 있도록 사전에 주의를 기울인다.

제6조(상담기록)

① 상담자는 내담자에게 전문적인 서비스를 제공하기 위해 내담자에 대한 상담기록 및 보관을 본 학회의 윤리강령 및 시행세칙에 따라 시행한다. 또한 상담기록을 안전하게 보관하고 허가된 사람 이외에는 기록에 접근할 수 없도록 한다.

② 상담자는 상담내용의 녹음 혹은 녹화에 관해 내담자 또는 대리인의 동의를 구한다.

③ 상담자는 상담내용의 사례지도나 발표, 혹은 출판 시 내담자의 동의를 구한다.

④ 상담자는 내담자가 상담기록의 열람을 요구할 경우, 그 기록이 내담자에게 잘못 이해될 가능성이 없고 내담자에게 해가 되지 않으면 응하도록 한다. 다만, 여러 명의 내담자를 상담하는 경우, 내담자 자신과 관련된 부분에 대해서만 공개할 수 있다. 다른 내담자와 관련된 사적인 정보는 제외하고 열람하거나 복사하도록 한다.

⑤ 상담자는 상담과 관련된 기록을 보관하고 처리하는 데 있어서 비밀을 유지해야 하며, 이를 타인에게 공개할 때에는 내담자의 동의를 구한다. 내담자에게 해를 끼치지 않는 범위 내에서 공개해야 한다.

제7조(비밀보장의 한계)

① 상담자는 아래와 같은 내담자 개인 및 사회에 임박한 위험이 있다고 판단될 때 내담자에 관한 정보를 사회 당국 및 관련 당사자에게 제공해야 한다.

1. 내담자가 자신이나 타인의 생명 혹은 사회의 안전을 위협하는 경우
2. 내담자가 감염성이 있는 치명적인 질병이 있다는 확실한 정보를 가졌을 경우
3. 미성년인 내담자가 학대를 당하고 있는 경우
4. 내담자가 아동학대를 하는 경우

5. 법적으로 정보의 공개가 요구되는 경우

② 상담자는 만약 내담자에 대한 상담이 여러 전문가로 구성된 집단에 의한 지속적인 관찰을 포함하고 있다면, 그러한 집단의 존재와 구성을 내담자에게 알릴 의무가 있다.

③ 상담자는 내담자의 사적인 정보의 공개가 요구될 때 기본적인 정보만을 공개한다. 더 많은 사항을 공개하기 위해서는 사적인 정보의 공개에 앞서 내담자에게 알리고 동의를 얻어야 한다.

④ 상담자는 비밀보장의 예외 및 한계에 관한 타당성이 의심될 때에는 다른 전문가나 지도감독자 및 본 학회 윤리위원회의 자문을 구한다.

제10조(정보제공 및 동의)

상담자는 상담을 제공할 때에, 내담자에게 상담 관련 정보를 제공하고 이에 대한 동의를 받는다.

제11조(다중관계)

① 상담자는 내담자와의 친밀한 관계를 인식하고, 내담자에 대한 존중감을 유지하며 내담자를 이용하여 상담자 개인의 필요를 충족하고자 하는 활동 및 행동을 하지 않는다.

② 상담자는 객관성과 전문적인 판단에 영향을 미칠 수 있는 다중 관계를 피해야 한다. 상담자가 내담자를 지도하거나 평가를 해야 하는 경우라면 그 내담자를 다른 전문가에게 의뢰한다. 단, 내담자의 복지를 위해 상담자와 내담자가 사전 동의를 한 경우와 그에 대한 자문이나 감독이 병행될 때는, 상담관계를 맺을 수도 있다.

③ 상담자는 특별한 경우를 제외하고는, 내담자와 상담실 밖에서 사적인 관계를 맺지 않는다.

④ 상담자는 내담자와의 관계에서 상담료 이외의 어떠한 금전적, 물질적 거래관계도 맺지 않는다.

제13조(사회관계)

① 상담자는 사회윤리 및 자신이 속한 지역사회의 도덕적 기준을 존중하며, 사회공익과 자신이 종사하는 전문직의 올바른 이익을 위하여 최선을 다한다.

② 상담자는 경제적 이득이 없는 경우라 하더라도 전문적 활동에 헌신함으로써 사회에 봉사한다.

③ 상담자는 내담자의 재정 상태를 고려하여 상담료를 적정 수준으로 정하여야 한다. 정해진 상담료가 내담자의 재정 상태에 비추어 적정 수준을 벗어날 경우에는, 가능한 비용으로 적합한 상담 서비스를 받을 수 있도록 내담자를 돕는다.

④ 상담자는 수련생에게 적절한 훈련과 지도감독을 제공하고, 수련생이 이 과정을 책임 있고 유능하게 수행할 수 있도록 돕는다.

제14조(고용 기관과의 관계)

① 상담자는 자신이 재직하고 있는 상담기관의 설립 목적에 기여할 수 있는 활동을 할 책임이 있다.

② 상담자는 자신의 전문적 활동이 재직하고 있는 상담기관의 목적과 모순되고, 직무수행에서 갈등이 해소되지 않을 때는 상담기관과의 관계를 종결해야 한다.

③ 상담자는 자신이 재직하고 있는 상담기관의 관리자 및 동료들과의 관계를 통해서 상담업무, 비밀보장, 기록된 정보의 보관과 처리, 업무분장, 책임에 대해 상호 간의 동의를 구해야 한다. 상담자가 재직하고 있는 상담기관과 비밀보장이나 정보의 보관과 처리 등 윤리적인 문제로 마찰이 생기는 경우 윤리위원회에 중재를 의뢰할 수 있다.

④ 상담자는 자신이 재직하고 있는 상담기관의 고용주에게 해를 끼칠 수 있는 상황 혹은 기관의 효율성에 제한을 줄 수 있는 상황에 대해 미리 통보를 하여야 한다.

⑤ 상담자는 해당 기관의 상담 활동에 적극적으로 종사하고 있지 않다면, 자신의 이름이 상업적인 광고나 홍보에 사용되지 않도록 해야 한다.

제16조(타 전문직과의 관계)

① 상담자는 상호 합의한 경우를 제외하고는 타 상담전문가로부터 도움을 받고 있는 내담자를 대상으로 상담을 하지 않는다.

② 상담자는 자신의 전문적 자격이 타 전문분야에서 오용되는 것에 적절하게 대처하며, 자신의 이익을 위해 타 전문직을 손상시키는 언어 및 행동을 삼간다.

③ 상담자는 자신의 상담 접근 방식과 차이가 있는 다른 전문가의 접근 방식 및 전통과 관례를 존중한다.

④ 상담자는 상담 전문가로서의 자신의 관점, 가치, 경험과 다른 학문 분야에 종사하는 동료의 관점, 가치, 경험을 활용하여 내담자의 복지에 영향을 미칠 수 있는 결정에 참여하고 기여한다.

제17조(홍보)

① 상담기관 운영자는 상담기관을 홍보하고자 할 때 일반인들에게 해당 상담기관의 전문적 활동, 상담 분야, 관련 자격 등을 정확하게 알려주어야 한다.

② 상담기관 운영자는 내담자나 교육생을 모집하기 위해 개인상담소를 고용이나 기관가입의 장소로 이용하지 않는다.

(3) 상담동의서

ACA 윤리강령에는 상담자는 내담자에게 목적, 목표, 절차, 한계, 위험요소, 그리고 상담의 이익 등에 관해서 알려야 한다는 항목이 있다. 이것을 고지된 동의

(informed consent)라고 하는데, 고지된 동의란 내담자에게 진단의 필요성이나 검사지 사용, 요금 규정에 대해서 내담자에게 알리며, 비밀보장의 한계에 대해서 확신시키는 절차이다. 윤리 규정은 현대의 상담과정에 있어서 현실적인 내용이다.

내담자가 상담을 시작할 때에 스트레스, 불안 및 우울증을 겪고 있다면 그들이 상담의 목적이나 내용을 충분히 이해하고 있지 못했을 수도 있다(Gladding & Newsome, 2004).

쿠퍼와 고틀립(Cooper & Gottlieb, 2000)은 윤리적 결정을 할 때의 지침을 다음과 같이 제안했다.

① 문제에 관한 정보를 수집한다.
② 동료의 자문을 얻고 적절한 법적·윤리적 원칙에 관한 최근의 문헌을 본다.
③ 적절한 대응법의 목록을 만든다.
④ 각각의 가능한 치료방법에 대한 가격분석을 한다.
⑤ 그 문제를 해결하는 데에 최선의 방안을 선택한다.
⑥ 선택결과에 따라 상담을 행하고 그 유효성을 평가한다.

| 그림 8-1 | 동의서 서식 예

출처 : www.hellosmile.kr/Spac_Editor/upload/Bangsong/DSC08085.jpg

동의서는 윤리적이며 법적인 역할을 한다. 글로소프(Glosoff, 2001)는 상담 초기에 다음과 같은 동의서의 체크리스트를 사용할 것을 제안했다.

① **상담자의 배경과 전문적 가입 상황** : 교육, 전문 분야, 면허와 자격증, 전문가 가입, 학회 가입 현황 등을 기재한다.

② **치료 과정상의 문제** : 상담 과정과 상담 관계의 본질에 대한 설명, 전문적 관계의 한계에 대한 설명, 이론적 통합 및 상담 과정에 미치는 영향에 대한 설명, 상담 계획에 참여할 내담자의 권리에 대한 설명을 제공한다.

③ **위험, 유익 및 양자택일에 대한 내용** : 내담자에게 반드시 상담 결과를 보장할 수 없다는 것을 이해시킨다. 상담의 한계, 잠재적인 위험, 상담의 이익에 대해 논의하고, 제공된 서비스를 거절할 내담자의 권리를 설명한다.

④ **보수** : 상담요금을 알린다.

⑤ **기밀성과 사적인 대화** : 기밀성과 그 한계를 설명한다. 보험회사와 공유될 수 있는 정보와 일어날 수 있는 기밀성의 예외 조항 그리고 내담자가 자신의 기록을 가져갈 수 있는 권리에 대해 설명한다.

⑥ **상담 관계의 구조** : 상담의 빈도와 사례 시간, 예상되는 상담 횟수, 종료절차를 알린다.

⑦ **진단의 레벨** : 진단명이 어떻게 사용될 것인지 진단명에 대해서 보험회사는 어떻게 보험금을 지급할 것인지에 대해 알린다.

⑧ **긴급 상황과 상담의 중단** : 정상적인 운영 시간은 어떠한지, 긴급 상황은 무엇인지, 만약 상담자가 상담을 할 수 없을 때 내담자는 무엇을 해야 하는지에 대한 것이다.

⑨ **비자발적인 내담자** : 비자발적인 내담자에게는 어떤 정보를 누구와 무슨 목적

으로 공유해야 하는지, 상담에 참여하는 것이 법적 문제에 어떻게 영향을 주는지에 관한 문제 등을 취급하는 일 등이다.

(4) 내담자 기록

내담자 기록이란 내담자에 관한 모든 기록이라고 할 수 있다. 내담자 기록은 서류나 비디오 녹화자료, 오디오 테이프 등을 비롯하여, 첫 회 면접 정보, 진단평가 정보, 치료 계획, 케이스 노트(사례기록), 치료 종료 보고서, 그 외의 자료(치료 동의 사인, 서신 왕래 복사지, 정보 양식의 공개 동의서)가 해당된다(Piazza & Baruth, 1990). 이 항목은 상담현장에서 상당히 중요한 부분이지만 정확하게 기록되거나 보관되지 못하는 경우가 있다.

미첼(Mitchell, 2001)은 다음과 같은 여섯 가지의 이유에서 기록을 잘 보존하는 일은 중요하다고 했다. 첫째, 상담자가 기록을 보존하는 일은 그들의 내담자에게 전문적인 서비스를 제공하는 데에 보존기록으로서 필요하다. 법이나 규정 그리고 대행기관이나 관례절차상으로도 요구된다. 둘째, 적절한 문서기록은 상담자를 잘못된 진술로부터 보호하는 데 도움을 준다. 셋째, 부적절하고 불완전한 문서는 상담자에게뿐만 아니라 내담자에게도 유해할 수 있다. 넷째, 처음 만난 상담자가 서비스를 제공하기 어려울 때 내담자 기록을 보관하는 일은 내담자에게 적절한 보호를 지속시켜 줄 수 있는 보증자료가 된다. 다섯째, 재정 지불단체는 그 근거로서 문서를 요구한다. 이것은 제공된 서비스의 성격과 서비스의 요구(need)를 증명하기 때문이다. 그리고 여섯째, 내담자의 기록에 의거해서 이용실태나 동료와의 상담관계나 질적인 보증에 대해 논의하는 것은 대부분의 대행기관에 필수적인 요소이다.

〈표 8-1〉 **개별 심리치료일지 서식**

상담자 :

이용자명		진행일자	년 월 일	회 기	
회기목표					
회기과정 및 내용					
목표 달성 정도 (상담사 소견)					
다음 회기 준비사항					
논의 필요사항	상담 내용 중 공유할 만한 특이사항				
상담사명	(인)	담당자명	(인)	ㅇㅇ장명	(인)

미첼(Mitchell, 2011)은 내담자기록법의 첫 회 면접 기록법, 치료계획, 사례 노트 기록 시 유의사항을 다음과 같이 제언했다.

- 노트 기록은 문법적으로 정확하고 분명할 것
- 정확한 단어를 쓸 것
- 내담자의 상황에 적절한 정보에 한정할 것
- 읽기 쉬우면서 조직적인 방법으로 쓸 것
- 근거 없는 의견이나 가정은 제외할 것
- 치료계획에 대해서 기록된 개입에 논리적으로 관여할 것
- 내담자 기록에서는 개인적인 느낌은 기록하지 않을 것

- 내담자의 행동을 설명하거나 회기 중에 무엇을 말했는가를 인용할 것
- 문장을 수정할 일이 있을 때에는 지우지 말고 펜을 사용해서 줄을 긋고 그 선 위에 '에러'라고 쓰고 '수정한 기재사항'이라고 쓴 다음에 정확한 정보를 추가해서 기록할 것
- 노트는 회기가 끝난 후 24시간에서 48시간 이내에 기록할 것
- 문서는 치료회기의 산물이므로 각각의 기록에 사인을 하고 이름과 보증을 할 것
- 간혹 슈퍼바이저나 의학 디렉터의 동반 서명 필요

3) 아동상담 전문기관

아동상담 전문기관에는 국내 상담전문기관 및 국내외 상담학회에서 기관으로 인정하고 운영하는 상담실이 있으며 국가, 지방자치단체에서 운영하는 아동청소년상담센터, 영유아상담을 위한 육아종합지원센터 등이 설치되어 있다. 그리고 학교를 통한 Wee센터 CYS-Net(Community Youth Safety Net)에서 활동하는 기관들이 2000년 이후에 많이 설치되어 이용 가능하다.

4) 상담전문가의 상담과정

상담의 순서는 다음과 같다. 첫 회 면접 → 사례개념화 및 상담목표 설정 → 상담의 구조화 → 상담 및 심리치료 프로그램 작성 → 상담 및 심리치료 실시(초기, 중기, 말기) → 평가의 순서로 이루어진다.

(1) 접수면접

접수면접이란 intake interview이다. intake는 '수용'이라는 의미이며(다음 영어사전), 네덜란드어 사전에는 '받아들임'의 의미가 있다.

① 접수면접의 방법

접수면접은 내담자로부터의 의뢰가 있는 경우와 상담자 측에서 필요에 의해 내담자를 모집하는 두 가지 방법이 있다.

가. 내담자로부터의 의뢰가 있는 경우

내담자 측의 의뢰로서 내담자가 아동인 경우에 아동을 보호하고 있는 보호자나 학교의 담임교사, 기관, 아동의 가까운 친지가 상담자에게 의뢰하는 경우이다. 먼저 전화로 상담을 문의하고, 방문예약 후 약속시간에 맞춰 내담한다. 가벼운 문제사항은 1회성 전화상담으로 마치는 경우가 있지만 전화상담만으로 자세한 상황을 알기 어려울 때는 상담실에 내원하여 직접 대면하여 상담을 받도록 안내한다.

대면상담의 경우에도 경증의 문제는 한두 번의 내담으로 문제가 해결되는 경우도 있으나 오래되거나 중증의 경우는 수회기에 걸친 상담과 심리치료가 이루어진다.

나. 모집에 의한 경우

상담자가 연구의 목적이나 지역사회 서비스의 필요에 의해 내담자를 모집하는 경우가 있다. 이 경우는 모집 공고를 내는 방법이 일반적이다. 기관에 모집 공지문서를 우편으로 발송하거나 이메일 혹은 홈페이지 게시판 등에 게시하게 된다. 모집에 의한 경우는 상담의 성격을 밝히고 상담에 참여할 대상자에 대한 상담목표, 상담의 종류를 명확하게 제시하여 상담목적에 합치하는 내담자를 확보한다.

② 접수면접의 과정

아동들은 일반적으로 낯선 상담환경에 처음으로 접하게 되면 어색해한다. 상담자는 이때 아동이 불안해하거나 어려워하지 않도록 자연스럽고 편안한 상담자의 자세를 견지하며 아동의 복장이나 날씨 등에 관한 주제로 말문을 열며 아동을 맞이한다. 첫 회 면접 시에 이루어지는 것들은 다음과 같다.

- **보호자와의 상담** : 아동의 주된 증상에 관한 질문. 생육사, 교육력, 병력 등 질문 조사
- **놀이상황에서의 아동의 행동 관찰** : 관찰자는 놀이실의 코너에서 관찰하거나 일방경이 갖추어진 관찰실에서 관찰할 수 있음
- **심리검사** : 필요할 경우 심리검사를 실시

③ 접수면접의 예

20○○년 4월 ○일 오후 5시 30분 첫 회 내담
김○○ 남아
현 초등학교 1학년

- **주 상담내용** : 수업 한 시간 중 20분 정도를 앉아 있지 못하고 나머지 30분은 돌아다님
  - 선생님의 말을 알아듣기도 하고 못 알아듣기도 하고 집중력이 없고 산만함
  - 피아노 학원 1개월째

- **선생님의 의견** : 본 아동은 피아노를 건드리고 잠그고 아이들의 머리를 잡고 목을 누름

- **어머니의 의견** : 아이가 애정표현을 하는 것으로 인식함. 세 번, 네 번 불러야 대답을 함
  - 비비고 만지는 것을 좋아함
  - 담임선생님 전화가 옴. 아이가 없어지고 10분간 수업을 못함
  - 옆의 아이들이 때림. 연필로 책과 공책에 낙서함
  - 유치원 때도 그럼
  - 어머니가 37세에 아동을 출산함
  - 유치원 보내고 나니 산만하고 분잡스럽다는 이야기를 들음
  - 유치원은 A시에서 1년, B시에서 1년, 총 2년 다님

• 병력 :
- 태어나서 지금까지 의심스러운 것은 5번 정도 경기를 함. 한번 하면 20분 정도 경기를 함
- 담당의사는 열 경기, 열경련이라고 함. 첫돌 때 경기를 하고 1년에 한 번 정도 경기를 함
- 감기로 인해 열이 나고 경기를 함
- 뇌파검사를 함
- 20○○년 4월 19일에 이상 없음 판단이 남
- 20○○년 5월에 ○○대 소아정신과의 ○○○ 교수 예약해 놓음
- ○○병원 소아정신과에 다님
- 놀자고 하면서 혼자서 놂. 돌아다님. 집중하지 않음
- 피아노 학원을 다닌 지 1개월 됨. 1개월을 못 채우고 4월 4일 피아노를 끊음
- 어머니는 학교에서 수학 학습도우미를 함

(2) 사례개념화

첫 회 면접 후 파악해야 할 사항은 사례개념화(case conceptualization)이다. 사례개념화란 이명우(2015)에 의하면 상담이론과 상담경험에 근거하여 내담자의 문제에 관한 다양한 단서나 정보를 종합하고 이를 바탕으로 내담자 문제의 원인을 가설적으로 설명하여 내담자의 문제해결을 위한 상담목표와 전략을 구성하는 역동적인 과정이다. 상담자는 내담자의 심리적, 대인관계적, 행동적 문제에 대해서 원인과 촉발요인, 그리고 유지요인 등으로 가설을 세운다.

최영희 등(2016)은 사례개념화란, 주요 증상이 무엇이고 그러한 증상이 어떠한 과정을 거쳐 나타나게 되었는가를 파악하여 아동의 증상과 원인 발달과정에 대한 가설을 세우는 것이라고 하였다. 이를 통해 상담목표를 달성하기 위한 계획을 세울 수 있다. 사례개념화는 사례에 대한 정확한 이해의 기본이 된다.

사례개념화의 기능은 다음과 같다. 진단 및 평가, 문제이해와 개입의 지표 작성으로 개입의 효율성 극대화, 개입의 성과(또는 내담자 변화) 설명구조, 상담자 상담

이론의 정교화, 상담자의 이론으로 가설탐색 · 확증–실천, 상담자 상담이론의 문제 발견, 상담자 이론의 수정보완이다. 사례개념화의 주요 요소는 호소문제, 유발요인, 부적응적 패턴, 상담자 관점(유발요인, 유지요인), 상담계획(임상목표, 합의목표, 상담전략, 상담개입, 예상되는 장애)이다(이명우, 2015).

〈표 8–2〉 사례개념화 예시

1. 내담 경위 및 호소문제

20ㅇㅇ년 10월 25일 첫 회기에 모가 자녀를 데리고 내담함. 모는 아동의 담임교사 혹은 아동을 아는 주변 학부모들이 자녀의 학교생활에 대한 이야기를 전해올 때 매우 큰 스트레스를 받음. 학교에서 아동이 친구들과 싸움을 하고 자주 담임선생님이 싫어서 학교를 가지 않겠다고 하여 전학을 고려 중이라고 함. 내담 시 초등 2학년이지만 학교에 가지 않으려는 문제는 1년 전 초등 1학년 때부터 지속된 문제라고 함. 아동은 학교에서 친구들과 자주 싸우고 다투었을 때 지지 않으며 매우 반항적이라고 함.

아동은 학교의 담임선생님에게서 수업시간에 자주 지적을 받고 아동도 학교 선생님이 싫어서 학교를 그만두겠다고 말하고 여동생도 이러한 반항적인 행동들을 모방함. 어머니는 평소에 엄격하다고 함. 첫 상담 시 아동의 첫인상은 외면적으로 얼굴이 고우며 언어표현도 정확하며 바름. 말하는 투가 귀엽고 단정함. 상담 시 아동의 태도로는 아이들과 싸움을 하거나 할 행동이 보이지 않음. 어머니는 단정한 커트머리이며 얼굴이 작고 흼. 어머니는 상담을 매우 오고 싶었으나 두려움도 많았고 상담에 대한 선입견으로 오지 못했다고 함. 어머니는 상담이 처음이라고 함.

2. 내담자 인적사항

김ㅇㅇ(가명). 초등학교 2학년 남아.

3. 아동 및 어머니와의 첫 회 상담자료

아동에게 몇 가지 아동용 동화책을 내어놓고 동화책을 고르라고 권하니 제목 중에 "사자.........." 란 제목의 책을 집어 듦.

책을 읽게 하니 발음 정확, 속도 빠름. → 학업적 능력 우수함.

방과 후 피아노 학원을 감. → 아동이 재미있다고 함, 한 군데 더 감.

학교에서 친구들과 싸움. → 싸우는 이유를 물으니 '기분 나쁘게 놀린다'고 함.

아동은 담임선생님이 자신을 포함한 5명 정도의 아동을 지적하고 주의를 주어, 선생님이 지겹고 잔소리만 한다고 싫다고 함.

모에 의하면 1학년 때 담임선생님도 싫다고 했지만 2학년 올라오니 지난 1학년 담임선생님이 옆 반에 있으니 심부름도 하고 따른다고 함. 모는 현재 2학년 담임이 학교의 업무가 많아서 힘들고 아이에게 벌을 가하는 것으로 보인다고 함.

상담자가 아동에게 자신의 어머니에 대해선 어떤지 질문하니 '싫지 않고 좋다'고 함.

첫 회기에 아동에게 고개를 젖히는 잦은 틱 현상이 보임.

외견상 아동은 호감형이며 영리하게 보임.

아동은 미술 사인펜 통에 보라색이 두 개 있는 것을 먼저 알아차림. → 모의 말로는 아동이 매우 인지가 빠르다고 함.

아동은 도미노를 쌓지 않고 옆으로 늘어뜨려서 길게 집 울타리를 만듦.

상담서약서를 모에게서 받음.

4. **심리검사 결과** : CAT 검사결과(생략), 아동용 문장완성 검사 결과(생략), HTP 검사결과(생략)

5. 상담자의 내담자 문제 이해

아동은 학교에서의 교사와의 관계, 또래와의 적절한 관계형성이 부족한 편임. 친구관계에서의 적절한 자기주장, 양보, 협력 등의 사회적 행동들이 부족함.

상담에서 얻은 정보로는 어릴 적부터 친척과의 관계가 크게 없었으며 아동이 사회적 관계를 형성할 충분한 기회를 가지지 못했다고 보임. 나아가 아동은 약간의 틱 증상과 매우 빠른 몸의 움직임 행동(매우 빨리 뛰거나 하는 행동)을 함.

아동의 모는 청결하고 단정한 성격의 소유자로서 학교의 담임에게 자녀의 문제로 먼저 상의한다거나 하는 적극적 행동이 부족했을 수도 있음. 아이가 말썽을 피운다는 전화가 학교에서 오면 수동적으로 속상해하고 힘들어해 왔음. 어머니 역할에 대한 어머니 개인의 부모역할에 대한 상담과 부모에 대한 양육지지 및 어머니의 아동양육에 대한 교육을 실시할 필요성이 있다고 보임. 이번 기회로 보다 적극적인 부모역할을 학습하는 기회가 될 것임. 즐겁고 보다 안정적인 부모-자녀 관계 형성이 필요함. 아동의 자립성 지도가 요구됨.

아동은 모자애착관계는 형성되어 있으나 사회적 관계 형성이 부족한 편임. 학교교육에 대한 의미도 부족함. 아동은 항상 또래보다 주목받는 외모와 행동들로 인하여 주변의 관심을 많이 받는 아동으로서 그에 비하여 자기주장은 약하여 관계에서 벗어나고자 하는 전략으로 싸움을 하거나 학교에 가지 않으려 하는 회피행동을 보이는 것 같음. 어머니가 학교에 먼저 방문하거나 전화로 아동의 상태를 물어보는 적극적 태도가 필요함.

6. 상담목표

1) 아동의 목표 : 담임과의 안정적 관계 형성을 목적으로 한 학교생활하기, 친구, 교사와의 관계에

서 사회적 규칙에 적응하기, 사회성 지도(규칙에 적응하기, 대 친구관계, 대 교사관계, 대 동생 관계), 아동의 안정적 사회적 관계 형성, 규칙에 적응하기

2) 어머니의 목표 : 아동의 자립심 육성하기, 어머니의 심리적 안정, 지금까지의 모의 양육태도의 점검

3) 세부목표 : 아동이 친구들과 선생님과도 잘 지내고 2학기 말까지 학교에 잘 다니도록 지도

7. 상담전략

어머니에 대한 양육태도 점검 및 부모 상담과 지지(인간중심적 접근)

아동에게는 학교생활의 중요성에 대한 인지 향상(인지 행동적 기법을 위한 자기기록에 의한 학교생활 평가)과 규칙적 놀이 활동(미술, 게임, 모와의 상호작용활동)을 통한 사회적 관계 지도(규칙에 맞추어 놀이하기, 차례 지키기, 순서대로 놀이하기), 정서적 개방과 안정감을 제공하기

(3) 상담목표 설정

초기면접과 사례개념화를 통해 아동의 상담목표를 설정한다. 상담목표에는 장기적 목표와 단기적 목표가 있다. 장기적 목표는 전 상담과정을 통하여 달성해야 할 목표이며, 단기목표는 매회 상담회기에서 달성할 목표이다.

상담의 목표는 구체적이고 행동적인 용어로 그리고 측정 가능한 '조작적 용어'로 설정한다. 총 상담회기의 지도목적과 매 회기의 구체적인 지도목표를 설정한다.

행동분석적 지도방법에서 상담목표는 다음과 같은 순서로 진행한다.

적절한 목표행동을 선택한다 → 목표행동을 정의한다 → 아동에게 증가시키고 싶은 행동과 감소시키고자 하는 행동을 기입한다

- 증가시키고자 하는 행동
  - 그 행동은 아동 스스로 아직 잘할 수 없다.
  - 아동의 생활에서 중요하고 도움이 되는 것이다.

- 아동이 조금만 노력하면 달성될 수 있다.
- 직접적으로 관찰할 수 있다. 측정할 수 있다.

• 감소시키고자 하는 행동
  - 그 행동은 빈번히 일어난다.
  - 그 행동은 아동이 조금만 노력하면 줄일 수 있다.
  - 그 행동은 직접적으로 관찰할 수 있다.
  - 그 행동은 측정할 수 있다.
  - 그 행동을 하지 않음으로써 아동은 여러 가지 유익을 얻을 수 있다.

〈표 8-3〉 **상담목표 설정에서의 고립행동에 관한 조작적 정의의 예**

고립행동	구체적인 조작적 정의
다른 아동과 어울리지 않는 행동	쉬는 시간에 혼자 할 일 없이 앉아 있다
	쉬는 시간에 혼자 엎드려 있다
	친구들이 노는 데 참여하지 않고 구경한다
	친구들과 말이나 장난을 걸지 않는다
	운동장이나 길에서 혼자 다닌다
자기의사를 표현하지 못하는 행동	친구들과 말할 때 마주 쳐다보지 못한다
	친구들과 이야기할 때 '응', '아니'로만 응한다
	친구들에게 무안을 당하면 말을 하지 못한다
	친구들에게 자기감정이나 의사를 나타내지 못한다
자기권리를 지키지 못하는 행동	친구가 시키는 일이 싫어도 말을 하지 못한다
	친구들에게 물건을 빼앗겨도 가만히 있는다
	부당하게 맞고도 가만히 있는다
	속임을 당한 줄 알고도 말을 못한다
	놀이와 겨루기를 피하는 행동을 한다

출처 : 이주영 · 강지예(2008), p. 44.

(4) 상담의 구조화(structure)

보호자가 심리치료에 동의하고 치료목표에 합의하고 나면 아동과 보호자에게 심리치료에 대한 준비를 시킨다. 이것이 심리치료에 대한 구조화이다(신현균, 2015). 심리치료가 잘 진행되기 위해 필요한 정보를 제공하고 심리치료에 대한 기초적인 교육을 시키는 것이다. 여기에는 내담아동과 보호자가 심리치료에 대한 현실적인 기대를 하게 하는 것, 내담자와 보호자가 하는 역할, 치료기간과 횟수 및 치료시간, 약속시간 지키기, 치료비와 지불방식, 비밀보장을 비롯한 윤리적인 문제 등에 대해 알려준다.

구조는 다른 용어로 가이드라인을 세우는 일이다. 가이드라인에는 시간 범위(50분간 등), 행동 범위(파괴적인 행동의 금지), 역할 범위(참가자들에게 기대될 수 있는 것), 그리고 절차상의 범위(특별한 목표나 요구를 해결하기 위하여 내담자에게 책임감이 주어지는 것)의 네 가지가 있다(Brammer, 1993; Goodyear & Bradley, 1980; Kelly & Stone, 1982).

상담환경의 구조화는 물리적 환경뿐 아니라 상담시간, 상담의 빈도 그리고 상담의 기간을 결정하는 것이다. 이러한 사항은 아동문제의 특성과 부모가 상담비를 지불할 수 있는 능력, 아동을 상담에 데려올 수 있는 횟수 등의 현실적 문제도 함께 고려되어야 한다. 아동과 함께 상담시간, 빈도, 기간에 따라 상담환경을 구조화하는 일은 아동과 상담자가 상담과정에 함께 참여하고 기여한다는 점에서 아동상담의 기본 수칙이 된다.

상담에 있어서의 구조란 조건, 절차, 그리고 상담의 성격에 관한 상담자와 내담자 간의 이해이다. 구조를 미리 설정하는 일은 상담 과정에 있어서 상담자와 내담자가 서로 간의 기대를 명백히 하는 데에 도움을 주고 오해를 예방할 수 있는 일이다. 왜냐하면 이것은 상호 간 권리를 보호하고 역할을 정의하며 방향을 지시하고 양쪽의 권리를 증명하는 데 도움이 된다. 어떻게 구조를 세울 것인지에 대하여 상담자가 의사결정을 할 때는 상담자의 이론적 방향이나 전문적 판단 또는 내담자의 성격에도 근거한다. 구조는 상담의 전 과정에서 제공되지만, 특히 시작단계에 중요하다(Gladding & Newsome, 2004).

① 동의 및 비밀보장

심리치료에 대한 동의서는 문서로 작성되어야 한다. 치료내용과 비밀보장에 대해 내담아동과 보호자에게 알려준다. 이는 내담자의 문제가 노출되지 않도록 보호하고 치료자와의 신뢰감을 형성하는 데 필요하다.

② 한계설정

심리치료에 대한 구조화를 할 때 빠트려서는 안 되는 부분이 한계설정에 관한 것이다. 이는 치료 상황에서 아동의 특정한 행동 통제에 대한 지침을 제공하는 것이다. 치료시간을 지키기, 치료자를 공격하거나 물건을 파손해서는 안 된다는 것, 치료실의 물건을 가져가지 않아야 한다는 것 등 내담아동에게 제한을 알려준다(신현균, 2015).

상담 구조화의 내용

- 상담에 대한 정확한 지식 제공 : 정확한 정보란 상담과정에 대한 이해, 상담자가 하는 일, 내담자에게 기대하는 것, 상담시간, 상담료, 지불방식, 상담주기, 오지 못할 경우의 연락방법 등에 대한 정보이다.
- 정서적 안정과 희망 고취 : 내담자의 부정적 정서를 해소하고 상담과 자신에 대한 희망을 갖도록 해주는 것이다. 내담자들은 상담이란 상담자와 어떤 일을 하는 것인지 얼마나 상담을 해서 자신의 문제가 좋아질 수 있는지, 정말 문제가 해결될 수 있는지, 정말 자신이 좋아질 수 있는지 등에 대한 의문과 두려움을 가지고 있는 경우가 많다.
- 적극적이고 책임감 있는 태도 형성 : 내담자의 능동적 참여란 출석, 적극적인 자기개방, 상담자와의 원활한 의사소통, 일상생활에서의 관여이다.

출처 : 김인규(2004).

〈표 8-4〉 상담의 과정

사전과정	초기과정	중기과정	종료기
• 첫 회 면접 • 사례개념화	• 문제의 제시 및 상담 필요성 인식 • 촉진적 관계 형성 • 목표설정 • 구조화	• 문제해결의 노력 • 지각과 합리적 사고 촉진 • 실천행동계획	• 실천결과의 평가 • 종결

이장호와 이동귀(2014)에 의하면 상담의 초기단계는 문제의 제시 및 상담의 필요성에 대한 인식 단계, 촉진적 관계의 형성 단계, 목표설정과 구조화 단계에 해당하고 중기단계는 문제해결의 노력 단계, 자각과 합리적 사고의 촉진 단계, 실천행동의 계획 단계이며 종결단계는 실천결과의 평가와 종결 단계에 해당된다.

(5) 상담 초기

일반적으로 상담 초기는 20회기를 단기상담으로 간주했을 경우 첫 회 면접에서 4, 5회기까지이다. 초기상담은 치료적 관계를 형성하기 위해 상담자는 아동이 표현하는 내적 · 외적 이야기를 주의 깊게 듣고 자유롭게 말할 수 있는 허용적인 분위기를 마련한다. 아동은 존중받고 있다고 느끼고 자유로우며 처벌이나 앙갚음의 두려움 없이 자신의 내부세계를 충분히 표현할 수 있어야 한다.

아동과의 관계에서 중요한 것은 아동과의 상호작용 시 아동에게 초점을 맞추는 것, 아동이 안전과 편안함을 얻을 수 있도록 배려하고 보살피는 것, 아동을 존중하며 아동의 은유와 상징을 이해하는 것 등이다.

김계현 등(2001)은 상담관계의 형성 원리에서 공감적 이해, 무조건적 존중, 신뢰성, 안전성을 제시했다.

공감적 이해란 내담자의 입장에서 그들의 내면세계를 이해하는 것이다. 내담자를 정확히 이해하고 내담자와 정서적으로 연결되었을 때 상담자가 자기를 이해하고 동시에 자신과 정서적으로 연결된 것을 내담자가 느낄 수 있을 때 온전한 것이 된다.

무조건적 존중이란 내담자의 행동이나 감정, 사고를 무조건적으로 존중하며 내담자를 하나의 전체적인 인간으로 아끼고 사랑하는 것이다.

신뢰성이란 내담자가 상담자를 신뢰하는 것으로, 신뢰성이 바탕이 되어야 내담자는 상담자에게 자신을 의뢰할 수 있다. 상담자가 능력 있고 솔직하며 진지하고 숨겨진 의도를 가지고 있지 않다고 판단되면 내담자는 상담자를 신뢰하게 된다.

안전성이란 내담자가 상담자와의 관계에서 안전함을 느낄 수 있어야 한다는 것이다. 안전한 관계 속에서 내담자는 자기의 감정을 자유롭게 느끼고 다양한 행동 대안을 탐색해 볼 수 있다.

수용적인 환경에서 아동은 발달하고 자신이 가진 문제를 표출하게 된다. 문제가 명백히 잘 드러나야 치료의 방향을 정확하게 잡아나갈 수 있기에 치료자는 아동의 활동 중의 행동 특성을 자세히 관찰한다.

상담자는 내담 아동의 문제행동을 상담과정에서 계속적으로 파악하는 것이 바람직하며 성급하거나 직접적인 판단, 평가는 시간을 두고 하는 것이 좋다. 아동에 따라 적극적 · 표현적으로 내면을 잘 드러내는 경우도 있으나 그렇지 않은 내성적이고 소극적인 아동도 있다. 초기에 아동을 파악했다고 여겼지만 경우에 따라 상담이 진행되고 서로 익숙해짐에 따라 중반기에 새로운 행동 특징이 나타나기도 한다.

① 초기 아동행동의 진단에 필요한 사항

가. 심리검사

초기상담면접의 결과를 좀 더 근거 있게 하고 아동을 과학적으로 이해하기 위하여 심리검사를 한다. 영유아는 발달 특성상 어린 시기이므로 다양하지는 않지만 유용한 검사도구를 활용할 수 있다. 예를 들면, 지능검사, 영유아발달검사 등이 있다.

나. 행동관찰

영유아는 행동을 통해서 자신의 전인적 발달 상황을 드러낸다. 비언어인 신체적 언어를 통해 자신의 상태를 표현한다. 다음은 행동관찰 기록지이다.

〈표 8-5〉 아동행동관찰 기록지의 예

	늘려야 하는 행동은 무엇일까요?	줄여야 하는 행동은 무엇일까요?
언어 면	• 언어획득 • 발성행동 • 언어모방	
사회적 및 기본적 교실 내 행동	• 주목행동(시선 맞추기) • 교사의 지시에 응하는 행동 • 앉는 행동 • 놀이 후 정리정돈 행동	• 마음대로 놀이하기 • 활동 중 문을 열고 바깥으로 나가기 • 피아노를 만지기 • 소파 방향으로 가버리기 • 커튼 속에 숨기 • 의자에서 일어나 돌아다니기

다. 부모상담

영유아의 행동문제는 행동관찰이나 심리검사로 알 수 있으나 원인이나 근거에 대해서는 가족의 대응이나 가족적 환경을 청취하면 그 배경을 알고 현재 아동행동에 대한 이해의 폭을 넓힐 수 있다. 상담 초기에 부모상담은 매우 중요하다.

라. 놀이매체의 선정

영유아가 놀이활동을 통하여 상담 초기에 자신의 내면을 표현하도록 유도하기 위함이다. 놀이활동에는 아동이 자유로이 선택하는 자유놀이활동과 상담자가 놀잇감을 지정해 주는 제한적 놀이활동이 있다.

② 초기 상담기법

가. 관계 형성하기

상담자와 아동 간의 라포가 형성되어야 한다. 라포란 두 사람 간의 신뢰를 바탕으로 한 따뜻하고 우회적인 분위기를 뜻한다.

김계현(2002)은 관심집중에 대해서 다음과 같이 말했다. 관심집중은 상담에서는 기본 조건이 된다. 누군가와 같이 있어주는 것, 그 사람에게 주의를 집중하는 것, 그리고 그가 하는 말을 열심히 듣는 것이 큰 힘을 발휘하는 경우가 많다. 누군가를 도우려면 그가 원하는 것이 무엇인지 정성껏 주의를 기울여서 들어야 한다.

나. 수용 및 존중

아동에게 상담과정에서 자신이 안전하고 보호받고 존중받고 있다는 것을 알게 한다. 아동이나 상담자에게 해를 끼치지 않는 한 아동이 표현하기를 원하는 어떠한 것이라도 수용하고 존중하는 태도를 보여준다. 안전과 보호를 해치지 않는 범위 내에서는 아동이 하는 행동이나 말은 무엇이든 허용한다.

다. 주목하기

아동에게 관심을 갖고 아동이 모든 것에 집중하는 것을 뜻하며 아동상담의 기본 조건이다. 주목하기는 아동에게 전심으로 함께하는 것이다.

김계현(2002)의 내담자에게 관심을 집중시키는 몇 가지 기술은 다음과 같다.

- 내담자를 향해 앉는다.
- 개방적인 자세를 취한다. 팔짱을 끼거나 다리를 꼬고 앉는다면 내담자에게 '방어적이다, 너의 말을 받아들이지 않는다'는 뜻으로 전달된다.
- 때때로 상대방을 향해 몸을 기울여 앉는다. 이것은 '내가 이 대화에 관심이 있다'는 것을 의미한다.
- 시선을 통한 접촉을 적절히 한다. 대화 도중에 시선접촉을 피하는 것은 '나는 이 대화에 관심이 적다, 이 대화를 계속하고 싶지 않다'는 의미를 준다. 말하는 사람의 눈을 계속 바라보는 것은 '나는 너의 이야기를 듣고 있다, 관심이 있다'는 뜻이다.

라. 경청

아동의 언어적·비언어적 표현을 주목하여 듣는 것으로 상담에서 가장 중요한 요소 중 하나이다. 언어적 표현은 자신의 생각, 감정을 음성언어로 나타내는 것이다. 경청을 위해서는 음성언어의 표면적 의미뿐만 아니라 음성 톤의 강약, 고저, 떨림, 유창성 등에 주의하면서 들어야 한다.

김계현(2002)은 경청이란 내담자의 언어메시지 경청하기라고 하였다. 언어메시지에는 내담자의 사실이나 사건, 내담자의 생각, 내담자의 감정 또는 정서가 있기에 그러하다. 듣는다는 것은 그가 하는 말뿐만 아니라 말 이외의 비언어로 표현되는 것까지를 포함한다. 유능한 상담자는 내담자의 말 이외의 비언어메시지에 매우 민감하다.

비언어에는 다음과 같은 것들이 있다.

- 눈 : 시선, 눈 깜박임, 눈물, 눈에 힘이 들어감 등
- 몸의 자세 : 웅크림, 뒤로 젖힘

- 손발의 제스처 : 손발의 움직임, 주먹을 쥠, 뒤통수를 긁적임
- 얼굴 표정 : 미소, 미간을 찌푸림, 입술 떨림
- 목소리 : 톤의 고저, 강약, 유창성, 떨림 등
- 자율신경계에 의한 생리적 반응 : 얼굴 붉어짐, 창백해짐, 급한 호흡, 땀이 남
- 기타 : 복장, 화장, 두발상태 등

마. 반복

내담자가 한 말의 일부를 반복해 주는 것은 내담자에게 그의 말을 경청한다, 이해한다, 계속하라는 메시지를 준다.

바. 공감과 감정반영

공감(empathy)은 동정(sympathy)과는 다르다. 동정은 남의 불행이나 슬픔 따위를 자기 일처럼 생각하여 가슴 아파하고 위로함이며, 누군가에게 불쌍하다, 도와주고 싶다라는 감정을 느끼는 상태이다. 공감은 남의 생각이나 의견, 감정 등에 대하여 자기도 그러하다고 느끼는 것이다. 공감은 감정이입이라는 말로 대치되어 쓰이기도 한다. 공감은 주로 감정, 느낌, 정서에 관한 현상이고 이해는 지적인 측면을 지칭하는 것이다(김계현, 2002; 류현수 · 임연서, 2014).

〈표 8-6〉 초기상담 프로그램 예(2회기)

〈2회 지도안〉

일시 : 20ㅇㅇ년 월 일(금) 4:00~5:00
이름 : ㅇㅇㅇ(초등2)

1. 목 표
 1) 교사와의 라포를 형성한다.
 2) 지능검사도구를 통해 아동의 지능을 측정한다.

2. 전 개

시 간	활 동	내용 및 반응	유의점	준비물
4:00~4:05	인사하기	'안녕하세요'라고 교사와 반갑게 인사를 나눈다.	바른 모습으로 크게 인사하도록 유도한다.	
4:05~4:15	이야기 나누기	아동이 일주일 동안 있었던 일들을 양식에 맞추어 적은 후에 교사와 이야기를 나눈다.	솔직하게 적도록 한다.	
4:15~4:50	지능검사	기존의 지능검사도구를 이용하여아동의 지능을 측정해 본다.	아동이 부담을 느끼지 않도록 한다.	지능검사도구(WPPSI)
4:50~5:00	간식	음악을 들으며 간식을 먹으면서 활동에 대해서 이야기를 나눈다.	자연스럽게 아이의 마음을 풀어주도록 한다.	
5:00~	인사하기	간식을 정리한 후에 '안녕히 계세요'라고 교사와 인사를 한 후에 마무리한다.		

(6) 상담 중기

① 상담 중기의 특성

상담 중기의 주요 상담목표는 심오한 탐색과 분석, 아동의 세계와 생활양식의 이해, 상담목표에 도달하도록 돕기이다.

상담의 중기단계는 상담과정의 대부분을 차지하는 기간으로 초기단계가 끝나는 시기부터 시작해서 상담목표가 어느 정도 달성될 때까지의 전 과정을 말한다(최영희 외, 2016).

상담자는 상담 초기와는 달리 조금 더 확실하게 아동에게 대응하는 방법을 결정하고 아동이 잘 표현하고 발달해 나가는 치료의 장으로서의 역할을 할 수 있도록 치료실의 분위기를 조성해 나간다.

이 시점부터 아동은 본격적으로 상담과정 중에 자신이 가지고 있는 상처, 고통, 투쟁, 공포 등을 드러내면서 자신의 감정을 제어할 수 없는 것에 두려움을 느끼기도 한다. 아동은 안전수준을 확인하기 위해 치료자와의 관계를 재점검해 보기 위한 시도를 하므로 상담자는 반드시 아동에게 안전, 무사, 보호 등을 제공받을 수 있다는 것을 느낄 수 있도록 반응해 주어 아동이 다시금 안전감을 느끼고 마음 놓고 상담과정에 복귀할 수 있게 한다. 이러한 과정을 반복하면서 아동은 자신에게 일어났던 심리적 고통에 직면할 수 있게 되고 스스로 치유하는 힘을 얻게 된다. 이러한 직면을 마치고 나면 자신감과 기능의 수준이 향상되기 시작한다.

중기단계에서는 아동이 자신의 문제를 드러내면서 심리적 또는 행동적으로 퇴행을 보이기도 한다. 이러한 퇴행행동은 치료적 과정 중에 종종 드러나므로 부모를 힘들게 하거나 외부활동에서 문제행동이 더 극적으로 나타나기도 한다(최영희 외, 2016 : 43).

이러한 과정을 거치면서 아동은 상담실에 적응하게 되고 상담실을 편안하게 느끼면서 내면적인 정서를 표출한다. 과거의 충격적인 경험이나 사건들을 반복하고 재구성하는 과정에서 나름의 해석을 하고 과거의 실체를 현재에 통합하면서 문제해결을 경험한다. 중기에는 다양하고 역동적인 경험이 이루어지며 아동에 따라 그 경험의 강도나 내용이 다르므로 중기를 지내는 기간이 각기 다르다(우지향 외, 2017 : 115-117).

가. 문제행동의 출현과 해소의 시기

중기에는 초기에 가지고 있던 문제행동이 확실히 드러나고 명백해지며, 상담 초기에 가지고 있던 문제 상황들이 서서히 느리게 해소되어 감을 볼 수 있다.

대부분 이 시기에는 아동이 첫 회 상담 시에 가졌던 문제행동들이 더욱 구체화되어 나타나거나 아니면 잘 드러나지 않았던 행동 특징들이 드러나 치료의 목적을 분명하게 할 수 있는 계기가 된다. 문제가 드러날수록 지도의 목표와 개입은 정확해진다.

나. 새로운 문제행동의 출현 가능성

상담 초기에 아동이 가진 문제를 잘 구조화하고 사례개념화를 시켰지만 그 이전의 초기관찰과 상담으로 얻은 정보 중에서 누락된 내용들이 있을 수 있다. 아동은 장면이 편안해짐에 따라 자신의 요구나 문제들을 드러낼 기회가 생기는 만큼 어느 정도 상담자가 환경을 마련해 주느냐에 따라 자신을 더 잘 표현할 수 있다. 그간 나타나지 않았던 새로운 문제행동이 출현할 가능성이 있다.

상담자는 새로운 문제행동이 출현했을 때 이것을 새로운 행동이라고 하기보다는 이전에 관찰하거나 진술되지 않았던 부분으로서 아동이 가진 내면을 자세히 드러낸 것으로 보고 오히려 긍정적인 관점에서 새로이 대응책을 추가하여 수립할 수 있다. 아동이 문제를 있는 그대로 드러낼 때에 전문가 입장에서는 오히려 해결에 다가간다고 생각할 수 있다.

② 중기 상담 기법

심리치료기법에는 치료적 변화를 목적으로 개발된 대표적인 기법으로 해석(interpretation)과 직면(confrontation)이 있다.

상담자는 아동 내담자들이 책임감 있고 자신의 문제를 스스로 해결하는 사람이 되기를 원한다. 지나친 조언은 의존심, 지나친 순응을 조장하고 자아존중감을 떨어뜨린다.

아동들이 스스로 문제해결에 참여하는 것은 새로운 경험이다. 조언을 해달라고 강요할 때는 대답을 얻고 싶어 하는 감정을 반영해 준다. 그리고 같이 해결책을 찾아보자고 제의한다.

가. 직면

아 동 : 세상에 믿을 사람 하나 없어요.

상담자 : 누가 누구를 믿을 수 없다는 뜻이지?

아 동 : 저는 세상 사람들 하나도 안 믿어요.

상담자 : 너는 15살까지 사는 동안 아무도 믿어본 경험이 없니? (직면적 질문)

아 동 : 예… 아니… 믿어본 사람이 있기는 하지만…

상담자 : 그러나 지금 심정은 아무도 믿을 수 없을 듯한 심정이라는 거지? (공감적 이해)

누구에게 크게 배신을 당한 경험이 있니? (탐색질문)

나. 해석

아 동 : 저는 대학에 가야만 해요.

상담자 : 대학에 가지 않는다면 어떤 일이 생기는데? (탐색/ 직면적 질문)

아 동 : 그건 상상할 수 없어요.

상담자 : 대학에 가지 못한다면 뭔가 끔찍한 일이 생기는 모양이지? (해석적 질문)

아 동 : 모르겠어요.

다. 공감과 반영

공감은 감정이입이다. 아동은 진정으로 이해받고 싶어 한다. 비판이나 비난, 편견 없이 공감해 준다. 반영은 아동의 사고나 감정, 행동, 언어 등을 상담자가 다른 용어로 반응해 주는 것이다, 공감과 유사한 의미로 사용된다.

라. 최소의 격려자

아 동 : 방금 이사 온 친구가 하나 생겼어요.

상담자 : 그래?

마. 재진술 : 진술은 정확한 단어를 사용

아 동 : 나는 영철이와 함께하고 싶고, 둘이서만 시간을 보내고 싶어요.

상담자 : ㅇㅇ이는 영철이와 함께 있고 싶은 거구나.

바. 의역(paraphrase) : 아동이 말한 단어를 변경

아 동 : 난 정말 영철이와 함께 춤추러 가고 싶어요. 그리고 우리만의 시간을 갖고 싶어요.

상담자 : ㅇㅇ이는 영철이와 시간을 보내기 위해 그곳에 있고 싶어 하는구나.

사. 요약(summary)

상담자 : 은수는 내게 은수의 새 친구, 선생님, 그리고 모임에 가고 싶은 이유에 대해 이야기해 주었군요.

아. 명료화

아 동 : 우리 엄마는 내가 정말로 잘하면 나를 보내줄 것이라고 말해요.

상담자 : 그러면 정말 잘하기 위해 무엇을 하나요?

자. 인지 검사

상담자 : 제가 이해했는지 봅시다. 숙제를 하고, 설거지를 하고, 불평 없이 잠자리에 드는 것이 그거예요?

〈표 8-7〉 중기상담 사례의 예

성 명	정○○	성 별	남	상담회기	8
지난 회기 요약	한 주간 체크를 하고 그림 그리기, 도미노(정적 활동), 카드놀이(동적 활동), 어머니와의 퍼즐활동(정적 활동)으로 진행했다. 목표는 아동의 안정적 사회적 관계 형성, 규칙에 적응하기이다. 어머니 상담을 장시간(이십 분 정도) 별도의 공간에서 진행했다.				
상담목표 (회기별)	• 아동의 목표 : 담임과의 안정적 관계 형성을 포함한 학교생활하기, 사회적 규칙에 적응하기, 정서적 만족감, 안정감 가지기 • 어머니의 목표 : 아동의 자립심 육성하기, 어머니의 심리적 안정				
진행사항 기록	오늘은 한 주간 체크를 하고 학교생활 그림 그리기, 신체표현놀이(링 던지기), 어머니와의 놀이(바느질하기)를 했다. 오늘 어머니는 한 주간 담임으로부터 전화도 없었으며 동생과 본 아동의 다툼도 없었다고 했다. 오늘은 상담사가 과로로 상담에 적극적이지 않은 이유도 있었는지는 모르지만, 어머니는 지난번에 많은 이야기를 한 것과는 다르게 지난 한 주간은 별다른 일 없이 잘 지냈다고 했다. 오늘의 아동에 대한 기록을 하면 다음과 같다. 상담사가 관찰한 바에 의하면 지금까지의 상담목표는 교사와의 관계형성이었다. 오늘 관찰에 의하면 아동은 원래 상당히 서두르고 빠르기는 하지만 오늘은 지나치게 서두른다는 인상을 받았다. 조금 더 천천히 느리게 하도록, 정확하게 하며 상대방의 반응을 기다리는 훈련이 앞으로 필요할 것 같다. '링 던지기'를 했는데 아동은 6게임 모두 이겼다. 던지는 조작기술이 뛰어나며 신체운동 능력이 정확하다. 그러나 상대방을 기다리거나 응원하거나 하지는 않는다. 자신의 순서를 마치면 바로 과자를 먹거나 다른 데 관심을 둔다. 꾸준히 천천히 하는 훈련이 필요하다. 바느질하기 과제는 초등 4, 5학년 수준으로 아동에게 난이도가 있었다. 그럼에도 불구하고 어머니와 보조교사의 도움으로 끝까지 마무리를 하는 모습을 보였다. 조금만 더 천천히 하는 연습을 하는 것이 필요하다.				
다음 회기 계획	지능검사를 한다. 중간에 놀이활동을 한 번 설정한다. 어머니의 요구로 아동의 분노 스트레스 측정의 필요성을 검토한다.				
기 타	학교 교사와의 관계는 어느 정도 해결이 된 모습을 보인다. 교사가 싫다고는 하지 않는다. 그러나 친구관계와 대인관계에 있어서 지나치게 움직이고 기다리지 않으며 활발하다. 웃기도 잘한다. 이러한 정서적 부분의 지도가 더 필요할 것 같다.				

(7) 상담 말기

아동의 초기상담 시의 문제가 해결되어 가는 과정에서 서서히 종결해도 되겠다는 상담자의 판단이 섰을 때 부모의 동의를 얻어 상담을 종결한다. 말기에는 필요에 따라 아동의 변화를 비교해 보기 위해서 초기에 실시했던 여러 가지 평가도구를 재실시해 볼 수도 있다.

상담을 종결할 때에는 내담자와 상담자가 서로 합의하여 내담자의 상태와 목표 달성 정도를 고려한다. 내담자가 종결을 원하더라도 상담자가 보기에 아직 불충분하다고 판단될 경우에는 종결을 유보하는 것이 바람직하다. 상담이 지루하고 효과가 나타나지 않을 경우는 상담자는 종결을 권유함으로써 이를 전략적으로 활용할 수도 있다. 그럴 경우 내담자는 이제까지의 태도를 바꾸어 보다 진지하게 상담에 임하여 상담이 더욱 효과적으로 이루어질 수 있다(김계현 외, 2001).

종결을 앞둔 시점에서는 2, 3회기 전에 미리 종결을 예고하는 것이 내담자에게 마음의 준비를 할 시간을 주는 차원에서 긍정적이다. 아동의 경우는 종결 시 참가 수료증을 전달하는 것도 의미가 있다.

상담을 종료한 후에도 아동의 상태에 대한 추후관찰은 필요하다. 그 당시 문제가 해결된 경우에는 재발하지 않을 수도 있지만, 환경적인 문제가 겹쳐 있거나 근본적인 원인이 제거되지 않은 경우에는 그 문제가 되풀이될 수도 있다. 만약 보호자가 계속적으로 상담받기를 희망하는 경우에는 시간을 별도로 구성하여 다시 진전된 상담목표를 설정하여 시작한다.

상담자는 상담이 종료된 후에라도 계속적으로 아동과 연락을 할 수 있다는 여지를 남겨 언제라도 아동의 추후상담이 가능하다는 것을 알려준다. 경우에 따라서는 부모에게 대응 방법을 전달하고 전화로든 이메일로든 연락 방법을 전달한다.

상담의 적절한 종료 시기는 계획했던 행동적 · 인지적 · 정서적 목표를 달성했을 때, 내담자가 어디에서 진전을 했으며, 그들이 성취를 위해서 원했던 것은 무엇이었는가를 확실하게 보여줄 수 있을 때, 상담 관계가 도움이 되었을 때, 그리고 간혹 처음의 상담 조건 내용이 변경된 경우(이사를 하거나, 질병의 경우)에는 종료하는 것이 바람직하다(Hackney & Cormier, 1996; Young, 2001).

〈표 8-8〉 상담 종료 기록 예

성 명	정○○	성 별	☑ 남 ☐ 여	상담회기	10회기
지난 회기 요약	• 9회기 아동의 목표는 담임과의 안정적 관계형성을 목적으로 한 학교생활하기, 사회적 규칙에 적응하기, 정서적 만족감, 안정감 가지기였음. 어머니는 아동의 자립심 육성하기, 어머니의 심리적 안정임 • 어머니는 부모양육태도검사(재) 실시, 아동용 주의력결핍 과잉행동장애검사 실시, 아동은 K-CBCL, WISC-Ⅳ 지능검사를 실시하고, 부모상담, 아동행동관찰을 함				
상담목표 (회기별)	• 9회기 목표와 동일함 • 이번 10회기는 종료회기이므로 지금까지의 아동과 어머니의 활동을 마무리하고 상호 간 종결 인사를 함				
진행사항 기록	• 어머니에게 심리검사결과 안내하기-아동학교생활 그림 그리기-아동놀이활동-어머니와 아동과의 놀이-종료 • 아동의 놀이활동은 딱지치기임. 아동과 어머니와의 활동은 잡지에서 그림 오려붙이기(콜라주, 어머니와의 활동)임. 이후 아동용 자아존중감검사 재검사, HTP 재검사를 함, 종료식을 함 • 어머니에게 9회기 검사결과를 안내함 1. K-CBCL 아동청소년행동평가척도는 정상범위임 2. 한국주의력과잉행동장애검사 실시 결과는 ADHD 지수 78로서 가벼운 정도로 나옴. 지난 11월 22일자 테스피아 무료진단검사에서는 점수가 9로서 차분하지도 충동적이지도 않고 성급하고 부주의하여 실수할 때도 있다고 나옴. 아동에게는 문제가 될 정도는 아니며 약간의 행동충동성 경향이 보이는 것으로 추측됨 3. 부모양육태도검사는 초기검사에 비해 간섭, 처벌, 감독의 점수가 약간 낮아지고 바람직하게 변화함 • 아동은 집나무사람 그림 검사에서는 초기에 비해 집 그림이 햇빛이 쨍쨍, 가족은 4명이며 좋으며 가족이라고 설명함. 사과나무는 나이가 1년 3개월이고 강한 나무라고 설명함. 사람 그림은 ○○이며 만세를 하고 있다고 함. 아동용 자아존중감검사 결과는 …(후략)				

<table>
<tr><td rowspan="2">다음 회기 계획</td><td colspan="3"></td></tr>
<tr><td>추후상담계획</td><td>☐ 계속진행</td><td>☑ 종결</td></tr>
<tr><td>기 타</td><td colspan="3">모든 부분이 좋아졌으나 말기에 추측되는 행동은 아동에게 약간의 충동성이 엿보임. 추후 지도해 나가야 할 점으로 고려됨. 이 시기의 아동은 대부분 충동적이고 많이 움직이는 경향이 있으므로 크게 염려할 부분은 아님. 그러나 학교생활문제로 내원한 만큼 이 부분이 혹시라도 영향을 주지 않았는지 검토할 필요가 있음</td></tr>
</table>

(8) 평가

평가에는 매 회기 상담 종료 후의 평가와 최종평가가 있다. 매 회기 실시하는 프로그램 평가는 매 회기 상담 실시 후에 프로그램의 장·단점, 아동의 반응에 대해서 슈퍼바이저 및 동료 상담자들 혹은 부모와 평가를 진행하는 것이다. 매 회기 상담을 마친 후에 그날의 아동의 행동 특성, 프로그램의 적합성 등을 논의한다. 아동의 발달과 흥미, 문제행동과 관련하여 매회 실시한 후, 프로그램은 평가를 거쳐 수정될 수 있다. 수정되는 내용은 이 활동이 아동에게 적합한 것인지, 연령, 능력, 적성, 수준, 문제 해결에 도움이 되는 활동내용인지를 살피고 이 활동을 함으로써 아동이 가진 문제를 해결해 나가는 데에 도움이 되는 내용들인지를 파악한다. 다음 회기에는 보다 더 완성된 적절하고 흥미로운 활동이나 내용들로 구성된다.

최종평가는 총 회기 상담종료 후에 상담의 전반에 걸친 평가를 하는 것이다. 아동의 변화는 상담적용 종료 후의 아동의 변화이며 다양한 행동이해방법을 적용하여 평가한다.

〈표 8-9〉 상담종결보고서

사례 번호		상담 종결일	20○○. 12. 22.
내담자 성명	정○○	상담유형	☑ 개인상담 □ 부부상담(이혼 전・후) □ 가족상담 □ 심리검사 □ 집단상담 □ 기타( )
상담 경위	☑ 본인 스스로 옴 □ 다른 기관으로부터 의뢰받음	상담자	이○○
종결 유형	☑ 종결 □ 중도 탈락 □ 다른 기관으로 의뢰	총 회기	10회기

상담 주제 및 목표

- 초등학교 2학년 남아[지능은 보통범위(99, K-WISC-Ⅳ)]. 학교에서 친구들과 자주 싸우고 다투었을 때 매우 반항적임. 선생님이 싫어서 학교를 그만두겠다고 말하고 동생도 반항적인 행동을 모방함
- 어머니는 평소에 매우 엄격하다고 함
- 상담의 주제는 초등남아의 학교생활(대 교우관계, 교사관계) 지도
- 목표는 아동과 어머니의 각각의 목표를 세움. 아동의 목표는 담임과의 안정적 관계형성을 목적으로 한 학교생활하기, 친구・교사와의 관계에서 사회적 규칙에 적응하기, 정서적 만족감과 안정감 가지기였음
- 어머니는 아동의 자립심 육성하기, 어머니의 심리적 안정임

상담 내용 요약

위의 주제와 목표를 가지고 총 10회기 상담을 계획하고 진행했다.
회기당 순서는 아동의 학교생활에 관한 상담(그림 그리고 자기기록)–놀이활동–어머니와 함께하는 놀이활동, 어머니와 상담자와의 부모상담의 순서이다.

- 1회기 : 어머니가 호소하는 아동의 문제를 표면적으로 관찰한 결과 그다지 드러나지 않으므로 심리검사를 실시하여 사전과 종료시기의 변화를 보고자 했다. 심리검사는 CAT, 아동용 문장완성, HTP 검사, K-CBCL검사, 어머니 양육태도검사 등을 실시하고 어머니의 요청에 의해 지능검사도 마지막 회기에 실시하였다. 초기 집나무사람 검사 결과 아동은 내적 상처가 있고 내면이 위축되어 있으며 심리적 지지나 기반이 약하다.
- 2회기 : 찰흙으로 사람 모양 만들기를 하였다. 어머니의 양육태도검사 결과 모의 간섭, 처벌, 감독이 매우 높았다.
- 3회기 : 아동의 상담목표를 학교에서의 교사와 친구와의 관계성 지도 및 아동의 자기만족도 향상으로 하였다. 빙고, 볼링활동을 하였다.

- 4회기 : 놀이는 몸으로 말하기(퀴즈 풀기)–어머니–자녀 양초 만들기를 하였다.
- 5회기 : 카드게임, 볼링하기를 하였다.
- 6회기 : 학교생활 그림 그리기에서 처음으로 선생님을 그렸다(이전에는 교사는 그리지 않음). 도미노, 어머니와의 빙고게임을 하였다.
- 7회기 : 도미노, 카드놀이, 어머니와의 퍼즐활동(놀이활동 세 가지), 어머니에 대한 부모역할 지지를 많이 하였다(공감).
- 8회기 : 링 던지기, 어머니와의 바느질하기 놀이를 했다. 이번부터는 아동행동에 대한 담임으로부터의 전화도 없었고, 동생과의 다툼도 없었다고 한다. 8회기에 접어들어 새로이 관찰한 결과는 지나치게 아동행동이 빠르다고 느껴진다. 꾸준히 천천히 하는 훈련이 아동에게 필요하다.
- 9회기 : 학교생활에서 약간의 문제가 있었으나 어머니는 아동의 말을 믿고 싶어 하며 초기처럼 많이 힘들어하지 않고 스트레스를 받지 않았다고 한다. 아동에게 추가적으로 감정표현을 언어로 하는 것이 필요할 것이라는 판단이 선다.
- 10회기 : 약속된 종료회기이므로 지금까지의 아동과 어머니의 활동을 마무리하고 상호 간 종결인사를 하였다.

아동은 사전에 비해 사후검사의 대부분이 좋아지고 어머니의 양육태도도 교정이 되었다.

CHAPTER 09

유아교사의 상담과정

아동이 가정에서만큼 오래 머무는 곳은 교육기관이다. 그러므로 아동의 전인적 발달을 돕기 위해 상담전문기관의 전문가를 통한 상담만큼이나 교육기관의 교사를 통한 상담과정도 중요하다. 특히 이 책은 예비유아교사의 상담역량을 강화하기 위한 내용을 다루는 데 목표가 있기 때문에 유아교사의 상담과정에 대해 구체적으로 다루어 보고자 한다.

유아교사에 의한 상담은 대체로 일과 중 관찰기록 등을 통해 파악한 아동의 문제행동에 대해 주양육자와 대면 또는 비대면으로 이야기 나누게 된다. 주양육자와 지속적으로 연락을 취하면서 아동의 문제행동 원인을 파악하여 제거하고, 긍정적인 피드백을 이끌어 낼 수 있도록 노력해야 한다. 이 장에서는 유아교사의 성공적인 상담을 위해 필수적으로 이루어져야 하는 아동에 대한 관찰과 기록에 대해 살펴보고, 부모상담에 대해서도 안내하고자 한다.

1. 관찰과 기록

1) 그림 등의 표현자료

유아기에서 초등학교 저학년은 아직 언어능력이 미숙하므로 그림으로 표현하는 것이 비교적 쉽다. 그림을 그리는 것으로써 자신의 내면의 무엇인가를 상대에게 전달하는 것이 그림 그리기의 가장 중요한 의미이다.

2) 자연적 관찰법

관찰법은 아동의 발달이나 학습상태 및 행동 등을 이해하려고 할 때 넓게 이용되는 가장 기본적인 방법이다. 특히 영유아 기관에서의 행동관찰에 주로 활용된다. 관찰법은 아동의 외면에 나타나는 행동을 직접적, 객관적으로 관찰함으로써 아동의 성격, 심리적 상태, 문제점 등을 진단, 이해하고자 하는 방법이다.

관찰법에는 사실을 있는 그대로 어떠한 조작도 가하지 않고 관찰하는 자연적 관찰법과 통제된 장면이나 조건 가운데 일어나는 행동을 관찰하는 실험적 관찰법이 있다.

자연적 관찰법은 목적에 일치한 장면이 보일 때 언제든지 편리하게 실시할 수 있고 자연스러운 모습을 포착할 수 있는 장점을 가진다. 그러나 자발적인 행동을 대상으로 하므로 관찰하려고 하는 행동이 일어날 때까지 기다려야 하는 단점이 있다. 또한 조건이 통제되어 있지 않으므로 동일한 행동이 일어나더라도 같은 조건하에 일어난 행동이라고 단정할 수 없으며, 필요한 자료의 누락을 막기 위하여 필요한 것 이외의 사항도 기록해 두어야 하는 단점도 있다.

〈표 9-1〉 **관찰일지**

<table>
<tr><th>날 짜</th><th colspan="2">20ㅇㅇ년 12월 13일</th><th>아동명</th><th>정ㅇㅇ</th><th>학 년</th><th>초등 2학년</th></tr>
<tr><th>성 별</th><td>남</td><th colspan="2">관찰 장소</th><td>센터 3층</td><th>관찰자</th><td>한ㅇㅇ</td></tr>
<tr><th colspan="7">관찰 내용</th></tr>
<tr><td colspan="7">그림 그리기를 마치고 나와 관찰자가 낙서를 하고 있는데 옆에 와서 관심을 보이다가 오늘 무슨 게임을 하는지 궁금한 눈치로 링 던지기 점수판을 보았다. 우선 과자를 챙겨서 엄마 옆에 두고 오늘은 팀 이름을 정하고 오늘은 어떻게 게임을 하는지 규칙을 말하는데, 아동은 선생님의 말보다는 오늘 할 게임에 많은 관심을 보이면서 선생님 말에 집중하지 못했다.
게임을 시작하면서 처음에 욕심을 부려 링을 멀리서 던지려고 하다가 선생님이 어려우니 조금 앞에서 하자고 하고 게임을 시작했다. 처음 ㅇㅇ이 차례가 다 끝나고 관찰자 차례에 ㅇㅇ이는 바로 엄마 옆으로 가서 과자를 먹으면서 게임을 지켜보았다. 상대방이 자기보다 적게 넣기를 바라면서 링이 고리에 들어갈 때는 아쉬워하고 들어가지 않을 때는 좋아했다. 그리고 자기보다 적게 들어갈 때는 좋아하고 다행이라고 했다.
게임을 계속하면서 조금씩 링 던지는 간격을 앞으로 당겼다. 그때 ㅇㅇ이가 조금 더 앞으로 당겨서 게임을 시작했다. 게임 결과로 ㅇㅇ이가 이겼는데 뿌듯해하였다.
승부욕이 강해서 자기보다 이기거나 앞서는 걸 싫어하는 것 같고, 경쟁하는 게임이 아니더라도 자기가 잘하는 것을 보여주고 싶고 꼭 이겨야 하는 것 같았다.</td></tr>
</table>

자연적 관찰의 기록방법에는 일화기록법, 체크리스트법, 시간표집법, 평정척도법, 도시법이 있다.

(1) 일화기록법

아동의 행동을 관찰자의 해석을 추가함으로써 사실을 구체적으로 기술하는 방법이다. 이 방법은 행동의 흐름을 파악하기 쉽고, 이후 분석에 필요한 많은 자료를 제공할 수 있다는 장점이 있다. 그러나 나중에 정리, 분석하기 어려운 단점도 있다. 일화기록법에 필요한 조건은 다음과 같다.

- 기록의 각 사항별로 아동 이름, 일시, 장소, 관찰자 이름을 기입해 둘 것
- 상황은 정확하게 상세하게 기술할 것

- 행동은 적극적 부분뿐만 아니라 소극적 부분도 포함할 것
- 관찰 대상의 행동만이 아니라 아동에 대한 다른 사람들의 반응에도 주목할 것

〈표 9-2〉 일화기록법의 관찰 예

<table>
<tr><td>관찰유아</td><td>김○○</td><td>생년월일</td><td>20○○. 11. 21.</td><td>남/여</td></tr>
<tr><td>관찰자</td><td>○○</td><td>관찰일</td><td colspan="2">20○○년 3월 23일</td></tr>
<tr><td>관찰시간</td><td></td><td>유아연령</td><td colspan="2">년 개월</td></tr>
<tr><td>관찰장면</td><td colspan="4">실내 플로우 활동–예술(미술)센터</td></tr>
<tr><td>기 록</td><td colspan="4">예술센터에서 화장지를 이용하여 꽃병 꾸미기를 하고 있다. 화장지를 뭉쳐서 꼼꼼히 종이에 붙이고 색연필을 이용하여 줄기와 잎, 화분에 담긴 흙까지 섬세하게 표현한다. 선 밖으로 색이 나오지 않도록 주의하며 다양한 색을 사용하여 꾸민다.</td></tr>
<tr><td>발달영역</td><td colspan="4"></td></tr>
<tr><td>해 석</td><td colspan="4">○○는 예술센터에서 활동을 주로 하며 미술활동을 할 때에 오랜 시간 집중하는 모습을 볼 수 있다. 공간지능이 높은 ○○는 사물을 주의 깊게 관찰하여 그 특징을 자세하게 묘사하여 그린다. 또한 소근육이 또래에 비하여 발달되어 있어 섬세한 표현활동에 능숙하다.</td></tr>
</table>

(2) 체크리스트법(행동목록법)

행동의 빈도나 정도를 알고 싶을 때에 사용한다. 관찰하고자 하는 행동이나 일어날 만한 행동을 예상하여 표로 만들어 두고 해당하는 행동이 일어나면 체크한다. 관찰하고자 하는 행동이 결정되어 있는 경우나 특정한 행동이나 빈도를 알고 싶은 경우나 양적 처리를 하고 싶은 경우에 적합하다. 결과의 처리가 간단하고 양적 처리가 가능하다는 장점이 있다. 그러나 미리 결정해 둔 항목에 관해서만 체크하기 때문에 그 외의 중요한 사항을 누락할 위험이 있는 등 행동 전체의 흐름을 취급할 수 없는 단점이 있다.

〈표 9-3〉 체크리스트법의 관찰 예

<table>
<tr><td>관찰유아</td><td></td><td>생년월일</td><td colspan="2"></td><td colspan="2">남/여</td></tr>
<tr><td>관찰자</td><td></td><td>관찰일</td><td colspan="4"></td></tr>
<tr><td>지 시</td><td colspan="6">※ 다음은 유아의 발달을 전체적으로 체크해 볼 수 있는 리스트이다.
1. 유아를 선택하여 관찰한다.
2. 체크리스트에 있는 행동이 나타나면 표시한다.
3. 체크리스트 마지막에 각 발달영역별로 요약한다.
4. 관찰결과에 따라 각 영역별로 한 가지식 교수방법을 계획한다.</td></tr>
<tr><td colspan="4">기본생활습관</td><td>예</td><td>아니요</td><td>비고</td></tr>
<tr><td colspan="4">1. 정리 정돈을 할 수 있다.</td><td>√</td><td></td><td></td></tr>
<tr><td colspan="4">2. 규칙을 잘 지키는 편이다.</td><td>√</td><td></td><td></td></tr>
<tr><td colspan="4">3. 어른에게 존댓말을 사용한다.</td><td>√</td><td></td><td></td></tr>
<tr><td colspan="4">4. 교사의 지시를 잘 이해하고 따른다.</td><td>√</td><td></td><td></td></tr>
</table>

(3) 시간표집법(시간견본법, Time Sampling법)

시간을 나누어 관찰하는 기록법으로서 전 관찰시간을 같은 간격으로 나누어 각 구간마다 기록한다. 일반적으로 총 20~60분의 관찰시간을 30초에서 5분 간격으로 나눈다.

〈표 9-4〉 시간표집법의 관찰 예

<table>
<tr><td rowspan="2">관찰
날짜</td><td colspan="12">시간표집(5분 간격)</td><td rowspan="2">빈도/
표집수</td><td rowspan="2">행동비율
(%)</td></tr>
<tr><td>0 5</td><td>10</td><td>15</td><td>20</td><td>25</td><td>30</td><td>35</td><td>40</td><td>45</td><td>50</td><td>55</td><td>60</td></tr>
<tr><td>4월 9일</td><td>−</td><td>−</td><td>−</td><td>−</td><td>−</td><td>+</td><td>−</td><td>+</td><td>+</td><td>+</td><td>+</td><td>+</td><td>6/12</td><td>50%</td></tr>
<tr><td>10일</td><td>+</td><td>+</td><td>+</td><td>+</td><td>+</td><td>+</td><td>+</td><td>+</td><td>+</td><td>+</td><td>+</td><td>+</td><td>12/12</td><td>100%</td></tr>
<tr><td>11일</td><td>−</td><td>−</td><td>+</td><td>+</td><td>−</td><td>+</td><td>−</td><td>−</td><td>−</td><td>+</td><td>+</td><td>−</td><td>5/12</td><td>41.7%</td></tr>
<tr><td colspan="13">계</td><td>23/36</td><td>63.9%</td></tr>
</table>

+ : 집단 놀이 참가 − : 집단 놀이 이탈

(4) 평정척도법

관찰하고자 하는 행동에 관하여 일정한 기준에 따라서 미리 단계를 두고 그에 맞추어 평가한다. 행동의 질적 특성을 몇 등급으로 구분해서 알고자 할 경우에 유용하다. 체크리스트는 확인기록이지만, 평정척도법은 관찰자의 주관에 따라 강도나 방향이 달라질 수 있다.

〈표 9-5〉 평정척도법의 관찰 예

숫자평정척도의 예 : 친사회적 행동 평정척도 4, 5세용

관찰유아		생년월일		성 별	
관찰자		관찰일			
유아의 연령					

• 유아의 친사회적 행동에 대해 다음과 같이 1~5로 평가하여 해당 숫자에 ㅇ표를 한다.

1 : 전혀 그렇지 않다 2 : 약간 그렇지 않다 3 : 보통이다 4 : 약간 그렇다 5 : 아주 그렇다

문항					
1. 다른 사람의 감정을 이해한다.	1	2	3	4	5
2. 다른 사람의 감정을 이해하고 말로 위로한다.	1	2	3	4	5
3. 다른 사람의 감정을 이해하고 행동이나 신체적 접촉을 통해 위로한다.	1	2	3	4	5
4. 친구나 교사에게 나누어 주기를 한다.	1	2	3	4	5
5. 친구나 교사에게 양보를 한다.	1	2	3	4	5
6. 놀이시간이나 작업시간에 협력한다.	1	2	3	4	5
7. 친구와 교사를 도와준다.	1	2	3	4	5

(5) 도시법(圖示法, 그림법)[1]

도시법(그림법)은 관찰결과를 도시하는 방법으로서 그림으로 나타내는 방법이며 분포도이다. 도시법은 놀이장면에 있어서 아동의 위치나 아동 상호 간 관계의 변화를 취급하는 경우에 많이 이용된다.

1 그림이나 도표 따위로 나타내는 방법

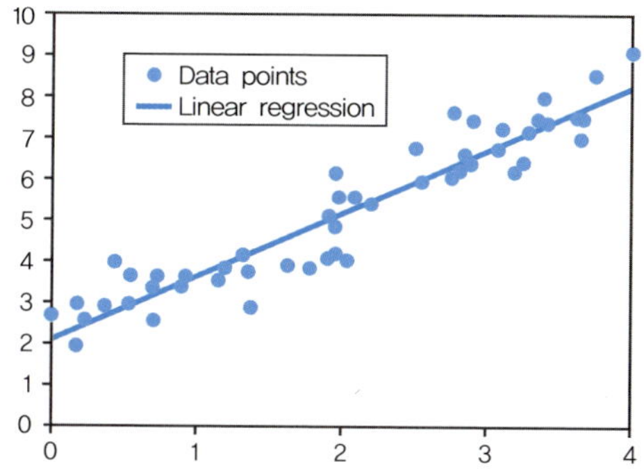

| 그림 9-1 | 도시법의 예

출처 : upload.wikimedia.org/wikipedia/commons/thumb/b/be/Normdist_regression.png/300px-Normdist_regression.png

3) 실험적 관찰법

연구목적이나 이론적 준거에 따라서 미리 무엇을 관찰할까를 명확히 하고 객관적인 결과를 얻도록 장면의 조건을 통제하여 관찰하고 행동 특성과 인성 특성의 인과관계를 명확히 한다. 관찰은 특정 변수가 인간행동에 어떻게 효과를 가져오는가를 취급한다. 비사회적 상황하(밀실에 피험자를 두고 외부로부터 차단하여 관찰한다)에서의 관찰, 사회적 상황에서의 개인행동의 관찰, 사회적 상호작용의 관찰 등에 사용된다. 그러나 실험적 관찰법은 실제 교육현장에서 아동 이해를 위해서 실시하기가 곤란한 면이 있다.

참고로 아동을 관찰할 때 관찰자의 왜곡이 생길 수 있다. 왜곡에는 스테레오 타입,[2] 초두(初頭)[3]효과, 배광[4]효과(背光, halo effect), 관용효과[5] 경향이 있다(松原達哉, 1988 : 118).

2 stereotype. 창의성이 없이 판에 박은 듯한 생각
3 어떤 일이나 기간 혹은 내용 따위의 첫머리
4 다른 물체를 밝게 비추기 위하여 빛을 보냄. 후광
5 호의를 가진 상대에게는 모든 점에 있어서 호의적으로 생각하기 쉬운 정의 관용효과, 싫은 상대에 대해서는 모든 점에 있어서 비호의적으로 생각하기 쉬운 부의 관용효과

4) 조사법(질문지법)

(1) 조사목표의 설정

질문지를 작성하는 경우 초기에 조사목표를 명확히 설정하는 것이 중요하며, 조사의 궁극적인 목표는 아동에 대한 이해이다. 조사목표를 설정하기 위해 고려할 점은 다음과 같다.

첫째, 목표범위를 한정한다.

둘째, 왜 조사목표를 세웠는가, 왜 이 조사를 행할 필요가 있는가를 검토한다.

셋째, 설정한 목표에 관련된 종래의 제 조사결과나 견해를 가능한 한 수집하여 어떠한 곳에 문제가 있는가, 어떠한 특성이 보편적이며 어떠한 점이 특수한 것인가를 잘 검토한다.

(2) 조사계획의 입안

시기적으로 적합해야 한다. 가정환경이나 부모의 교육관 등은 학년 초에 알아두면 좋으며 여름방학 전에는 생활지도를 위한 정보를 수집하는 것이 바람직하다. 친구관계의 조사는 학년 초에 행해도 명확한 결과를 알 수 없다. 조사는 연간계획을 세워서 실시하는 것이 바람직하다.

(3) 조사방법의 검토

조사의 방법은 반드시 질문지에 의한 조사만이 아니며 관찰조사법이나 면접조사법 등도 있다.

2. 부모상담

아동에 대한 정보는 행동관찰, 상담, 놀이행동 탐색, 심리검사 등 다양한 경로를 통하여 얻게 되지만 부모로부터 청취하는 정보는 가장 소중하고 중요한 정보이다. 부모는 가장 오랜 시간 아동을 봐온 양육자이며 아동에 대한 양육의 책임자이므로 아동에 관한 모든 정보를 가지고 있는 중요한 자원이다. 간혹 부모가 양육에 자신이 없는 경우나 맞벌이 등의 사유로 인하여 자녀에 관해 잘 모르고 지나치고 있는 부분이 있을 수 있다. 이러한 경우조차도 부모와의 상담 내용은 아동의 현재 상황과 관련된 중요한 정보가 된다. 조부모가 양육을 담당하는 경우에는 조부모로부터 아동에 관한 정보를 얻기도 한다.

부모는 자녀의 삶에 매우 중요한 자리를 차지하고 있기 때문에 자녀의 모든 발달에 미치는 영향은 지대하다. 특히 프로이트의 심리성적 발달단계에 의하면 구강기, 남근기의 만 6세 미만의 유아 발달에 미치는 영향은 절대적이다. 부모가 상담에 협조적이지 않으면 아동상담이 원만하게 진행되기가 곤란하다. 아동상담을 통해 부모가 자신을 돌아볼 수 있고 지금까지의 자녀양육의 어려움에 대한 고민과 해법을 찾을 수 있는 기회를 마련해 주는 것이 필요하다.

아놀드(Arnold, 1978)는 아동의 정신건강에 중요한 요소는 아동과 전문가와의 관계가 아니라 부모-자녀 관계이며 효과적이고 영향력 있는 부모는 아동의 가장 중요한 치료자라고 했다. 아동 자신이 문제의식이나 개선에 대한 의욕을 가지는 일은 발달단계상 드물며 부모의 참여와 협력이 없이는 아동상담도 곤란하다. 부모상담을 통해 부모가 육아와 양육상의 고민에 대해 문제의식을 갖게 되거나 해결하려는 노력을 시도하여 아동에게 관여하는 방법이나 양육태도를 수정함으로써 아동의 문제가 개선된다.

일반적으로 아동의 행동 문제로 교사가 부모에게 상담받도록 권유를 한 경우에는 부모의 동기화가 낮기에 치료의욕을 높이는 일부터 시작해야 하는 경우가 많다. 부모는 자신의 육아태도와 양육태도, 양육의 방향을 점검함과 동시에 자신의 아동양육에 대한 생각, 지금까지의 자녀와의 상호작용 방법, 가족적 상황을 점검하고 잘못된 방법은 교정하며 수정해 나간다.

부모는 자녀양육에서 도움과 지지를 받고 싶은 내담자이다. 부모 자신의 개인적 어려움(우울, 학대, 정서적 어려움, 부부관계의 문제, 맞벌이로 인한 스트레스, 가족과의 불화 등)으로 인해 부모의 문제가 아동에게 영향을 끼칠 수 있기 때문이다. 부모의 정서적 또는 심리적인 문제로 인해 육아는 특히 어려울 수 있다. 예를 들어, 불안하거나 우울한 경우 정상적인 육아 문제의 해결에 더 많은 어려움을 겪는다. 양육 상담은 스트레스를 줄이고 우울증을 완화하며 공황 발작을 예방하고 불안을 줄일 수 있다. 또한 분노 문제로 고통받는 경우 양육 상담은 양육 책임을 방해하지 않도록 효과적으로 분노를 조절하는 데 도움이 될 수 있다. 부모상담은 양육에 대한 두려움, 스트레스 등에 대처하게끔 하며, 성공적인 양육기술을 획득할 수 있도록 돕는다.

1) 부모상담의 목적

부모상담의 주요 목적은 상담을 의뢰하는 이유 및 현재 아동이 가지고 있는 문제나 어려움이 무엇인가에 대해 정보를 구하는 것이다. 이것은 부모에게 상담자와의 상담을 통해 자녀를 보다 잘 이해하게 하는 데 도움을 줄 수 있는 정보를 제공하는 것이다.

조수철 등(2014)에 의하면 부모상담의 목적은 다음과 같다.

- 임상가와 부모 사이의 치료적 관계(rapport)와 상호 존중을 형성하기 위해
- 아동에 대해 부모가 최근에 걱정하는 문제를 알기 위해
- 치료의 적합한 목표가 될 수 있는 아동의 특별한 문제를 확인하고 우선순위를 결정하기 위해
- 치료효과를 높일 수 있는 아동의 중요한 강점과 능력들을 확인하기 위해
- 확인된 문제의 이해와 관련된 아동의 개인력과 최근의 중요한 환경적 영역에 대해 더욱 깊이 알기 위해
- 이전에 시도했던 치료나 개입을 파악하기 위해
- 이전의 개입효과를 극대화하기 위해
- 향후의 개입에 대한 수용과 가능성을 평가하기 위해

영유아기관에서의 이상적인 상담 분위기는 서로 존중하면서 개방적이고 반응적인 협력을 이루는 것이다. 유아교사가 부모상담을 진행하는 목적은 아이에 대한 중요한 정보를 모으는 것인데, 대부분의 부모는 기관에서 상담을 요청할 시 상당한 불안감을 느낄 수 있어 주의가 필요하다. 따라서 전문상담가들이 내담자와의 라포 형성을 위해 상담시간을 효율적으로 배분하듯이, 유아교사도 부모상담 시 부모의 긴장감과 불안감을 덜어주기 위해 그들의 어려움에 공감해 주고 자녀의 긍정적인 면을 언급해 주는 시간을 마련해야 한다. 특히 부모가 자녀에 대해 가장 잘 파악하고 있는 전문가임을 인식시키고, 아동을 이해하기 위해 부모의 관점이 중요하다는 점을 확신시켜야 한다. 이를 위해 '부모의 생각을 듣고 싶다'는 표현을 쓸 수 있다.

2) 부모상담의 주제

조수철 등(2014 : 278-284)은 부모상담의 주제를 다음과 같이 제시하였다.

- 아동에 대한 주 호소문제
- 행동문제나 정서문제
- 사회적 기능
- 학교에서의 기능
- 의학적 병력과 발달력
- 가족관계와 가정상황

류현수와 임영서(2014)는 부모상담의 주제영역을 다음과 같이 기술했다.

- 가족환경 : 부모의 사회인구학적 배경 및 결혼상태, 부부관계, 직업 및 직업만족도, 종교, 지역사회 관계 등 현재 가족의 생활환경이나 기능수준에 대한 것이다.
- 태내기 환경 : 태내기의 부모상황은 아동문제의 근원적인 배경으로 작용하는 경우가 많다. 특히 어머니의 영양 상태나 불안, 우울 등의 정서문제는 자녀에게 많은 영향을 끼친다.
- 생애 초기 환경 : 무의식 내에 자리 잡은 생애 초기 경험은 주로 부모를 통해 형성되며 일생에 걸쳐 중대한 영향을 미친다.
- 아동발달력 : 아동의 신체, 언어, 인지, 정서, 사회성 등 전인발달 상황에 대한 정보 등이다.

3) 부모상담의 일반적 원칙

부모상담의 일반적 원칙은 다음과 같다(류현수 · 임영서, 2014 : 84).

- 아동 행동 중에서 가정이나 교육기관에서 가장 문제되는 것이 무엇인지 찾아서 한꺼번에 모두 바꾸려고 하지 말고 한번에 한두 가지 문제만을 다루도록 한다.
- 현실적이고 실현 가능한 목표를 설정하도록 한다.
- 부모로 하여금 아동과 함께 의견을 나누도록 한다. 부모는 자녀의 말을 들어주며, 공감하고, 쉽지 않지만 이해하려고 노력한다.
- 부모는 좋다 나쁘다의 도덕적인 기준으로 아동의 행동을 판단하지 않도록 한다.
- 비판과 칭찬의 균형을 적절히 맞추고 일관성 있는 태도를 견지하며 아동이 가능한 한 일상생활에서 성공을 이루도록 격려한다.

4) 부모상담의 기술

상담과정에서 상담자는 효과적인 의사소통을 돕기 위해 몇 가지 전략을 사용할 수 있다.

조수철 등(2014 : 283-285)은 버스와 리브(Buss & Reave, 2003)의 반구조화된 부모상담의 기술로서 바꿔 말하기(Paraphrasing), 참여하기(Attending), 명료화하기(Clarifying), 유도하기(Eliciting), 반영하기(Reflecting), 요약하기(Summarizing)의 PACERS 전략을 제시했다.

바꿔 말하기는 내담자가 말한 내용을 다시 진술하거나 요약하는 것이다. 핵심단어나 구를 사용하여 부모의 말을 바꿔 말한다.

참여하기는 상담자가 집중하고 있음을 내담자가 알 수 있게 하는 것이다.

명료화하기는 상담자가 내담자에게 들은 것을 이해했는지 확인하기 위해서 요약하거나 논평하거나 질문하는 것이다.

유도하기는 더 많은 정보를 모으거나 특정한 세부사항을 알기 위해서 질문을 하거나 직접적으로 요구하는 것이다, 부드러운 지시(예 저에게 ~에 대해 좀 더 말씀해 주세요)로 상담자가 정보를 더 원한다는 것을 분명히 하는 것이다.

반영하기는 내담자가 한 말에 대해서 감정적이거나 정서적인 면을 다시 말해주는 것이다(예 당신은 은수가 숙제하도록 늘 알려줘야 해서 정말 좌절스러웠군요).

요약하기는 주제에서 다루어지는 핵심문제들과 주제들을 말하는 것이다. 한 주제를 끝내고 다른 것으로 이동하기에 좋은 방법이고 부모가 핵심에서 벗어나거나 어떤 주제에 대해 지나치게 자세히 이야기할 때 상담을 잘 이끌어 가기 위한 좋은 전략이 된다.

김정원과 전선옥(2017)은 효율적인 부모상담을 위한 제안을 했다.

- 긍정적이고 따뜻한 말로써 시작한다.
- 부모를 완벽한 인간으로 보지 않는다.
- 부모가 이야기한다. 상담자는 경청한다.
- 부모가 원하는 것이 무엇인지 정확히 파악한다.
- 말하는 것 자체만으로도 정화의 가치가 있다.
- 부모의 감정을 반영한다.
- 부모의 이야기를 요약해 준다.
- 부모가 과장할 수도 있음을 기억한다.
- 부모의 반응에 주의를 기울인다.

- 비언어적인 대화에도 주의를 기울인다.
- 문화적인 차이를 존중한다.
- 부모가 문제를 다양한 측면에서 바라보게 해준다.
- 같은 말이라도 긍정적으로 표현한다.
- 다른 부모나 자녀에 대한 이야기는 하지 않는다.
- 중요한 결단을 대신 내려주지 않는다.
- 정보를 준다.
- 상담시간을 너무 길게 하지 않는다.

5) 부모상담 준비

(1) 상담계획 알리기

유아교육기관에서 상담을 알리기 위해서는 문자, 전화, 대면을 통해 연락을 취하거나 가정통신문을 통해 참석 여부를 물어보기도 한다. 보통 아동의 문제행동에 대한 이야기를 꺼내기에 앞서 상담계획의 목적을 밝히게 된다. 반대로 부모가 교사에게 상담을 요청해 오는 경우도 있다.

(2) 부모상담의 진행

부모상담 진행을 위해 부모가 아동과 함께 내원했을 경우 아동과 분리되어 있을 수 있도록 조치한다. 교사는 아동행동관찰과 부모상담을 동시에 실시할 수도 있으나 그렇지 않은 경우에는 부모가 조용한 상담 분위기 속에서 조금 더 집중할 수 있다. 부모상담의 진행과정은 다음과 같다.

① 부모상담(아동의 생육력, 발달력, 교육력 등 조사) 및 상담자에 의한 아동행동관찰 및 아동과의 상호작용

② 부모와의 합의에 의한 아동의 상담 목표행동 결정

③ 상담 진행

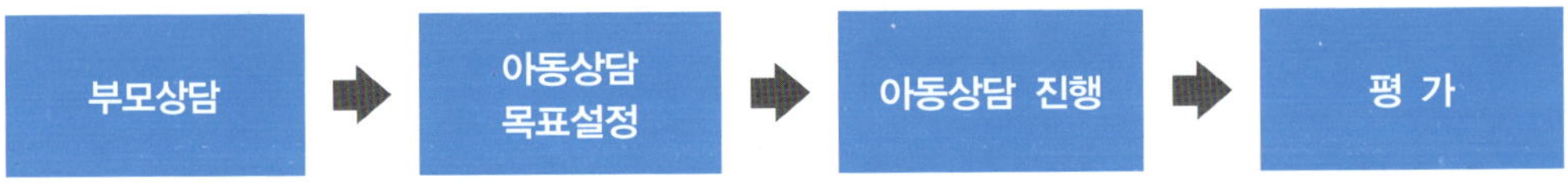

| 그림 9-2 | **부모상담 진행과정**

(3) 상담과정의 유의사항

부모들은 상담에 앞서서 자녀에 대해 염려하고 긴장해 있을 수 있다. 교사는 이에 대해 초기상담 시 편안하고 수용적인 환경을 조성하여 부모의 부담을 덜어주도록 배려한다. 부모는 상담을 위해 내원할 때 아동에 대한 불안감과 염려가 심하고, 자신의 양육태도에 대한 평가를 민감하게 받아들일 수 있다. 부모에게 가장 필요한 것은 심리적 지지이다. 상담에서는 상담을 필요로 하는 또 한 명의 내담자가 부모라고 생각하여 부모의 지금까지의 양육에 대한 노고를 위로하고 공감하기에 부족함이 없어야 한다.

자유롭고 편안한 분위기에서 부모는 질문과 고민들을 말할 수 있다. 교사가 해결할 수 없는 문제의 영역인 경우 연계하거나 타 기관에 소개하며 타 상담사에게 의뢰해 준다.

(4) 상담과정 중의 상담내용

① 현 상담의 목표달성, 활동내용, 상담과정 중 아동에게 일어나는 주변 환경의 변화, 혹은 주변의 대응의 변화, 아동행동의 특징 등이다.

② 필요에 따라 별도의 자녀양육기법 훈련을 행하기도 한다.

③ 필요에 따라 부모의 가정 과제의 이행과 그에 대한 피드백을 제공한다.

유아놀이중심 양육지원자료 : '슬기로운 부모상담'

유아기 자녀를 둔 부모 상담을 위하여 유아의 유치원 적응 시기와 부모의 요구나 상황에 따른 부모 상담 내용으로 구분하여 제시하고 있는 현장지원자료입니다. I–누리 사이트에서 PDF 자료 다운로드가 가능하며, 다음의 QR코드로 연결됩니다.

다운로드 바로가기

출처 : https://i-nuri.go.kr/main/board/view.do?menu_idx=182&manage_idx=31&board_idx=2872&old_menu_idx=0&old_manage_idx=0&old_board_idx=0&group_depth=0&parent_idx=0&group_idx=0&entire_check=entire&entire_idx=31&how_show=normal&ismodal_yn=N&search_type=title&search_text=&viewPage=4

PART

3

PBL(Problem-Based Learning)을 활용한 유아교육기관 상담의 실제

CHAPTER 10

PBL(Problem-Based Learning)을 활용한 유아교육기관 상담의 실제

기존 대학수업에서의 아동상담 수업은 대체로 교수자 중심의 전달식 또는 약간의 간접경험 제공 등을 통해 이루어진다. 이러한 교수방법으로는 아동상담 교과목에서 예비유아교사의 현장적용 가능 역량을 향상시키는 데 어려움이 있다. 특히 아동상담 교과목 특성상, 실천적 경험이 매우 중요하다고 할 수 있다. 따라서 학습자인 예비유아교사들이 교육현장의 문제해결 상황을 다각적으로 간접경험하는 모의훈련을 해보는 것이 필요하다. 이에 따라 모의 문제해결 기회를 다양하게 제공하도록 내용을 구성하였다. 이 활동을 통해 향후 유사한 문제상황에 직면할 경우, 적절하게 대처할 수 있는 문제해결능력 및 창의적이고 융합적인 사고를 배양하는 것을 목표로 한다.

이 책에서는 PBL 활용 아동상담 수업을 구체화하기 위해 조연순(2006)의 PBL 단계를 참고하였다. 조연순(2006)은 PBL 단계를 문제제시부터 시작해서 평가에 이르기까지의 과정으로 보았으며, 초등학생들에게 적용 가능한 PBL 단계를 이 책의 아동상담 활동에 맞게 수정·보완하여 다음 | 그림 10-1 | 과 같은 단계를 구성하였다.

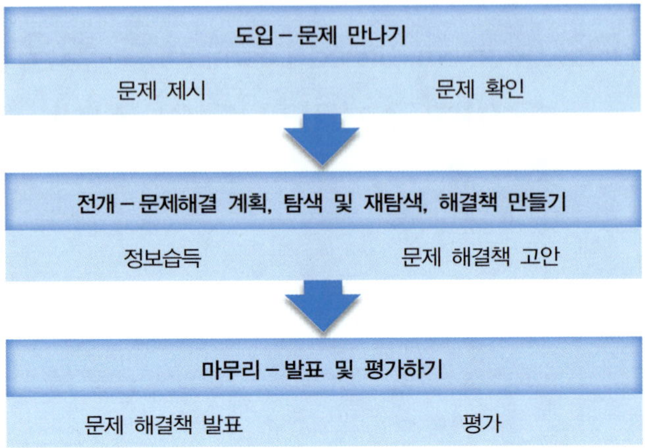

| 그림 10-1 | PBL 적용 수업단계

PBL 아동상담 수업 진행에서 교수–학습 지도상의 유의점은 다음과 같다.

첫째, 교수자는 문제의 범위는 실제 교육현장의 비구조화된 문제를 중심으로 한다. 교수자는 안내자로서 지시나 개입을 최소화하여, 학습자의 창의성을 제한하지 않도록 한다. 다만, 수업의 방향과 전혀 무관하거나 비현실적인 문제를 주제로 상정하는 것은 지양한다.

둘째, 문제해결 방법을 구성하기 위한 정보는 학습자 스스로 수집하고 탐구하여 해결해 나가는 자기주도적 학습으로 이루어지도록 지도한다.

셋째, 학습자의 자유로운 표현을 지향하되 반드시 학습자가 목표의식을 가질 수 있도록 안내한다.

넷째, 교수자는 학습자가 PBL의 방법을 충분히 숙지하여 이후 활동에 지장이 없도록 사전에 설명한다.

유아교육기관의 아동 문제행동 사례 중 PBL 문제로 다루기에 적합한 내용을 선정하여 기본생활습관, 내면화 문제행동, 외현화 문제행동 지도로 구분해 보았으며,

내용은 다음 〈표 10-1〉과 같다. 이 책에서는 이를 바탕으로 실제 사례를 수집하여 PBL 활동지인 「상담 시나리오」로 재구성하였다.

〈표 10-1〉 PBL 문제로 다루기 적합한 내용

학습내용	기본생활습관 지도	내면화 문제행동 지도	외현화 문제행동 지도
PBL 문제로 선정된 하위내용	식습관, 수면, 배변, 정리정돈, 지나친 의존, 고자질, 거짓말, 도벽, 싸움	분리불안장애, 우울장애, 선택적 함묵증, 반응성 애착장애, 외상 후 스트레스 장애	주의력결핍 과잉행동 장애, 자폐스펙트럼, 퇴행, 적대적 반항장애, 유분증, 유뇨증, 피부 뜯기 장애, 털 뽑기 장애, 자위

PBL 활동지 「상담 시나리오」를 활용한 아동상담 수업 기대효과는 다음과 같다.

첫째, 기존의 대학수업에서 이루어진 아동상담 수업의 한계를 극복하고, 맥락성을 가지는 데 도움이 될 것이다.

둘째, 학습자들은 이 수업을 통해 단계별 성찰과 협력적 관계를 경험할 수 있다.

셋째, 유아교육 분야에서 교육공학적 측면을 고려한 수업을 설계하였다는 점에서 수업설계의 또 다른 시도이며, 수업설계의 정체성을 확보할 수 있을 것으로 기대한다.

넷째, 기존의 강의식 수업과는 달리 실제 교육현장에서 요구되는 교사의 필수역량인 창의성 및 융통성, 능동성과 문제해결능력 등이 명확히 향상될 것으로 기대한다.

다섯째, 예비유아교사 양성과정에서 아동상담 교과목 지도의 질적 개선을 기대할 수 있다.

다만, 단순히 특정 분야에서의 수업 설계 및 운영 사례와 전문적인 교육학 지식에 근거한 설계 방법론을 제시하는 것만으로는 PBL을 구성하고 활성화시키기에는 어려움이 있다. PBL 수업은 각 교수자마다 자신이 처한 환경, 상황과 맥락, 그리고 수업 내용을 고려하여 총체적인 변화를 시도해야 하는 교수방법으로서, 이를 활성화시킬 수 있는 전략은 실제적이고 구체적이면서도 교수자가 자신의 상황을 반영하여 변형할 수 있는 여지와 여백이 있는 접근이 필요할 것이다.

다음은 예비유아교사들의 문제해결능력 배양을 위한 PBL 적용 아동상담 수업의 진행순서 및 활동 Tip과 준비물에 대한 소개이다.

PBL 활동순서

① 3~4인이 한 팀이 되도록 하여 활동 팀을 정한다.

② 팀별로 문제를 정한다. 1단계와 2단계의 문제는 선택 가능하나, 3단계의 문제는 학습자가 직접 만드는 것이다.

③ 아동상담 교과목이 1회차 3시수라고 가정할 때, PBL 활동을 위한 시간 배분으로 다음의 내용을 참고한다.

활동시간	활동내용
1H	PBL 문제 파악 및 토의하기
2H	PBL 활동지「상담 시나리오」작성하기
3H	팀별 발표 및 피드백하기

④ 학기 마지막 주차에는 PBL 활동 평가서를 작성한다. 평가서의 학습자 피드백을 바탕으로 미흡한 점 등을 보완하여 다음 활동에 반영한다.

PBL 활동 Tip

① 활동 팀을 정하기 어려운 경우 개별 진행도 가능하다.

② 팀별로 각기 다른 문제를 정해도 되고, 모든 팀이 동일한 문제로 진행해도 된다.

③ 3단계의 문제는 학습자가 직접 만드는 것으로 예시를 제시하였다. 이를 참고하여 진행하도록 한다.

④ 각 학교의 사정에 따라 PBL 활동의 시간 배분을 융통성 있게 조정할 수 있다. 예를 들어, 다음과 같이 진행할 수 있다.

회차	활동시간	활동내용
1회차	1H	PBL 문제 파악 및 토의하기
	2H	
	3H	PBL 활동지 「상담 시나리오」 작성하기
2회차	1H	팀별 발표 및 피드백하기
	2H	
	3H	

PBL 활동을 위한 준비물

교재, 필기구, 노트, 노트북, 빔프로젝터

실제 활동 사진 자료

1. PBL 활동 : 1단계 상담 시나리오 만들기

[시나리오 1단계 ①]

일시		모둠원	

정보 1	
이름	이소영
나이	만 5세
주 호소문제	더 어렸던 시기에는 편식을 조금 하더라도 곧 괜찮아질 것이라 생각했는데, 날이 갈수록 점점 편식이 심해지고 있다고 함. 햄 반찬만 먹음

▶ 적절한 검사 도구 또는 문제행동 확인 도구 :

▶ 어떤 장면을 관찰할 것인지 기술 :

▶ 아동상담 목표 및 환경설정 :

▶ 아동상담 예상 질문 및 상담 시나리오 :

▶ 부모상담 예상 질문 및 상담 시나리오 :

[시나리오 1단계 ②]

일시		모둠원	

정보 2	
이름	유재하
나이	만 4세
주 호소문제	자주 악몽을 꾸며, 잠들기 어려워함. 자다가 중간에 깨어서 울기도 함

▶ 적절한 검사 도구 또는 문제행동 확인 도구 :

▶ 어떤 장면을 관찰할 것인지 기술 :

▶ 아동상담 목표 및 환경설정 :

▶ 아동상담 예상 질문 및 상담 시나리오 :

▶ 부모상담 예상 질문 및 상담 시나리오 :

[시나리오 1단계 ③]

일시		모둠원	

정보 3	
이름	채미나
나이	만 5세
주 호소문제	5개월 넘게 배변 실수가 계속되고 있음. 배변을 벽에 칠하기도 했음

▶ 적절한 검사 도구 또는 문제행동 확인 도구 :

▶ 어떤 장면을 관찰할 것인지 기술 :

▶ 아동상담 목표 및 환경설정 :

▶ 아동상담 예상 질문 및 상담 시나리오 :

▶ 부모상담 예상 질문 및 상담 시나리오 :

[시나리오 1단계 ④]

일시		모둠원	

정보 4	
이름	조용은
나이	만 5세
주 호소문제	늘 주변이 지저분하고, 정리정돈이 전혀 안 되는 모습. 정리정돈 지도를 해보아도 개선이 어려움

▶ 적절한 검사 도구 또는 문제행동 확인 도구 :

▶ 어떤 장면을 관찰할 것인지 기술 :

▶ 아동상담 목표 및 환경설정 :

▶ 아동상담 예상 질문 및 상담 시나리오 :

▶ 부모상담 예상 질문 및 상담 시나리오 :

2. PBL 활동 : 2단계 상담 시나리오 만들기

[시나리오 2단계 ①]

일시		모둠원	

[분석 사례 1]

1) **이름** : 김예준(남)

2) **연령** : 만 4세

3) **성격적 특성** : 소심하고 겁이 많으며, 눈물이 많음

4) **행동적 특성** : 위축. 말을 조금 더듬는 버릇. 약간 느림

5) **부모 특성** : 부부 사이 안 좋음(이혼 위기). 조용한 성격

6) **가정에서의 관찰 모습** : 밤에 잠을 자다가 자주 깨고 울거나 소리를 지름. 손톱을 물어뜯음

7) **기관에서의 관찰 모습** : 평소에 활발하고 잘 웃으며, 친구들과도 잘 지내지만 때때로 느닷없이 친구에게 주먹을 날리거나 갑작스럽게 큰 제스처를 하는 등 힘 조절이 안 되는 모습을 보임. 갑자기 맥락 없이 기뻐서 방방 뛰는 모습도 보임. 손톱을 물어뜯음. 가끔 불안하게 눈동자를 굴리는 모습도 보임. 부모님이 데리러 오면 매우 살갑게 매달리고 스킨십 함. 평소에는 대체로 기쁜 감정 상태임

▶ 문제진단 :

▶ 원인파악 :

▶ 상담방향 :

[시나리오 2단계 ②]

일시		모둠원	

[분석 사례 2]

1) **이름** : 배은성(남)
2) **연령** : 만 5세
3) **성격적 특성** : 매우 활발하고 조급함
4) **행동적 특성** : 또래에 비해 전반적인 발달이 늦음. 집중력이 너무 짧음
5) **부모 특성** : 아버지는 있으나 한 번도 노출된 적이 없음(알 수 없음). 어머니가 케어함. 어머니는 매우 분주하고 정신이 없어 보임. 늘 급하게 이야기해서 횡설수설하는 경향이 있음
6) **가정에서의 관찰 모습** : 집에서는 늘 똑같다고만 들음
7) **기관에서의 관찰 모습** : 친구들과 늘 몸으로 장난치기를 좋아함(거친 신체놀이를 즐김). 매일 몰펀 블록으로 만든 칼로 싸움놀이를 하다가 다침. 늘 구석진 곳이나 높은 곳을 찾아다니며 장난을 쳐 매우 위험해 보임. 부주의한 모습. 활동에 흥미가 없어 공허하게 앉아있거나 엉덩이를 잠시도 붙이지 못하고 뛰어다님

▶ 문제진단 :

▶ 원인파악 :

▶ 상담방향 :

[시나리오 2단계 ③]

일시		모둠원	

[분석 사례 3]

1) **이름** : 이시영(여)

2) **연령** : 만 3세

3) **성격적 특성** : 붙임성이 매우 좋음, 매우 활발함

4) **행동적 특성** : 스킨십을 좋아함

5) **부모 특성** : 영아 때 부모님 이혼 후 줄곧 아버지가 양육. 아버지는 가게 일 때문에 매우 바쁨

6) **가정에서의 관찰 모습** : 하원 후 밤 늦게까지 가게에서 시간을 보냄. 주로 아버지와 가게 직원들과 함께 있음. 붙임성이 좋아서 손님 테이블에 가서 이야기도 곧잘 한다고 함

7) **기관에서의 관찰 모습** : 분리불안이 없었음. 아주 늦게까지 유치원에서 돌봄. 대화를 할 때 국어책을 읽는 듯 이야기하는 특징을 보임. 친구들을 좋아하지만 어울리지 못해서 '친구들이 나를 싫어한다'고 표현함. 정적 활동이 전혀 안 됨

▶ 문제진단 :

▶ 원인파악 :

▶ 상담방향 :

[시나리오 2단계 ④]

일시		모둠원	

[분석 사례 4]

1) 이름 : 장재은(여)
2) 연령 : 만 4세
3) **성격적 특성** : 일반적이나 눈치를 보는 경향이 있음
4) **행동적 특성** : 일반적이었으나 점차 이상행동을 보임
5) **부모 특성** : 어머니는 다 받아줌. 아버지는 굉장히 무섭게 훈육함. 아이 말로는 때리면서 훈육하는 듯함. 등원할 때는 아빠에게 안겨서 옴
6) **가정에서의 관찰 모습** : 혼날 일이 생기면 혼난다고 했음. 특별한 것은 없음
7) **기관에서의 관찰 모습** : 1학기 때까지 크게 눈에 띄지 않음. 2학기 때부터 점점 폭력성을 드러냄. 친구에게 말로 하지 않고 때리거나 꼬집는 행동이 먼저 이루어짐. 지도하면 교사를 흘겨보거나 떼쓰거나 때리며 반항함. 무시하려고 해도 때리면서 주의를 끄는 모습을 보임. 친구와 어울리다가도 갑자기 장난감을 빼앗아 들면서 자기 거라고 소리치고 공격함. 분리지도하면 주변의 물건을 다 집어던지고 소리 지름
8) **기타** : 1학기에는 특별한 점이 없었으나 2학기 때 점차 드러나는 행동 때문에 상담센터 방문까지 권유했음. 몇 번 반복되자 어머니는 기관과 교사를 의심함. 교사는 지도가 불가능하여 분리가 필요한 지경임

▶ 문제진단 :

▶ 원인파악 :

▶ 상담방향 :

[시나리오 2단계 ⑤]

일시		모둠원	

[분석 사례 5]

1) **이름** : 유진수(남)
2) **연령** : 만 4세
3) **성격적 특성** : 짜증이 많고 산만한 편이며 집중하기를 어려워함. 힘든 일이 있으면 울음으로 표현하고 가정에 돌아가 엄마에게 부정적인 감정을 자주 토로함
4) **행동적 특성** : 몸을 많이 움직이고 자리에 앉으면 빙글빙글 돌거나 옷의 장식품을 만지는 행동을 많이 함. 몸을 많이 움직이다 보니 질서를 지키기 힘들고 다른 유아에게 신체적 접촉이 많음. 자주 넘어지고 다치는 일도 잦음. 몸이 재빠르거나 능숙하지는 않으며, 또래에 비해 키와 체형이 매우 작음(만 3세보다 작음). 발음이 부정확하고 또래에 비해 의사소통능력의 발달이 늦음
5) **부모 특성** : 세 자녀 중의 막내 아들(첫째, 둘째는 모두 여아)로 만 2세까지 할머니가 포대기에 업고 외출하는 모습을 볼 수 있었음. 어머니는 아직 20대고, 아버지와는 나이 차이가 있음. 위의 두 아이가 유치원에 다닌 때는 화를 내거나 유치원에 전화해서 불만을 크게 토로하기도 했음. 아이가 또래보다 작아 걱정을 하고 있어서 병원 검사를 권유하였으나 아버지 키가 작아서 그렇다며 응하지 않음. 어머니는 매우 젊고 다소 다혈질적 성향을 보임. 세 자녀 양육에 정신이 없어 유치원 요청을 자주 잊어버리심. 아이가 산만한 행동을 할 때, 어머니는 주로 자신이 하고 있는 일에 열중하고 제지하지 않는 경향이 있음
6) **가정에서의 관찰 모습** : 유치원에서 있었던 일이나 놀이터에서 또래를 만나 놀이할 때, 다른 아이들에게 치이는 것 같다며 많이 염려하고, 특히 자주 만나는 아이가 진수를 작다고 무시하며 함부로 한다고 생각함. 아이가 언어발달이나 기본생활습관, 자조능력, 소근육발달 등이 다소 늦지만 심각하게 받아들이지는 않음. 아이가 스트레스를 많이 받는다는 것에는 못 견뎌하는 경향이 있고, 아이가 떼쓰는 것을 대부분 수용해 주는 듯함

7) **기관에서의 관찰 모습** : 친구들과 함께 놀이하나 본인은 본인의 놀이에 집중하고 다른 사람과 교류하면서 놀이하는 것 같지는 않음. 바깥놀이터에서는 달리고 구르고 뒹구는 등의 움직임을 반복함. 실내에서 교실활동을 할 때는 멍하니 앉아 선생님을 바라보거나 뒤돌아 앉아있거나, 자신의 옷에 붙은 장식을 만지작거리며 집중하지 못하는 모습이 많이 관찰됨. 교사의 질문에 엉뚱한 대답을 잘함. 발음이 부정확하여 교사가 알아듣지 못하기도 함. 자신의 마음대로 되지 않으면 매우 큰 소리를 지르며 누워서 울. 담임선생님이 너무 좋다며 퇴근시간에도 어머니를 졸라 통화하기를 원하지만, 등원할 때는 유치원에 가기 싫다며 종종 울면서 등원함

▶ 문제진단 :

▶ 원인파악 :

▶ 상담방향 :

[시나리오 2단계 ⑥]

일시		모둠원	

[분석 사례 6]

1) **이름** : 강하늘(남)
2) **연령** : 만 5세
3) **성격적 특성** : 호기심이 매우 많고 명랑하나 교사의 지시나 규칙을 잘 지키지 않음
4) **행동적 특성** : 몸이 매우 재빠르고 대근육이 발달하여 높은 곳에 오르거나 뛰어내리는 데 능숙함. 다른 사람과 눈을 맞추고 이야기하는 것을 다소 어려워하는 모습을 보임. 엄하게 대하면 쉽사리 울음을 터뜨리기도 하며, 과도하게 무서워함
5) **부모 특성** : 정확한 이유에 대해선 알 수 없으나, 하늘이가 돌이 되기 전에 어머니가 아이를 두고 떠나 아버지 홀로 양육한다고 들음. 아버지의 남동생과 함께 아버지, 하늘이, 누나 4명이 한 가족을 이룸. 아버지의 여동생(고모) 부부가 근처에 살아 양육을 서로 도와주고 있음. 아버지는 노동일을 하시며 경제적 수준은 좋은 편임. 다소 무뚝뚝하고 엄격한 면이 있으나, 유치원에서 권유하는 내용이나 교사의 이야기에 매우 수용적인 편임. 유치원에서는 아버지의 웃는 모습을 본 적이 없음. 아버지의 어조는 조곤조곤하고 예의 바른 편이나 다정한 모습은 찾기 힘들고 딱딱한 분위기를 풍김. 감정을 잘 드러내지 않으심. 고모 부부와 함께 가족여행이나 캠핑을 자주 하는 편임
6) **가정에서의 관찰 모습** : 아버지는 하늘이가 어린 시절부터 매우 산만하고 말을 듣지 않았으며, 그저 별난 아이인 줄 알았다고 표현하심. 만 3세경부터는 말이 잘 안 통하고 아이가 이해하지 못한다고 느끼기 시작했다고 함. 아버지가 초등학교 고학년인 누나에게 하늘이의 학습을 지도하게끔 하고 있음. 아버지가 자리를 비우는 동안 누나와 삼촌이 돌보아 주며, 아이 혼자 놀이하거나 사촌 동생과 같이 놀이할 때 아이의 특별한 점을 쉽게 알아차리지 못했다고 하심
7) **기관에서의 관찰 모습** : 만 4세경 유치원에 입학 후 교사 몰래 교실을 빠져나가 교재실에 숨거나 위험한 곳에 올라가거나 교구장 사이에 교구를 꺼내고 누워있는 등 위험하고 특이한 행동

을 자주 함. 친구들에게 말을 건네기는 하나, 일방향적인 말을 건네고 상대방의 응답에는 큰 관심이 없는 편이었음. 어투가 특이하고 반향어를 사용하는 경우도 있었음. 위험한 행동에 교사가 제재를 가하거나 훈육을 하면 과도하게 무서워하고 울음을 터뜨림

▶ 문제진단 :

▶ 원인파악 :

▶ 상담방향 :

[시나리오 2단계 ⑦]

일시		모둠원	

[분석 사례 7]

1) **이름** : 채수빈(여)
2) **연령** : 만 3세
3) **성격적 특성** : 매우 고집이 세며 표정의 변화가 적음. 부끄러우면 화를 내거나 그 자리를 회피하며 교사에게 다정하게 인사하고 다가서는 것을 어려워함. 존댓말을 거의 사용하지 않음. 교사가 "사랑해"라고 말하며 웃으며 다가가고 안아주려고 해도 모르는 체 지나가는 편임
4) **행동적 특성** : 자기 마음에 들지 않는 상황이 되면 눕거나 엎드려서 주변의 사물을 발로 차고 그것을 저지하는 사람에게 폭력적인 행동을 함. 주로 어른에게 폭력적인 행동을 하지만 또래에게는 직접적으로 때리거나 할퀴는 등의 행동을 한 적은 없음. 누군가 인사를 건네거나 자신을 쳐다보고 있다고 생각하면 하던 행동을 멈추고 화가 난 듯한 표정을 지음. 잘못한 점을 지적하면 수용하기 어려워함
5) **부모 특성** : 부모님은 맞벌이를 하며 대체로 이성적이고 친절한 편임. 순하고 곧은 성정을 가지고 있어 큰아이(아들)와 매우 다른 딸의 모습에 힘들어함. 아이가 잘못 자라고 있다고 생각해 매우 염려하며, 유치원에 폐를 끼치는 행동을 하는 것 같아 미안해함. 아버지가 교육에 대한 관심이 많으며 딸의 문제를 적극적으로 해결해 보고 싶어서 여러 번 상담을 신청하기도 함. 아이가 가정에서도 유치원에서도 점차 나아지고 있는 모습을 보이고 있음에도 불구하고 부모로서 무력감을 크게 느끼고 있음. 아버지는 아이가 거짓말을 하는 등 잘못을 저지르면 매우 크게 야단치는 편임
6) **가정에서의 관찰 모습** : 만 2세경부터 마음에 들지 않는 상황(달라는 것을 주지 않거나 하고 있는 것을 치우는 등)이 되면 소리를 지르고, 큰 소리로 울며, 가만히 두면 2시간 이상도 소리를 지르고 화를 냄. 오빠를 이기려 들고, 오빠는 동생의 모습에 겁이 나서 대체로 양보하는 편이며, 어머니도 아이를 훈육하는 데 너무 큰 에너지 소모가 있다 생각되어 대체로 져주는

편임. 부모를 때리거나 물건을 집어던지는 등의 행동을 하며 "잘못하지 않았냐" 하고 물어보면 "아니, 엄마가 잘못한 거야"라고 반복적으로 이야기함. 기분이 좋을 때는 미안하다고 말하며 웃음을 짓기도 함

7) **기관에서의 관찰 모습** : 대체로 말이 없고 표정이 없는 경우가 많음. 즐거운 신체활동에 참여할 때도 누군가가 지켜보고 있다고 생각이 들면 웃는 표정을 멈추고 주변을 의식함. 화가 나면 끊임없이 소리를 지르고 울며, 제지하는 선생님을 할퀴고 머리를 잡아당기기도 함. 교사가 이를 저지하면 자신의 팔을 할퀴고 자해하는 행동을 하기도 함. 교사가 비위를 맞춰주면 빨리 울음을 그침. 비위를 맞춰주지 않고 단호하게 하면 귀가할 때까지 고집을 피우며 울며 소리 지르는 것을 지속함

▶ 문제진단 :

▶ 원인파악 :

▶ 상담방향 :

[시나리오 2단계 ⑧]

일시		모둠원	

[분석 사례 8]

1) **이름** : 박소연(여)
2) **연령** : 만 3세
3) **성격적 특성** : 늘 밝은 모습. 순함. 때로는 고집스러운 성격이 나타남
4) **행동적 특성** : 말과 행동이 느긋한 편이며, 같은 행동을 반복하는 모습을 보임. 밝은 모습이지만 매우 즐거워하거나 매우 슬퍼하는 모습을 찾기 어려움
5) **부모 특성** : 가정의 분위기나 모습에서 특징적인 것은 없음. 아버지, 어머니 모두 차분하심. 어머니는 둘째 임신 중임. 소연이가 말을 안 듣는다고 생각이 들면 앉혀놓고 혼내보기도 했으나 잘 안 고쳐진다고 표현함. 발달이 느려서 그런 것이라고 이야기하며, 유치원에 등원, 하원할 때는 신발을 신고, 벗는 일 일체를 부모님이 도와주심. 평소 소연이의 특이한 모습에 대해 이야기하면 가정에서도 그런다며 대수롭지 않게 넘기심
6) **가정에서의 관찰 모습** : 평소에는 시키는 것을 잘하지만 유치원에서 지도해달라 부탁한 것에 대해서 훈육하려고 시도하면 잘 안 된다고 함. 아이가 겁이 많은 편이고, 사람들을 좋아해서 잘 안기고 순하다고 표현하심. 유치원에서는 소연이가 한 번도 문장으로 대화하거나 구체적으로 설명하는 것을 본 적이 없는데, 집에 가서는 유치원에서 있었던 일을 "선생님이 (이렇게 저렇게) 말했어"라고 표현한다고 말씀하심
7) **기관에서의 관찰 모습** : "고맙습니다", "아니요", "싫어요", "네~"라는 말을 주로 사용하며, 느릿느릿 이야기하는 특징이 있음. 말하는 소리에 높낮이가 구분되지 않음. 뜬금없이 이상한 울음소리를 내기도 하고, 주로 문장이 아닌 단어 위주로 이야기함. 자유놀이 시간에 친구들과 상호작용하지 않으며, 주로 혼자 놀이함. 놀이하는 모습을 보면 대체로 교실 벽면을 손바닥으로 훑으며 왔다갔다 반복하거나 공룡 장난감을 일렬로 쭉 늘어놓음. 만약에 친구나 교사가 장난감을 옮기면 특이하게 소리침. 그럴 때, 교사가 곧바로 "주세요. 해야지" 하면 "주세요"

하고 대답함. 지도를 위해 눈맞춤을 시도하면 눈을 쳐다보지 않고 이리저리 눈을 굴리는 모습을 보임. 교사가 "그렇게 하면 안 되죠"라고 이야기하면 "안 되죠" 이런 식으로 끝말을 따라 하는 모습을 보임. 이름을 불러도 무언가에 집중하는 듯한 모습으로 재깍 반응하지 않음. 어느 순간부터는 친구가 다가오면 손을 깨물어버리는 모습을 보임

▶ 문제진단 :

▶ 원인파악 :

▶ 상담방향 :

3. PBL 활동 : 3단계 부모상담 시나리오 만들기

일시		문제 제시 모둠원	
		문제 해결 모둠원	

[문제 만들기]

1) 인적사항

2) 주 호소문제

–

–

–

–

3) 출산 및 발달 사항

4) 가족 사항 및 가족 구성원 특성

5) 심리검사 결과 or 내담자의 상태를 짐작할 수 있는 기타 정보

[문제 해결하기]

1) 진단

2) 원인

3) 해결

4) 부모상담 시나리오 작성

(1) 교육기관에서 부모-교사 간 상담 시

(2) 전문 상담기관에서 상담자-내담자 간 상담 시

[PBL 3단계 부모상담 시나리오 만들기 예시안]

다음은 3단계 활동의 이해를 돕기 위한 활동 예시안으로 실제 대학생들의 「부모상담 시나리오 만들기 및 분석」의 과정 일부를 담은 내용이다. 우선, 모든 모둠은 문제 '제시' 모둠이 되어 부모상담이 필요한 문제 시나리오를 만들어 본다. 이때 영유아기관의 유아교사임을 가정하여 아동의 문제, 배경 등을 설정해야 한다. 문제를 만든 후, 문제 시나리오를 다른 모둠과 바꾸어 가진다. 모든 모둠이 문제 '해결' 모둠이 되어 다른 팀에서 만들어 낸 문제 시나리오의 인적사항, 주 호소문제 등의 기본적인 사항을 읽고, 실제 부모상담을 진행하기 위한 문제 파악 및 분석, 상담내용 등을 미리 구상해 본다.

<table>
<tr><td rowspan="2">일시</td><td rowspan="2">20○○. ○. ○.</td><td>문제 제시
모둠원</td><td>권○○, 박○○, 이○○</td></tr>
<tr><td>문제 해결
모둠원</td><td>김○○, 박○○, 송○○, 한○○</td></tr>
</table>

[문제 만들기]

1) **인적사항** : 권주은, 만 5세(남)

2) **주 호소문제**

- 아이가 가정과 유치원에서 모두 공격적인 모습을 보인다.

3) **출산 및 발달 사항**

〈발달사항〉

- 언어 지연 증상을 보이며, 소근육 조절 능력이 부족하다.
- 학습에 대한 관심이 전혀 없다.

4) 가족 사항 및 가족 구성원 특성

〈부모 특징〉

- 부부간의 불화로 인해 양육에 무관심하다.
- 맞벌이 부부며, 조부모가 아이를 주로 양육한다. 부모가 조부모 집에 아이를 방임하듯 맡기며, 부부간 사이가 좋지 않아 아이에 대한 애정이 없는 모습을 보인다. 일을 하고 오면 매우 피곤하고 예민한 상태라서 부부 사이 갈등이 심화된다고 한다. 아이의 어머니는 우울증 증상을 보인다. 어머니는 사람에게 의지하려는 경향을 보이며, 가정에 친구를 데려와 술을 마시거나 이야기를 나누며 노는 경우가 많다고 한다.

〈가정에서 아이의 모습〉

- 조부모님 집이나 가정에서 부모, 조부모의 허락을 받지 않고 집을 나가려는 행동을 번번이 보인다.
- 외동으로, 가정에서는 주로 혼자놀이를 한다.

〈유치원에서 아이의 모습〉

- 친구들과 소통되지 않는 상황 속에서 폭력적인 행동을 보인다. 자주 친구의 물건을 뺏고, 친구가 만드는 물건을 망가뜨리는 모습을 보인다. 자신으로 인해 친구가 울어도 미안한 모습이 없고, 뺏긴 놀잇감을 돌려달라는 친구의 말을 무시한다.
- 조망수용능력이 미숙하다. 친구가 울 때 달래주지 못하고, 다른 친구들이 웃고 있는 상황에서 혼자 웃지 않는 모습을 보이기도 한다.
- 주로 블록으로 장난감 칼, 총을 만들어 놀이한다.
- 교사의 반복적 교육에도 무관심한 태도를 보이며, 유치원에서의 활동에 집중하지 못하는 모습을 보인다.
- 동물을 소중하게 대하지 않고, 꽉 잡는다거나 공중에서 떨어뜨리는 행동을 하기도 한다.

〈외부에서 아이의 모습〉

- 마트에 갈 때, 자신에게 말을 걸거나 관심을 주는 성인들을 만나면 욕을 하거나, 다리를 차는 등의 폭력적인 행동을 보이며, 물건을 계산하지 않고 들고 오는 모습을 보인다.

5) 심리검사 결과 or 내담자의 상태를 짐작할 수 있는 기타 정보

〈DSM-5 심리검사 결과〉

- 후회나 죄책감 결여
- 냉담-공감 결여
- 수행에 대한 무관심
- 피상적이거나 결여된 정서
- 불안과 우울 같은 내면적 증상도 관찰됨

[문제 해결하기]

1) **진단** : 품행장애

타인 괴롭힘, 자주 신체적 싸움, 타인 혹은 동물에게 공격적, 속이기 또는 훔치기, 재산의 파괴, 규칙의 위반, 자존감이 낮고 타인의 정서에 공감하는 능력 미발달

2) **원인** : 부모의 거부와 무관심, 부모의 양육방식은 방임, 특히 부모의 알코올과 관련된 생활문제(가정환경의 문제)

- 선천적인 원인 : 충동성과 감각추구성이 높음. 각성수준이 비정상적으로 낮아서 강한 충동적인 행동을 해야 스트레스가 풀림, 평균 이하의 지능
- 환경적 원인 : 사회화를 배우는 과정에서 규범을 아예 습득하지 못함(어린 시절 인사, 예절, 사회성), 해당 연령에서 배워야 할 사회적 규칙과 규범을 적절히 습득하지 못함으로 인해 또래와 잦은 갈등과 문제를 일으키고 죄책감을 느끼지 못함

3) 해결

〈교사의 도움〉

- 유아의 관심사와 수준을 고려
- 일관성 있는 규칙 적용을 통해 어떤 결과를 예측할 수 있어 안정감을 얻을 수 있도록 함
- 긍정적인 피드백을 사용하여 긍정적인 행동을 하도록 유도

- 문제행동에 대한 강조, 행동을 파악하고 개선하도록 함

〈상담사의 도움〉

- 인지-행동적 접근 방식으로 충동을 조절하고, 분노와 공격성을 절제해 대화기술이나 문제해결능력을 증진시켜야 함
- 개인정신치료를 통하여 자신의 존재 가치를 깨닫고, 자기존중감을 회복할 수 있도록 해주어야 함
- 가정환경이 문제요소가 많은 경우 반드시 가족치료를 해야 함
- 아이와 대화하고 훈육하는 방법에서부터 문제가 되는 부모의 정서상태를 함께 다루어 주어야 함
- 부모교육 및 상담을 통해 자녀가 드러내는 충동적, 공격적 특성을 이해하고 이를 건강하게 다룰 수 있도록 도움을 주어야 함. 부모-자녀 간의 규칙과 약속을 통해 공격성을 통제, 긍정적 관계 형성에 도움

4) 부모상담 시나리오 작성

(1) 교육기관에서 부모-교사 간 상담 시

- 어머니, 주은이가 놀이시간에 블록으로 로봇이나 칼, 총을 멋지게 잘 만들더라고요. 친구들도 주은이가 만든 장난감을 보고 멋지다며 칭찬을 해줘요. 그런데 유치원에서 친구들 물건을 가져가서 돌려주지 않고 망가뜨리는 모습을 하루에 2~3번씩 봅니다. 그러면 친구들이 슬퍼하지 않을까? 하고 물어보니 왜요? 하고 하며 다른 사람 감정에 공감하지 못하는 것 같았어요. 그리고 저희가 저번에 체험활동 갔을 때 동물을 들었다 떨어트리는 행동을 하기도 했는데 제지해도 여전히 같은 행동을 하니 조금 걱정스러워서요. 원에서 주은이를 관찰해 보았을 때, 이런 모습을 보이는데 정확한 증상이나 원인을 파악하기 위해 상담기관의 상담을 받아보시는 것은 어떨까요?
- 공격적이고 반사회적 행동이 반복적으로 나타나는 모습이 보이더라고요. 문제행동으로 규칙을 자주 어기거나 공격적인 행동, 타인이나 동물에게 거칠게 행동하고 물건을 파괴하는 등 공격적인 행동을 통해 또래 관계나 일과를 지내는 것에 있어 어려움을 볼 수 있었어요.
- 사랑을 듬뿍 주면서 쉬는 날 아이와 많은 시간을 보내시고 아이 앞에서 다투거나 싸우는

모습을 보이지 않도록 주의하셔야 해요. 조부모님께 주은이를 맡길 때에도 사랑한다, 아낀다는 마음을 꼭 표현해 주시고 어머니는 주은이와 지속적으로 상담을 받길 권유드려요. 알코올에 의존하시면 안 돼요. 취침시간과 기상시간을 일정하게 유지하시고, 기관 내에서 해결책을 제시했을 때 가정에서도 잘 따라주셔야 긍정적인 효과가 나타날 것으로 생각이 됩니다.

– 어머님께서 죄책감을 느끼실 필요는 없어요. 만약 잘못하셨다면, 방법을 몰라서이지 방법을 알았다면 당연히 아이에게 좋은 방식을 선택하셨을 거라 믿어요.

(2) 전문 상담기관에서 상담자-내담자 간 상담 시

– 어머니, 지금 아이가 심리적으로 불안과 혼란 상태에 놓여있을 수 있어요. 아이가 자신의 정신 건강의 문제를 이해하고 적절한 삶의 방식을 탐색하여 건강한 삶을 살아갈 수 있도록 도울 필요가 있어요. 현재 부모와 아이가 함께하는 가족치료가 필요할 것 같아요. 부모님은 아이 앞에서는 절대 싸우지 마시고 아이가 사랑을 받는다는 것을 느낄 수 있게 아이와 함께 있는 시간을 늘리시고 주말에는 아이와 함께하며 많이 놀러 다니시는 것이 좋아요. 그리고 어머니는 술을 끊으시고 상담을 지속적으로 받으시는 게 좋을 것 같습니다. 그리고 아이 취침시간과 식사시간을 일정하게 유지하는 것이 좋아요.

※ 단, 예시안은 정답이 아니며, PBL 활동에 참여한 학생들이 실제 활동한 내용을 그대로 옮긴 것임

참고문헌

강문희(2000). 유아생활지도. 敎文社.

강인애(2003). PBL의 이론과 실제. 문음사.

고보선 · 성지현(2019). 유아의 사회적 위축과 유아교육기관 적응의 관계. 한국심리학회지 : 발달, 32(1), 45-67.

곽금주(2002). 아동 심리평가와 검사. 학지사.

교육부(2023). 유아놀이중심 양육지원자료 슬기로운 부모상담.

구은미 · 박성혜 · 이영미 · 이혜경(2014). 아동상담. 양서원.

국립국어원(2015). 표준국어대사전.

권석만(2003). 현대이상심리학. 학지사.

______(2014). 이상심리학의 기초. 학지사.

권성연 · 김혜정 · 노혜란 · 박선희 · 박양주 · 서희전 · 양유정 · 오상철 · 오정숙 · 윤 현 · 이동엽 · 정효정 · 최미나(2018). 교육방법 및 교육공학. 교육과학사.

김경희(2018). 아동상담 사례를 중심으로 한 아동생활지도. 창지사.

김계현(2002). 카운슬링의 실제. 학지사.

김계현 · 김동일 · 김봉환 · 김창대 · 김혜숙 · 남상인 · 조한익(2001). 학교상담과 생활지도. 학지사.

김광웅 · 유미숙 · 유재령(2004). 놀이치료학. 학지사.

김기석(1988). 상담과 심리치료. 중앙적성연구소.

김나영 · 이승희(2001). 아동임상 및 상담심리. 동문사.

김수향(2020). PBL 수업에서 대학생의 학습동기와 창의적 문제해결력 효과 및 학습양식 간의 관계. 인문사회 21, 11(6), 1929-1944.

김순혜(2003). 아동상담. 학지사.

______(2004). 현대아동상담. 학지사.

김영숙 · 이재연(1994). 아동을 위한 상담이론과 방법. 교육과학사.

김인규(2004). 상담구조화 내용 및 방법에 대한 고찰. 아시아교육연구, 5(2), 119-136.

김재은(1996). 아동의 심리치료. 배영사.

김정원 · 전선옥(2017). 영유아교육기관의 부모교육. 창지사.

김진아 · 이심열(2019). 문제중심학습(problem-based learning)을 적용한 [세계음식문화]수업 사례 및 효과 연구. 학습자중심교과교육연구, 19(13), 431-447.

김청송(2015). 사례중심의 상담심리학. 싸이북스.

김춘경 · 배선윤 · 성다겸 · 유지영 · 장효은(2021). 아동상담의 실제. 학지사.

김태련 · 서봉연 · 이은화 · 홍숙기(1993). 아동용 회화 통각 검사. 한국가이던스.

김현자 · 서지영 · 홍은주 · 오지영 · 조득현(2014). 활동중심 아동미술. 창지사.

남희은 · 백정원 · 임유진(2020). 4차 산업혁명시대의 사회복지교육. 한국산학기술학회논문지, 21(7), 46-53.

류현수 · 임영서(2014). 아동상담. 동문사.

문수백 · 변창진(1997). K-ABC 실시 채점요강. 학지사.

문혁준 · 김정민 · 김태은 · 양성은 · 이진숙 · 이희선(2014). 아동상담. 창지사.

박상희 · 김지영 · 김리진 · 전가일 · 지경진 · 황혜경(2018). 아동정신건강. 양서원.

배율미 · 조광현(2018). 유아의 의도적 통제 및 정서적 반응성과 기초학습 능력의 관계. 유아교육학논집, 22(1), 275-295.

보건복지부(2013). 영유아 문제행동 지도를 위한 어린이집 보육교사 지침서. 보건복지부.

서경희(2020). 영유아기 자녀의 외현적 · 내재적 문제행동 지도를 중심으로 한 부모역량 강화 프로그램 개발과 적용. 배재대학교 대학원 박사학위논문.

성다겸(2018). 유아의 내재화 및 외현화 문제행동 간의 상호인과관계와 예측요인. 경북대학교 대학원 박사학위논문.

신현균(2015). 아동심리치료의 실제. 심리장애별 치료. 학지사.

안병환 · 윤치연 · 이영순 · 이효신 · 천성문(2009). 최신 행동수정. 시그마프레스.

오경자 · 홍강의(1997). K-CBCL 실시요강. 중앙적성출판사.

오영희 · 박창옥(2006). 정서 및 행동장애아 교육의 이해. 동문사.

오장근(2021). 4차 산업혁명 시대의 교육정책에 대한 인문학적 제언. 문화교류와 다문화 교육, 10(5), 1-2.

우지향 · 박선환 · 정덕희 · 박숙희 · 우수경 · 권현용(2017). 아동상담. 공동체.

위영희 · 장현숙 · 전숙영 · 정윤주 · 진미경 · 한미현 · 한유진(2017). 아동상담. 학지사.

윤치연(2016). 아동심리평가. 학지사.

윤혜미 · 김혜래 · 신영화(2005). 아동복지론. 청목출판사.

이 숙 외(2002). 부모교육. 학지사.

이 숙 · 정미자 · 최진아 · 유우영 · 김미란(2005). 아동상담. 양서원.

이근수(2014). PBL을 이용한 컴퓨터공학입문 수업의 실제적 적용에 관한 연구. 한국산학기술학회, 15(10), 6303-6309.

이명우(2015). 사례개념화. 한국상담학회 2015년 특별연수회. 교육연수위원회, 2015. 11. 7.(토). 서울대학교 사범대학 12동 401호.

이성한(2006). 소집단 놀이활동과 아동의 언어 및 사회적 행동변화. 상담학연구, 7(2), 505-521.

______(2007). 아동상담. 청목출판사.

이영식 · 김재원(2014). 불안장애, 홍강의 편, 소아정신의학(pp. 253-267). 학지사.

이영호(2006). 정신건강론. 공동체.

이은해(1998). 아동발달의 평가와 측정. 교문사.

이장호 · 금명자(1998). 상담연습교본. 법문사.

이장호 · 이동귀(2014). 상담심리학. 박영story.

이장호 · 정남운 · 조성호(2005). 상담심리학의 기초. 학지사.

이주영 · 강지예(2008). 사례연구 : 놀이 중심의 또래 지지 프로그램이 고립아동의 교우관계에 미치는 효과. 놀이치료연구, 12(3), 39-60.

이찬숙 · 김경윤(2008). 유아의 내재화 · 외현화 문제행동 관련 변인 분석. 미래유아교육학회지, 15(2), 161-184.

이태연 · 최명구(2006). 생활 속의 정신건강. 신정.

이형득 편(1994). 상담이론. 교육과학사.

이형득 · 김성회 · 설기문 · 김창대 · 김정희(2003). 집단상담. 중앙적성출판사.

이혜란 · 김진이 · 김소연(2019). 아동과 교사를 위한 정신건강. 학지사.

이희영 · 이지경(2017). 아동상담 : 실제적 접근. 시그마프레스. 원서 : Kathryn, G., David, G., & Rebecca, Y, F.(2013). Counselling Children : A Practical Introduction, 4/e.

임상훈 · 유영만 · 오현숙(2020). 대학교육에서 PBL 교육을 위한 활성화 전략 방안 탐구. 교육정보미디어연구, 26(1), 1-23.

장선철(2006). 아동생활지도. 태영출판사.

장연집(1994). 아동이 그린 가족화 분석. 교문사.

전경원(2006). 유아의 심리검사와 측정. 창지사.

전남련(2010). 사회복지실천론. 학현사.

전남련 · 신재명 · 이권일 · 김상조(2010). 사회복지실천기술론. 학현사.

정문자 · 제경숙 · 이혜란 · 신숙재 · 박진아(2016). 아동상담의 이해. 학지사.

정선주 · 홍강의(1995). 선택적 함구증 아동의 임상특성 및 치료경과. 소아청소년정신의학, 6(1), 74-89.

정용부 · 고경인 · 신경일(1999). 아동생활지도와 상담. 학지사.

정인석(2006). 상담심리학의 기초. 대왕사.

제임스 H. 존슨 · 월리 C. 레스버리 · 로렌스 J. 시겔(1999). 아동치료접근-이론과 실제-. 김태련 · 이경숙 · 이선우 · 강우선 공역. 이화여자대학교출판부.

조수철 · 신민섭 · 김붕년 · 김재원(2014). 아동, 청소년 임상면담. 학지사.

조연순(2006). 교육과정 이론과 실제의 발전 : 국제 비교, 간학문적 담론, 그리고 연구와 현장의 교류 : 주제지정 발표 분과편; 학교 교육과정 개선 사례 연구 : 초등학교 교육과정 개발사례. 한국교육과정학회 학술발표 논문집, 2006(0), 466-480.

조준오 · 나 정(2016). 어머니의 정신건강 수준과 유아의 문제행동과의 관계 분석. 어린이문학교육연구, 17(2), 375-398.

주리애(2000). 미술치료는 마술치료. 학지사.

차영희(2017). 유·아동 상담의 기초. 창지사.

최금진·황순희(2021). e-PBL 기반 수업의 학습효과. 문화와 융합, 43(10), 809-832.

최영희·김영희·심희옥·심미경(2009). 아동상담. 창지사.

______________(2016). 아동상담의 이론과 실제. 창지사.

최영희·박영애·신민섭(2002). 아동의 우울 및 불안경향과 자아존중감 및 정서지능과의 관계. 가정과 삶의 질 연구, 20(2), 203-214.

한국행동요법학회 편(2003). 행동요법. 양서원.

황현주·유은정·박혜정·신현정·한주희(2020). 아동상담. 양서원.

井上建治(1985). 児童の発達と環境. 東京大学出版会.

伊東博(1988). 相談. 誠信書房.

岩本隆茂,高橋雅治(1988). オペラント心理学. 勁草書房.

岡堂哲雄(1993). 心理面接學. 山内出版.

桂廣介·長島貞夫·眞仁田昭·原野廣太郎 編(1988). 아동의 문제행동. 金子書房.

國分康孝(1979). 相談の技法. 誠信書房.

國分康孝·中野良顯(2000). 교사가 육성하는 카운슬링. 동경서적.

松村茂治(1994). 教室で いかす 学級臨床心理学. 福村出版. 87-296.

松原達哉(1988). 児童生徒理解の方法. きょうせい.

三宅和夫 編(1993). 영유아의 인격형성과 가족관계. 방송대학교육진흥회.

武藤清榮·涉谷英雄(2006). メイル相談. 川島書店.

森谷寬之(2005). 臨床心理學. 사이언스사.

長谷川榮·杉原一昭(1994). 학생지도와 교육상담. 협동출판.

太田昌孝(2006). 發達障害. 日本評論社.

藤永保·三宅和夫·山下榮一·依田明·空井健三·伊尺琇而(1989). 臨床心理學. 宥斐閣북스.

乾吉佑·飯長喜一郎·條木滿(1991). 교육심리임상. 성화서점.

Abraham, K.(1949). Notes on the psycho-analytical investigation and treatment of manic-depressive insanity and allied conditions. In K. Abraham(Ed.), *Selected papers of Karl Abraham*(pp. 137-156). London : Hogarth.

Achenback, T. M.(1991). *Manual for the Youth Self-Report and 1991 profile*. Burlington, VT : Dept. of Psychiatry, University of Vermont.

Achenbach, T. M., & Edelbrock, C. S.(1983). *Manual for the Child : Behavior Checklist and Revised Child Behavior Profile*. Burlington, VT.

Achenbach, T. M., & Rescorla, L. A.(2000). *Manual for the ASEBA preschool form & profiles*. Burlington, VT :

University of Vermont, Research Center for Children, Youth, and Families.

Alberto, P. A., & Troutman, A. C.(1986). *Applied Behavior Analysis for Teachers*. Merrill Publishing Company & A Bell & Howell Company.

Allen, J. G.(2005). *Coping with trauma : Hope through understanding*(2nd ed.). Wsahington, DC : American Psychiatric Association.

Allen, M. G.(1976). Twin studies of affective illness. *Archives of general psychiatry, 33*, 1476-1478.

Amaster, F.(1943). Differential uses of play in treatment of young children. *American Journal of Orthopsychiatry, 13*, 62-68.

American Counseling Association(1995). *Ethical standards of the American Counseling Association*. Alexandria, VA : Author.

American Psychiatric Association(2013). *Diagnostic and statistical manual of mental disorders-5th edition*(DSM-5). Washington, DC : Author.

American Psychological Association(2015). **정신질환의 진단 및 통계 편람 제5판**(DSM-5). 권준수 외 공역. 학지사.

Ananstasi, A., & Urban, S.(1997). *Psychological Testing*(7th ed.). New York : McMillan.

Anderson, C. E.(2000). Dealing constructively with managed care : Suggestions from an insider. *Journal of Mental Health Counseling, 22*, 343-353.

Arnold, L. E.(1978). *Helping parents help their children*. N.Y. : Brunner/Mazel

Axline, F.(1943). *Play therapy : The inner dynamics of childhood*. Boston : Hougton Miffin.

Axline, V. M.(1947). *Play therapy : the inner dynamics of childhood*. Boston : Houghton Mifflin.

____________(1969). *Play therapy*. New York : Ballantine Books.

Back, George R., & Wyden, Peter(1969). *The Intimate Enemy*. New York : William Morrow.

Bandura, A.(2000). Social cognitive theory. In A. Kazdin(Ed.), *Encyclopedia of psychology*. Washington, DC. and New York : American Psychological Association and Oxford University Press.

Barrows, H. S.(1996). Problem-based learning in medicine and beyond : A brief overview. *New directions for teaching and learning, 1996*(68), 3-12.

Barrows, H. S., & MacRae, H.(1992). *The tutorial process in problem based learning*. Springfield, IL : Southern Illinois University.

Beck, A. T.(1963). Thinking and depression : I. Idiosyncratic content and cognitive distortions. *Archives of General Psychiatry,* 9(4), 324-333.

__________(1976). *Cognitive therapy and the emotional disorders*. New York : International Universities Press.

Beck, A. T., Freeman, A., & Associates(1990). *Cognitive therapy of personality disorders*. New York : Guilford Press.

Beck, J. S.(1995). *Cognitive Therapy : Basic and Beyond*. New York.

Bowlby, J.(1982). *Attachment and loss(vol. 1) Attachment*(2nd ed.). New York : Basic Books(Original edition, 1969).

Brammer, L. M.(1993). *The Helping Relationship*(5th ed.). Boston : Allyn & Bacon.

Brems, C.(1993). *A comprehensive guide to child psychotherapy*. Boston : Allyn & Bacon.

Buck, J.(1948). The H-T-P technique, a qualitative and quantitative method. *Journal of Clinical Psychology, 4*, 317-396.

Burns, R., & Kaufman, S.(1970). *Kinetic Family Drawings(K-F-D) : An introduction to understanding children through kinetic drawings*. New York : Brunner/Mazel.

Buss, D. M., & Reeve, H. K.(2003). Evolutionary psychology and developmental dynamics. *Psychological Bulletin, 129*, 848-853.

Cameron, S., & Tutle-song, I.(2002). Learning to write case notes using the SOAP format. *Journal of Counseling and Development, 80*, 286-292.

Carl Rogers(1951). *Client-Centered Therapy*. Boston : Houghton Mifflin Co.

__________(1961). *On Becoming a Person*. Boston : Houghton Mifflin.

Carvalho, A.(2016). The impact of PBL on transferable skills development in management education. *Innovations in Education and Teaching International, 53*(1), 35-47.

Charles L. Thompson & Linda B. Rudolph(2001). **아동상담의 이론과 실제**. 천성문 · 송재홍 · 윤치연 · 윤호열 · 이영순 · 박천식 · 하영자 · 김상희 · 원요한 공역. 시그마프레스.

Cooley, M. L.(2012). 최나야 · 최인화 공역. **아동정신건강과 통합교육**. 학지사.

Cooper, C. C., & Gottlieb, M. C.(2000). Ethical issues with managed care : Challenges facing counseling psychology. *The Counseling psychologist, 28*, 179-236.

Coplan, R. J., Prakash, K., O'neil, K., & Armer, M.(2004). Do you "want" to play? Distinguishing between conflicted shyness and social disinterest in early childhood. *Developmental Psychology, 40*(2), 244-258.

Corcoran, K., & Vandiver, V.(1996). *Maneuvering the Maze of Managed Care. Skill for Mental Health Practioners*. New York : The Free Press.

Corey, G.(2001). *The Art of Integrative Counseling*. Belmont, CA : Brooks/Cole.

Cormier, W. H., & Cormier, L. S.(1998). *Interviewing Strategies for Helpers : Fundamental Skills and Cognitive Behavioral Interventions*(4th ed.). Pacific Grove, CA : Brooks/Cole.

Corsini, R. J.(2008). Introduction. In R. J. Corsini & Wedding(Eds.), *Current Psychotherapies*(8th ed., pp. 1-14), Belmont, CA : Thompson.

Csikszentmihalyi, M.(1976). What play says about behavior. *Ontario Psychologist, 8*(2), 5-11.

Donna, A., Henderson, D. A, & Thompson, C. L.(2011). *Counseling children*. Boston : Cengage Learning.

Ellis, A.(1957). Rational psychotherapy and individual psychology. *Journal of Individual Psychology, 13*, 38-44.

_______(1969). *The Art and Science of Love*(2nd ed.). New York : Lyle Stuart/Bantam.

_______(2000). Rational-emotive behavior in marriage and family therapy. In A. M. Horne(Ed.), *Family Counseling and Therapy*(3rd ed., pp. 489-514). Itasca, Ⅱ : F. E. Peacock.

Feldman, M. A., Condillic, R. A., Tough, S., Hunt, S., & Ggiffiths, D.(2002). Effectiveness of community positive behavioral intervention for persons with developmental disabilities and severe disorders. *Behavior Therapy, 33*, 377-398.

Foa, E. B., Keane, T. M., & Friedman, M. J.(2009). *Effective treatments for PTSD : Practive guidelines of the international society for traumatic stress studies*. NewYork : Guilford

Fröbel, F.(1826). Die Menschenerziehung. 인간의 교육. 이원영 · 방인옥 공역(2005). 양서원.

Garfield, Sol L.(2002). 단기심리치료. 권석만 · 김정욱 · 문형춘 · 신희천 공역. 학지사.

Garry Martin & Joseph Pear(2012). 행동수정9/E. 임선아 · 김종남 공역. 학지사.

Geldard, K., & Geldard, D.(1997). *Counseling children : A practical introduction*. Thousand Oaks, A sage Publications Ltd.

Geldard, K., David Geldard, Rebecca, & Yin, Foo(2017). 아동상담 : 실제적 접근(제4판). 이희영 · 이지경 공역. 시그마프레스.

Geldard, K., Geldard, D., & Foo, R. Y.(2013). *Counselling Children : A Practical Introduction*, 4/e. 아동상담 : 실제적 접근(제4판). 이희영 · 이지영 공역(2017). 시그마프레스.

Ginott, H. G.(1961). *Group psychotherapy with children : The theory and practice of play-therapy*. McGraw-Hill.

Gladding, S. T., & Newsome, D. W.(2004). *Community and Agency Counseling*. Pearson Merrill Prentice Hall.

Glosoff, H. L.(2001). Managed care : A critical ethical issue for counselors. *Counseling and Human Development, 31*, 1-16.

Goodyear, R. K., & Bradley, F. O.(1980). The helping process as contractual. *Personnel and Guidance Journal, 58*, 512-515.

Guerney, B.(1983). Client-centered(non-directive) play therapy. In C., Schaefer, K. O'Connor(Eds.), *Handbook of play therapy*. New York, NY : Wiley.

Hackney, H., & Cormier, L. S.(1996). *The Professional Counselor*(4th ed.). Boston : Allyn & Bacon.

Hayden, T.(1980). Classification of selective mutism. *Journal of the American Academy of Child & Adolescent Psychiatry, 19*, 118-133.

Henderson, D. A., & Thompson, C. L.(2011). *Counseling Children*(8th ed.). BROOKS/COLE.

Hug-Hellmuth, Hermine von(1921). On the technique of child-analysis. *International Journal of child Analysis, 2*, 287-305.

Ivey, A. E.(1994). *International Interviewing and Counseling*(3rd ed.). Pacific Grove. CA : Brooks/Cole.

Johnson, J. H., Rasbury, W. C., & Siegel, L. J.(1986). 김태련 · 이경숙 · 이선우 · 강우선 공역(1999). 아동치료접근. 이화여자대학교출판부.

Jonassen, D.(2011). Supporting problem solving in PBL. *Interdisciplinary Journal of Problem-Based Learning, 5*(2), 8.

Kanfer, F. H., & Philips, J. S.(1970). *Learning foundation of behavior therapy*. Wiley.

Kathryn Geldard, K., & Geldard, D.(1997). *Counseling Children : A Practical Introduction*. SAGE Publications.

Kelly, K. R., & Stone, G. L.(1982). Effects of time limits on the interview behavior of type A and B persons within a brief counseling analog. *Journal of Counseling Psychology, 29*, 454-459.

Kitchener, K. S.(1984). Intution, critical evalution, and ethical principles : The foundation for ethical decision in counseling psychology. *The counseling Psychologist, 12*, 43-55.

Knell, S. M.(1998). Cognitive-behavioral play therapy. *Journal of Clinical Child Psychology, 27*, 28-33.

Kottman, T., & Johnson, V.(1993). Adlerian play therapy : A tool for school counselors. *Elementary School Guidance & Counseling, 28*(1), 42-51.

Lambert, M. J., & Bergin, A. E.(1994). The effectiveness of psychotherapy. In A. E. Bergin & S. L. Garfield(Eds.), *Handbook of Psychotherapy and Behavior Change*(pp. 143-189). New York : Wiley.

Lan Sperry & Jonathan Sperry(2012). *Case Conceptulization. Mastering this competency with easy and confidence*. Routledge.

Landreth, G.(1991). *Play Therapy : The art of the relationship*. Philadelphia : Brunner/Routledge.

Lemelin, J., Tarabulsy, G. M., & Provost, M. A.(2002). Relations between measures of irritability and contingency detection at 6 months. *Infancy, 3*(4), 543-554.

Loborsky, L.(1984). *Principles of Psychoanalytic Psychotherapy*. New York : Basic Books.

Lowenfeld, V.(1957). *Creative and Mental Growth*(3rd ed.). New York : Macmillan.

McCrady & Barbara, S.(2001). Special Series : Behavior Therapy Perspectives on the American Psychiatric Association Practice Guidelines. *Behavior Therapy, 32*, 209-210.

Mearns, D., & Thorne(1988). *Person-Centered Counseling in Action*. London : Sage Publications.

Mendlewicz, J., & Rainer, J. D.(1977). Adoption study supporting genetictransmission in manic-depressive illness. *Nature, 268*, 327-329.

Miltenberg, R. G.(2009). 최신행동수정(제4판). 안병환 · 윤치연 · 이영순 · 이효신 · 천성문 공역. 시그마프레스.

Mitchell, R. M.(2001). *The ACA Legal Series : Documentation in Counseling Records*(2nd ed.). Alexandria, VA : American Counseling Association.

O'Connor, K. J.(1991). *The Play therapy primer : An integration of theories and middle schools*. Dubuque, LA : Wm. C. Brown.

____________(1991). *The Play Therapy Primer : An Integration of Theories and Techniques*. New York : Wiley.

____________(1993). The Color-Your-Life Technique. In C. E. Schaefer & K. J. O'Connor(Eds.), *Handbook of play therapy*(pp. 251-258). New York : Wiley.

O'Connor, K. J., & Braverman, L. D.(1997). *Play therapy-theory and Practice-A camparative presentation*. John Wiley & Sons, Inc.

Papageorgious, C.(2001). Positive Beliefs about Depressive Rumination : Development and Preliminary Validation of a Self-Report Scale. *Behavior Therapy, 32*, 13-26.

Phelps, R., Eisman, E. J., & Kohout, J.(1998). Psychological practice and managed care : Results of the CAPP practitioner study. *Professional Psychology Research and Practice, 29*, 31-36.

Piazza, N. J., & Baruth, N. D.(1990). Client record guidelines. *Journal of counseling and Development, 68*, 313-316.

Prieto, L. R., & Scheel, K. R.(2002). Using case documentation to strengthen trainees case conceptualization skills. *Journal of Counseling and Development, 80*, 11-21.

R. Edward Freeman & William M. Evan(1990). Corporate governance : A stakeholder interpretation. *Journal of Behavioral Economics, 19*(4), 337-359.

Rogers, C. R.(1959). A theory of therpy, personality, and interpersonal relationships as developed in client-centered framework, In S. Koch(Ed.), *Psychology : A Study of A Science, 3*. N.Y. : McGraw-Hill.

____________(1961). *On Becoming Person*. Boston : Houghton Miffin.

____________(1978). The formative tendency. *Journal of Humanistic Psychology, 18*, 23-26.

Rubin, K. H., Coplan, R. J., & Bowker, J. C.(2009). Social withdrawal in childhood. *Annual Review of Psychology, 60*(10), 141-171.

Santrock, J. W.(2003). *Adolescence*(9th ed.). McGraw Hil.

Savery, J. R., & Duffy, T. M.(1995). Problem based learning : An instructional model and its constructivist framework. *Educational technology, 35*(5), 31-38.

Schaefer, C., & O'Connor, K.(Eds.)(1983). *Handbook of play therapy*(pp. 251-258). New York : Wiley.

Schaefer, C. E.(1993). *Therapeutic powera of play*. Northvale : Jason Aronson Inc.

Scott, K. S.(2014). A multi level analysis of problem-based learning design characteristics. *Interdisciplinary Journal of Problem-Based Learning, 8*(2).

Seligman, I.(2001). *System, Strategies, and Skills of Counseling and Psychotherapy*. Upper Saddle River, NJ : Merrill/Prentice Hall.

Steinhardt, L.(1985). Freedom within boundaries : Body outline drawings in art therapy with children. *The Art in Psychotherapy, 12*, 25-34.

Ulman, E.(1961). Art Therapy : Problems of Definition. *Bulletin of Art Therapy, 1*(2).

Ulman, E., Kramer, H., Kwiatkowska(1978). *Art therapy in the United States. American Journal of Art Therapy, 17*.

Vygotsky, L.(1978). Interaction between learning and development. *Readings on the development of children, 23*(3), 34-41.

Young, M. E.(2001). *Learning the Art of Helping : Building Blocks and Techniques*(2nd ed.). Upper Saddle River, NJ : Merrill/Prentice Hall.

난민인권센터 nancen.org/645

아이누리 포털 i-nuri.go.kr

오마이뉴스 m.ohmynews.com/NWS_Web/Mobile/at_pg.aspx?CNTN_CD=A0001085432#cb

인싸이트 심리검사연구소 inpsyt.co.kr

중앙적성연구회 www.cyber-test.co.kr
표준국어대사전 ko.dict.naver.com/#/search?query=%EC%83%81%EB%8B%B4 2024. 8. 27. 인출
한국가이던스 www.guidancepro.co.kr
한국놀이치료학회 www.playtherapykorea.or.kr
한국상담학회 counselors.or.kr
ASEBA www.aseba.co.kr

저/자/약/력

■ **하연희**
고신대학교 유아교육과 조교수

■ **김초롱**
고신대학교 유아교육과 조교수

예비유아교사의 상담역량 강화를 위한 PBL 적용

아동상담

|공저자| 하연희 · 김초롱

|1판 1쇄| 발행 2024년 8월 30일

|발행인| 김동훈
|발행처| 공 동 체

|주소| 경기도 고양시 일산동구 호수로 358-39, 동문타워 1차 905호(백석동)
|전화| 031) 814-3000(대표)
|팩스| 031) 814-3100
|홈페이지| http://www.compub.co.kr
|전자우편| compub@naver.com
|출판등록| 2005년 10월 6일
|등록번호| 제396-2005-36호

|ISBN| 979-11-6725-778-9
정가 22,000원